绿色技术创新与企业财务绩效

——来自中国半导体行业上市公司的经验证据

卿玲丽 / 著

西南财经大学出版社
中国 · 成都

图书在版编目(CIP)数据

绿色技术创新与企业财务绩效:来自中国半导体行业上市公司的经验证据/卿玲丽著.--成都:西南财经大学出版社,2024.12.--ISBN 978-7-5504-6578-7

Ⅰ.F426.63

中国国家版本馆 CIP 数据核字第 2024VV1785 号

绿色技术创新与企业财务绩效——来自中国半导体行业上市公司的经验证据

LÜSE JISHU CHUANGXIN YU QIYE CAIWU JIXIAO——LAIZI ZHONGGUO BANDAOTI HANGYE SHANGSHI GONGSI DE JINGYAN ZHENGJU

卿玲丽　著

策划编辑:李建蓉
责任编辑:李建蓉
责任校对:陈何真璐
封面设计:墨创文化
责任印制:朱曼丽

出版发行	西南财经大学出版社(四川省成都市光华村街 55 号)
网　　址	http://cbs.swufe.edu.cn
电子邮件	bookcj@swufe.edu.cn
邮政编码	610074
电　　话	028-87353785
照　　排	四川胜翔数码印务设计有限公司
印　　刷	四川煤田地质制图印务有限责任公司
成品尺寸	170 mm×240 mm
印　　张	19.5
字　　数	338 千字
版　　次	2024 年 12 月第 1 版
印　　次	2024 年 12 月第 1 次印刷
书　　号	ISBN 978-7-5504-6578-7
定　　价	78.00 元

前言

由于绿色技术创新在环境和财务绩效效益方面蕴含的潜在效益，学术界和企业界对其的关注日益增加。然而，关于影响绿色技术创新的前因后果，学术界仍未形成一致结论。具体而言，其包括多样化绿色技术创新对企业财务绩效的影响、企业绿色技术创新的驱动因素以及绿色技术创新的效率等。此外，区域差异性等方面仍未得到充分研究。为了弥补这一不足，本研究首先通过在同一框架中引入多样化的绿色技术创新，即反应型绿色技术创新和主动型绿色技术创新对企业短期财务绩效和长期财务绩效影响的复杂关系，为现有文献做出了重要贡献；同时，借鉴利益相关者理论、合法性理论、制度理论、自然资源基础观和吸收能力理论，并使用2010—2020年中国半导体行业上市公司的动态面板数据集和广义矩估计法（包括一阶差分GMM方法和SYS-GMM方法）对其进行实证检验。其次，本研究还聚焦影响企业绿色技术创新的驱动因素，包括内部控制与客户参与，并通过使用中国沪深两市A股上市公司的数据和调查问卷数据进行实证检验。最后，本研究也希望了解我国绿色技术创新效率到底如何，因而运用了宏观层面的省级面板数据，对我国绿色技术创新效率及区域差异情况进行了实证检验。具体而言，本研究主要包括如下四个方面：

（1）本研究结果表明，半导体企业应该采取主动型绿色技术创新，而不是反应型绿色技术创新来提高其财务绩效。一方面，本研究发现，反应型绿色技术创新对半导体企业的短期财务绩效和长期财务绩效均产生显著的负面影响，这表明为其付出努力并不值得；另一方面，本研究结果显示，积极主动型的绿色工艺创新和绿色产品创新，都对半导体企业的长期财务绩效产生显著的积极影响。此外，研究结果表明，尽管积极主动型绿色产品创新无法提高半导体企业的短期财务绩效，但是积极主动型绿色工艺创新对半导体企业短期财务绩效却有显著的积极影响。因此，本研究通过对比分析认为，积极主动型绿色技术创新可提高半导体企业财务绩效，具备投资价值。

（2）本研究并未局限于这一核心关系，而是进一步探讨了企业内部因素——吸收能力和企业外部因素——绿色补贴和媒体关注等重要因素对该复杂关系的调节效应。首先，本研究实证结果表明，绿色补贴对半导体企业的反应型绿色技术创新与企业短期财务绩效和长期财务绩效之间的关联，起到了显著且积极的调节作用。换句话说，绿色补贴有力促进了反应型绿色技术创新和半导体企业财务绩效之间的联系。这是因为，人们普遍认为，反应型绿色技术创新对外部政府补贴存在依赖。其次，研究结果表明，吸收能力对积极主动型绿色工艺创新与半导体企业的短期财务绩效和长期财务绩效之间的关系起着显著的正向调节作用。然而，吸收能力仅对积极主动型的绿色产品创新与企业长期财务绩效的关系起着显著的正向调节作用，但对积极主动型绿色产品创新与企业短期财务绩效的关系起着显著的负向调节作用。最后，本研究通过关注报刊媒体和网络媒体，探讨了媒体报道对绿色技术创新与企业财务绩效动态关系的调节作用。有趣的是，报刊媒体强化了绿色技术创新与企业财务绩效之间的联系。这表明，其在塑造观念和促进利益相关者参与方面发挥正向调节作用。令人惊讶的是，网络媒体却弱化了这一联系，凸显出网络媒体目前在企业绿色技术创新与企业财务绩效之间的关系中存在着负向调节影响。

（3）考虑到企业规模在绿色技术创新对企业财务绩效的影响上可能存在异质性，本研究进一步补充了针对大型企业和中小型企业的影响分析，以揭示在不同企业规模背景下，绿色技术创新对企业财务绩效的影响。研究结果表明，在反应型绿色技术创新方面，中小型企业实施反应型绿色技术创新对半导体企业短期财务绩效和长期财务绩效仍存在显著的负向影响；然而，在大型半导体企业中，反应型绿色技术创新并不影响企业的短期财务绩效和长期财务绩效。此外，在主动型绿色技术创新中，与大型企业相比，中小型企业积极、主动地实施绿色技术创新，对其财务绩效的影响更大。

（4）本研究发现，内部控制和客户参与是影响企业绿色技术创新的重要驱动因素，两者均对企业绿色技术创新产生了积极的影响。其中，环保投资在内部控制与企业绿色技术创新之间的关系中起到了中介作用，而企业边界拓展能力则在客户参与对企业绿色技术创新影响的关系里发挥中介效应。此外，从宏观层面来看，目前我国绿色技术创新效率呈相对稳定的发展态势，主要经历了“平稳期”“衰退期”“成长期”三个阶段。在绿色技术创新效率方面，不同区域内部和区域之间均存在明显的差距。东部地区的变化相对稳定；中部地区的变动幅度较小，呈倒U形走势；西部地区变化幅度较大，呈波动下降趋势。从绿色技术创新效率来看，东部地区>中部地区>西部地区。中西部地区的绿色技术创新效率水平低于全国平均水平；与此同时，我们也发现影响绿色技术创新效率的主要因素包括企业规模、政府支持、对外开放程度、环境法规和教育水平等。

本研究结果从宏观和微观层面，丰富了现有绿色技术创新相关文献，进一步填补了绿色技术创新与企业财务绩效关系在理论和实践方面的空白。此外，本研究还能为半导体企业提供具有针对性的策略建议，助力它们更好地利用绿色技术创新，实现与财务绩效的良性互动。这些发现，可能对新兴经济市场的环境创新实践发展和政府政策的制定，提供重要的参考与启示。

卿玲丽（广州商学院）

2024年8月

目录

1 绪论

1.1 研究背景

企业在生产过程中对自然资源的利用率持续提升，但同时也导致了自然资源的过度开采（Albort-Morant et al.，2016；Asadi et al.，2020；Hancevic，2016；Luo et al.，2020），使得全球经济增长速度与资源环境承载能力之间的矛盾日益突出（de Miguel and Pazo，2017；Xia and Wang，2020）。因此，随着工业的演进与发展以及公众环境问题意识的不断增强，绿色技术创新（green technology innovation，GTI）受到了广泛的关注（Pujari et al.，2003；Chen，2010），这也是企业和政策制定者广泛关注的问题（Su et al.，2021）。发展绿色技术创新，创造环境友好的产品和服务，满足消费者日益增强的环保意识，越来越成为企业取得成功的关键因素（Cronin et al.，2011）。越来越多的研究表明，气候变化、社会发展和环境退化导致企业的外部压力增加（Lubberink et al.，2017；El-Kassar and Singh，2017）；同时，由于全球化和新技术的出现，企业面临着日益激烈的竞争（Aggarwal，2011；Cherrafi et al.，2018），这种环境和竞争的双重压力增加了企业对“更绿色”和“更可持续”生产的关注，并使得人们关注绿色技术创新是否可以同时解决这两个问题，以减少环境问题并提高财务绩效（Chu et al.，2018）。因此，学术界和企业界都对绿色技术创新与企业财务绩效之间的关系产生了浓厚的兴趣（Hussain et al.，2018；de Azevedo Rezende et al.，2019），认为研究这两者的关系可以为管理者的可持续创新战略提供有价值的见解（Frempong et al.，2021），并认为这种联系对于企业成功至关重要（Chen and Liu，2018）。

关于绿色技术创新与企业财务绩效的相关文献正在迅速增加。例如，一些学者从以下视角讨论了其与企业财务绩效的关系，包括企业可持续性（Gómez-Bezares et al.，2017）、环境战略（Ryszko，2016；Ahmed et al.，2021）、生态创新（Johl and Toha，2021；Salim et al.，2019）、环境创新（Ren et al.，2021a）、绿色创新（Aguilera - Caracue and Ortiz - de - Mandojana，2013）、企业社会责任（Mikołajek-Gocejna，2016；Sardana et al.，2020）等。此外，也有学者考察了绿色技术创新与财务绩效关系的来龙去脉，如风险承担水平（Yan et al.，2021）、环境监管压力（Chan et al.，2016；Ren et al.，2022）和股东结构异质性（Zhang et al.，2019；Ren et al.，2021b）。这些现有研究对于想要利用绿色技术创新来促进企业可持续发展的企业管理者至关重要（Bossle et al.，2016）。纵观现有研究可以发现，关于这一主题的研究已有数百项，但绿色技术创新与企业财务绩效之间的关系在科学界仍然是一个具有争议性的话题，现有的相关研究结果不一致且令人失望。例如，Grewatsch 和 Kleindienst（2017）基于批判性评论发现，59%的研究报告了绿色技术创新与企业财务绩效之间的积极结果，41%的研究报告了绿色技术创新与企业财务绩效之间不存在显著关联，呈现出好坏参半的结果。当然，这表明大多数学者认为绿色技术创新与企业财务绩效之间存在正向关系（de Azevedo Rezende et al.，2019；Lin et al.，2019b）。支持这种积极关系的文献表明，绿色技术创新通常会产生双重“红利”：一方面，绿色技术创新不仅为消费者和企业带来好处，如降低合规性和生产成本（Porter and Van der Linde，1995），还为企业创造差异化优势并建立良好声誉（Przychodzen and Przychodzen，2015；Lin et al.，2013；Kam-Sing，2012）；另一方面，绿色技术创新还可以显著减轻环境负担，其主要体现在能源效率、污染防治、废物回收、绿色产品设计和环境管理等方面（Huang et al.，2019；Dangelico et al.，2017）。换句话说，绿色技术创新在帮助企业提高财务业绩的同时兼顾环境保护（Abdullah et al.，2016）。然而，也有研究表明这种关系是负相关的（Lee et al.，2015；Baah et al.，2021a）。支持该观点的学者声称，其负面关系表明企业面临绿色技术创新和企业财务绩效之间的权衡，因为对企业来说，环境问题意味着额外的成本负担，并可能加剧其经济劣势。此外，还有其他的研究结果表明，绿色技术创新与企业财务绩效之间的关系可能是中性的（Lee et al.，

2015）也可能呈 U 形关系（Riillo，2017；Trumpp and Guenther，2017；Jin and Xu，2020）或倒 U 形关系（Lankoski，2008；Deng and Li，2020；Zhang et al.，2020c）。由此可见，上述学者的研究发现是不一致的，这种不一致性为本书的研究留下了空间。

此外，现有文献还表明，企业对环境要求的战略方法已成为其绿色实践中最关键的问题之一（Tatoglu et al.，2020）。越来越多的企业正在针对环境问题采取被动或主动措施（Aragón - Correa and Sharma，2003；González - Benito and González - Benito，2006；Sharma and Vredenburg，1998），以减少对环境的影响（Carillo-Hermosilla et al.，2010；Hojnik and Ruzzier，2016）。针对这一趋势，已有一些学者开始进一步研究反应型绿色技术创新和主动型绿色技术创新与企业财务绩效之间的关系。例如，Endrikat 等（2014）通过研究发现，当企业采取主动而非被动的环境战略时，这种关系更加牢固；Dixon-Fowler 等（2013）通过分析发现，主动环境策略和被动环境策略具有类似的积极财务回报。由此可见，学者们的研究结果进一步表明主动型绿色技术创新和反应型绿色技术创新对企业财务绩效的影响不同（Chen et al.，2016；Baah et al.，2020b；Chan et al.，2022）。然而，据我们所知，多样化的绿色技术创新对企业层面财务绩效的影响尚未得到充分探讨，特别是实证研究仍显不足（Kim，2018）。因此，这些差距值得弥补，且有必要在同一项研究中探索多样化的绿色技术创新（包括反应型和主动型）以及哪种绿色技术创新能为企业带来更多效益？这对于致力于绿色实践的管理者和学者来说均至关重要。

特别是，随着 5G、人工智能、物联网等新兴技术的兴起，半导体行业成为全球市场关注的重要领域，作为全球经济社会发展的战略性、基础性、先导性行业，其环境问题也不容忽视。事实上，半导体行业在其生产过程中存在大量的环境污染，正如《环境、健康与安全指南》（《EHS 指南》）所指出的，半导体行业生产项目的环境问题，包括有害物质和废物、废气排放、废水和能源消耗（见附表 1）。此外，尽管近年来学者们对半导体行业环境问题越来越关注（Aguilera-Caracuel and Ortiz-de-Mandojana，2013；Lu et al.，2013；Sueyoshi and Ryu，2020），但对该领域的绿色技术和企业财务绩效的研究仍然很有限。因此，聚焦半导体行业探讨绿色技术创新能否提高企业财务绩效，还存在着进一步研究的空间。

因此，为了填补上述研究空白，本研究以中国半导体行业上市公司样本作为经验证据，考察多样化绿色技术创新对企业财务绩效（短期和长期）的影响。本研究重点探讨两种类型的绿色技术创新，即反应型绿色技术创新和主动型绿色技术创新对企业短期财务绩效与长期财务绩效的具体影响。除此之外，本研究也进一步考察了影响企业绿色技术创新的前因后果，包括内部控制和客户参与对企业绿色技术创新的影响以及宏观层面视角下的我国绿色技术创新效率与区域差异。具体而言，一是本研究在构建理论框架时，广泛借鉴了利益相关者理论、合法性理论、制度理论、自然资源基础观和吸收能力理论等多个理论路径，每种理论都从其独特的视角出发，为理解企业推行绿色技术创新的动机、过程及其对财务绩效的潜在影响提供了坚实的理论支撑。二是为了从宏观和微观层面开展精准的实证检验，就微观层面而言，本研究采用了先进的经济计量方法——差分广义矩估计法（GMM）和系统性广义矩阵法（SYS-GMM）。这两种方法的应用旨在解决潜在的内生性问题，提高估计结果的鲁棒性，从而确保研究结论的严谨性和可信度。同时，本研究还采取了问卷调查法。就宏观层面而言，本研究结合考虑不良产出的超效率松弛测度（SBM）模型和 Dagum 基尼系数法进行实证检验。三是本研究意在深入挖掘影响绿色技术创新与企业财务绩效关系的内在动因与外部条件。为此，本研究引入了诸如绿色补贴、企业吸收能力、媒体关注等变量作为调节变量，以探讨它们在上述关系中的作用。此外，本研究还探究了内部控制、客户参与等因素对企业绿色技术创新的影响，并检验了目前我国绿色技术创新的效率以及区域差异性。这些探究不仅有助于揭示微观层面的企业在不同环境下进行绿色技术创新的策略选择，还能为宏观层面的政策制定者提供调整激励机制的参考。四是为了进一步细化其分析范围，本研究还考察了异质性效应，即主要从企业规模（大型企业与中小型企业）、企业产权属性（国有企业和非国有企业）、企业所在行业特征（重污染企业和非重污染企业）对绿色技术创新的异质性进行分析。通过这种比较，本研究揭示出在不同的组织情境下企业在绿色技术创新投资决策方面的异质性策略是如何构建的，及其对财务绩效的差异化影响。鉴于此，本研究从深度与广度上为绿色技术创新领域的学术探讨提供更加全面的视角，同时为企业实施绿色战略和政策制定者制定相关激励政策提供经验证据和理论支持。这些从多维度展开的分析，为增强企业绿色竞争力以及提高企业财务绩效提供了实证基础和策略指导。

1.2 研究问题及目的

在探索绿色技术创新的经济合理性以及不同类型绿色技术创新的相对价值时，本研究提出并试图解答两个核心问题：一是是否所有形式的绿色技术创新都对企业财务绩效产生正向影响，即绿色环保是否值得？二是在反应型绿色技术创新与主动型绿色技术创新中，哪一种更能为企业带来更显著的财务收益，即哪种程度的绿色环保投入更值得付出成本？为回答这些问题，本研究深入分析了上述两类绿色技术创新如何影响企业的短期财务绩效和长期财务绩效，并进一步辨识了哪种类型的绿色技术创新更具投资价值。本研究的目的在于：

（1）本研究旨在考察反应型绿色技术创新和主动型绿色技术创新对企业短期财务绩效和长期财务绩效的直接效应，并回答了哪种类型的绿色环保举措值得投入成本，且会做出更具前沿性的贡献。这一探究尤为重要，特别是考虑到企业实际上经常参与广泛的环境活动，包括主动和被动措施（Baah et al.，2020b）。尽管现有文献已经开始关注不同环境战略与企业绩效之间的关系（Chiou et al.，2011），但对于通过不同的绿色技术创新路径所导致的财务表现的差异性理解仍然不足，因此，这一研究差距被认为是可以弥补的。此外，以往研究表明，不同的绿色技术创新实践对于企业短期财务绩效和长期财务绩效的贡献可能存在显著差异（Dixon-Fowler et al.，2013），而本研究也试图为这一论点提供进一步的经验证据。

（2）本研究为了深入探讨不同类型的绿色技术创新与企业财务绩效关系的内在机制，进一步探讨了吸收能力、绿色补贴、媒体报道等因素在此关系中的潜在调节作用。具体而言，一方面，本研究将探讨企业如何通过政府的绿色补贴来影响反应型绿色技术创新与企业财务绩效之间的关系；另一方面，本研究也引入了吸收能力这一调节变量来分析如何提升在企业采取主动型绿色技术创新时获得更好财务收益的能力。除此之外，本研究还关注媒体报道对这两种类型的绿色技术创新与企业财务绩效之间关系的调节作用。这些分析有望揭示哪些因素能够促使政策制定者和企业管理者进行绿色技术创新来提高其短期与长期的财务绩效。

（3）本研究旨在以中国半导体行业为实证证据，绘制绿色技术创新对企业财务绩效的影响。随着信息技术时代的发展，半导体行业作为中国制造业的关键领域，在全球供应链中占据重要地位（Kong et al.，2016），其不仅在技术进步与经济发展中发挥着举足轻重的作用，而且面临着由持续增长带来的环境问题（Sueyosh and Ryu，2020）。因此，基于中国等发展中国家的背景，本研究以2010—2020年的中国半导体行业上市公司为样本进行实证检验，对这一行业的特定分析有助于理解绿色技术创新在促进环境可持续性方面的作用，同时为半导体行业如何在环境与经济之间寻求平衡提供指导。

（4）本研究还致力于识别和分析不同企业规模可能带来的差异性影响，尤其是在大型企业与中小型企业推行绿色技术创新的过程中，其对财务绩效的影响是否存在显著差别。本研究特别关注大型企业和中小型企业两类企业群体在绿色技术创新实践中的表现差异。这种比较分析的必要性源于现有文献中的认知差异，例如，尽管已有研究对这一议题进行了探讨（Clemens，2006；Dixon-Fowler et al.，2013），但其结论并不一致。因此，本研究揭示出在不同企业规模下，绿色技术创新是如何对企业财务绩效产生影响的。为理解企业规模在绿色技术创新与财务绩效关系中所扮演的角色，本研究需要从新的视角探寻实证证据。通过这样的分析，本研究期望能够为企业提供针对性的策略建议，以便它们能够更好地利用自身的规模优势，实现绿色技术创新与财务绩效之间的良性互动。

（5）本研究还期望探究企业绿色技术创新背后的成因及产生的影响，包括内部控制、客户参与、创新效率以及区域差异。因此，本研究将各利益相关者纳入其中，分别研究了内部控制与客户参与对企业绿色技术创新的影响。同时，除关注微观层面的研究外，本研究也希望从宏观层面了解目前我国绿色技术创新效率情况。本研究通过省级面板数据，测算了我国绿色技术创新效率及区域差异。这些研究丰富了绿色技术创新的现有研究成果，对积极调动社会各方的利益相关者参与绿色技术创新活动，确保企业绿色技术创新的经济效益和社会效益平衡，均具有重要的理论与实践意义。

1.3 研究方法

本研究采用了差分广义矩估计法、系统性广义矩估计法、调查问卷法、不良产出的超效率松弛测度（SBM）模型和 Dagum 基尼系数法。这些方法作为主要的计量经济学工具，有助于深入剖析绿色技术创新与企业财务绩效之间的关联。基于以下几点考虑，本研究选择广义矩估计（GMM）方法作为研究工具：

（1）本研究的样本数据囊括了中国半导体行业上市公司，涉及的时间跨度为 2010—2020 年，这样的数据结构呈现出个体数量众多而时间序列相对较短的特性，即所谓的“小 T 大 N”短动态面板数据特征。在此数据构架下，传统的估计方法如普通最小二乘法（ordinary least squares，OLS）和固定效应模型（fixed effect）可能无法有效处理模型潜在的动态性和内生性问题。

（2）考虑到实证模型中包含了滞后的因变量，这一设计不仅反映了企业财务绩效的持续性特点，而且意味着模型可能受到内生性问题的困扰。在经过广泛的文献回顾后，本研究发现当自变量具有内生性时，传统的普通最小二乘法和固定效应模型不能保证产生无偏的参数估计。然而，Arellano 和 Bond（1991）在其开创性的研究中提出了采用 GMM 估计器来解决此类问题。该估计器特别适用于本研究的数据构架，且对于具有以下六个特性的面板数据尤为有效：一是时间序列较短、个体数量较多的数据集；二是模型设定为线性关系；三是模型中含有依赖于历史实现值的动态变量；四是模型中包括非严格外生变量，即这些解释变量可能与过去的干扰项相关，也可能与当前的干扰项相关；五是存在固定个体效应；六是个体内存在异方差性和自相关性，但不跨越不同的个体。该估计器的使用，不仅有利于解决因数据特点而引发的动态面板偏差问题，还能有效应对潜在的内生性问题。

因此，为了对绿色技术创新与企业财务绩效之间的关系进行严谨的实证检验，并提升研究结果的可信度，本研究选择运用 GMM 方法，来获得更为一致和无偏的估计结果。这对于绿色技术创新在企业层面上的企业财务绩效的影响研究至关重要。此外，GMM 方法的应用也提供了一种有效的途径，来充分利用动态面板数据中蕴含的丰富时序信息，进一步提升本研究模型估计的准确性和解释能力。

1.4 研究结构

本研究的结构如下：

第一章，绪论。本章着重介绍了研究的背景、旨在探索的学术动机及研究问题的重要性。

第二章，文献计量分析综述。本章进行了文献综述，全面了解了目前学术领域关于绿色技术创新与企业财务绩效关系的文献贡献。具体来说，本章包括如下五项内容：一是相关出版物的数量仍在增长吗？二是谁是该领域有影响力的贡献者？三是哪些国家、研究机构和期刊在本研究领域最活跃？四是该领域的研究热点有哪些？五是该领域的研究前沿和趋势是什么？

第三章，系统性文献综述。尽管上一章已对绿色技术创新与企业财务绩效影响的研究进行了文献计量分析综述，初步确定了现有学者对绿色技术创新与企业财务绩效之间关系的真正兴趣。然而，本研究想进一步系统地考察现有实证研究中其背后的成因及产生的影响，包括绿色技术创新与企业财务绩效的定义和分类、理论基础、研究方法和研究结果。因此，本章进一步系统性地回顾与总结了绿色技术创新对企业财务绩效影响的现有文献，并予以综述，揭示现有研究中存在的空白，并阐述本研究旨在填补的学术缺口。通过该章节可以了解如下六个方面的内容：一是现有文献中绿色技术创新的定义、类型和驱动因素有哪些？二是现有文献中衡量企业财务绩效的视角有哪些？三是哪些理论用于研究绿色技术创新对企业财务绩效的影响？四是哪些方法用于研究绿色技术创新对企业财务绩效的影响？五是选择哪些行业研究绿色技术创新对企业财务绩效的影响？六是绿色技术创新对企业财务绩效影响的研究结果如何？

第四章，理论基础。本章通过引入利益相关者理论、合法性理论、制度理论、资源基础观以及吸收能力理论来详尽地阐释本研究的理论基础、推导过程，并论证了这些理论假设对本研究的核心意义。这些理论基础旨在支撑后续研究方法的选择和实证分析的有效性。

第五章，反应型绿色技术创新对企业财务绩效影响的实证研究。本章主要结合合法性理论和制度理论，使用 2010—2020 年中国半导体行业的 141 家上市公司的动态面板数据，利用一阶差分 GMM 方法实证检验了反应型绿色技术创新对企业短期财务绩效和长期财务绩效的影响。研究结果发现，反应型绿色技术创新与短期企业财务绩效和长期企业财务绩效之间存在负相关关系。同时，本研究还观察到，绿色补贴正向调节反应型绿色技术创新对企业财务绩效的影响。此外，本研究通过对企业规模异质性的补充分析表明，反应型绿色技术创新对大型半导体企业的短期财务绩效和长期财务绩效没有显著影响；然而，其对中小型半导体企业却产生了显著的负面影响，这些发现意味着任何规模的企业都不会从反应型绿色技术创新实践中受益。本章的研究结果可以为在新兴和发展中经济体中运营的企业和政府决策者提供极具价值的见解。

第六章，主动型绿色技术创新对企业财务绩效影响的研究。本章基于自然资源基础观、利益相关者理论和吸收能力理论，考察了主动型绿色技术创新的两个维度：主动型绿色工艺创新和主动型绿色产品创新对企业财务绩效的影响。此外，本章还介绍了吸收能力对这些关系的调节作用。本章通过使用 2010—2020 年 126 只中国上市半导体概念股的动态面板数据集和差分 GMM 方法对所提出的假设进行了实证检验。研究发现，主动型绿色工艺创新对企业的短期财务绩效和长期财务绩效均具有显著的积极影响。此外，主动型绿色产品创新尽管对企业的长期财务绩效具有显著的积极影响，但它并不能在短期内提高企业财务绩效。此外，吸收能力对主动型绿色工艺创新与企业的短期财务绩效和长期财务绩效的关系均能产生正向的调节作用，但其仅能在主动型绿色产品创新与长期财务绩效之间的关系中起到正向调节作用，却对企业短期财务绩效存在着显著的负向调节效应。此外，本章对企业规模异质性的补充分析表明，与大型企业相比，中小型企业主动实施绿色技术创新（包括主动的绿色工艺创新和主动的绿色产品创新）能够更好地提高企业财务绩效。

第七章，两种类型绿色技术创新对企业财务绩效的影响——基于媒体关注视角。本章主要将上述两种不同的绿色技术创新对企业财务绩效的影响放置于同一框架下进行比较研究，并且使用了另一种方法——系统性GMM方法（SYS-GMM）进行进一步的验证，以试图解答以下核心问题：反应型绿色技术创新与主动型绿色技术创新，哪一种类型更能为企业带来财务收益？本章的研究结果发现，主动型绿色技术创新对企业财务绩效产生积极影响的强大驱动力，这表明它值得支付；然而，被动型绿色技术创新并不能使企业盈利，这是不值得的。因此，我们认为，企业应该采取主动型绿色技术创新，将其定位为具有吸引力和经济效益的投资，而不是采取反应型绿色技术创新来提高其财务绩效。此外，在本章中，我们的研究还超越了这一核心关系，通过关注报刊媒体和网络媒体，探讨媒体报道对绿色技术创新与企业财务绩效动态的调节作用。结果发现，报刊媒体放大了绿色技术创新与企业财务绩效之间的有利联系，这表明其在塑造观念和利益相关者以及促进参与方面发挥着作用；然而，令人惊讶的是，网络媒体反而削弱了这一联系。此外，我们的研究还强调了这样一个事实，即绿色技术创新和媒体报道对企业财务绩效的影响在较小的企业中尤为明显，这一发现为不同规模的企业提供了战略启示。这些研究结果极大地促进了我们对绿色技术创新的采用以及媒体在非正式环境监管中的作用的理解，最终为半导体企业和投资者在绿色环境下的发展，提供了极具价值的指导。

第八章，企业绿色技术创新的驱动因素——基于内部控制视角。在本章中，我们扩大了样本数据的研究范围，主要利用2014—2019年中国沪深两市A股上市公司的数据来探讨内部控制对企业绿色技术创新的影响，并考虑了环保投资的中介效应。回归结果表明，内部控制与企业绿色技术创新之间存在显著的正相关关系，在内部控制影响绿色技术创新的过程中，环保投资起到了部分中介作用。这意味着，内部控制对绿色技术创新的影响除直接影响外，还通过环保投资间接影响绿色技术创新。此外，通过进一步研究，我们发现上述影响关系在重污染企业和非重污染企业、国有企业和非国有企业中均显著存在，但在重污染企业和非国有企业中更为显著。本研究回应了关于内部控制是抑制还是促进企业技术创新的争论。

第九章，企业绿色技术创新的驱动因素——基于客户参与视角。本章进一步对影响企业绿色技术创新的原因进行分析，采取问卷调查法实证检验了客户参与对企业绿色技术创新的影响，并考虑企业边界拓展能力的中介作用。分析结果表明，客户参与对企业绿色技术创新有积极影响，一方面，客户参与和企业边界拓展能力（包括三个从属因素）之间存在正相关关系；另一方面，企业边界拓展能力（包括三个从属因素）在客户参与和企业绿色技术创新之间存在部分中介效应。

第十章，绿色技术创新效率：区域差异与影响因素。本章聚焦宏观层面视角，采用 2005—2018 年中国省级面板数据，结合考虑不良产出的超效率松弛测度模型和 Dagum 基尼系数法，测算了绿色技术创新效率及区域差异；同时，通过构建空间计量模型，讨论分析影响绿色技术创新效率的因素。研究结果表明，我国绿色技术创新效率呈现出相对稳定的发展态势，经历了平稳期、衰退期、成长期三个阶段。但不同区域内以及地区之间的效率差距明显，东部地区变化相对稳定，中部地区呈倒 U 形走势，西部地区变化较大，呈波动下降趋势，中西部地区绿色技术创新效率水平低于全国平均水平。此外，企业规模、政府支持、对外开放程度、环境法规、产业结构和教育水平等因素影响绿色技术创新效率。这些影响因素也使绿色技术创新效率表现出不同程度的空间溢出效应。

第十一章，结论。本章总结了本研究的主要发现和理论贡献，并提出了管理启示以及本研究的局限性和未来的研究方向。

2 文献计量分析综述

绿色技术创新与企业财务绩效之间的关系在学术界和企业界得到了广泛关注。然而，有关这一主题的文献计量分析总体上还很有限。为满足研究的需要，本章利用 Citespace 软件对 2007—2021 年绿色技术创新与企业财务绩效之间的关系进行了文献计量分析，分析了发表在 Web of Science 数据库中的 251 篇学术论文，从而确定了研究热点和趋势。结果表明：一是论文数量已从缓慢增长转为快速增长，并有望进一步上升。二是作者之间仅形成了一个小规模的合作网络。三是各机构的工作相对独立。然而，各国之间的合作网络十分强大，中国在这一研究领域表现最佳，其次是西班牙和美国。四是文献网络中也形成了一些重要的共同引用关系，比如有关绿色创新、产品创新和财务绩效的最新文献被视为研究热点。五是关于“绿色创新”“企业绩效”“合法性”“环境信息披露”“企业可持续发展”等的研究主题已成为研究趋势。本文献计量分析综述的研究结果，为学术界和实务界研究绿色技术创新与企业财务绩效提供了颇具价值的路线指引。

2.1 引言

研究绿色技术创新与企业财务绩效之间的关系，能够为管理者制定可持续创新战略提供极具价值的见解（Frempong et al.，2021）。随着全球环境退化问题引起学者的关注，绿色技术创新与企业财务绩效之间的关系也受到企业和政策制定者的广泛关注（Su et al.，2021）。越来越多的企业家开始意识到他们对环境的依赖。因此，他们更加关注财务回报以及对社会和环境的贡献（Akbar et al.，2021）。考虑到利益相关者的要求和制度环境的压力，环境可持续性与企业财务绩效之间的联系备受关注（Rabadán et al.，2019；Jan et al.，2019；de Padua et al.，2020）。人们普遍认为，这种联系对于企业取得商业成功至关重要（Chen and Liu，2018）。与这些发展相一致的是，绿色技术创新与企业财务绩效之间的关系目前在广泛的研究界中占据着重要地位（Wang et al.，2021；Ma et al.，2021；Li et al.，2021），例如，关于某些主题的现有文献涉及这种关系，包括环境法规（Ren et al.，2022）、主动环境战略（Ahmed et al.，2021）、生态创新（Salim et al.，2019）、环境创新（Ren et al.，2021）和企业社会责任（Sardana et al.，2020）。尽管已有数百项关于这一主题的研究，但研究结果不一致且令人失望，其中大多数研究认为绿色技术创新与企业财务绩效之间存在积极的关系（Rezende et al.，2019；Lin et al.，2019），绿色技术创新不仅可以给消费者和企业带来好处，还可以显著地减轻环境负担，如在节能、污染防治、废物回收、绿色产品设计、环境管理等方面。然而，其他研究表明，这种关系是负向关系（Baah et al.，2021a）、U形关系（Riillo，2017；Jin and Xu，2020）和倒U形关系（Deng and Li，2020；Zhang et al.，2020）。

由上述分析可知，尽管一些学者回顾了一些主题的现有文献，如绿色创新（Albort-Morant et al.，2017；Yin et al.，2018；Karimi Takalo et al.，2021）、绿色低碳技术创新（Shi and Lai，2013）、可持续性创新和财务绩效（Alshehhi et al.，2018；Bartolacci et al.，2020）、环境创新对财务绩效的影响（Molina-Azorín et al.，2009；Albertini，2013；Hizarci-Payne et al.，2021）以及企业社会责任（Ye et al.，2020；Losse and Geissdoerfer，2021），然而，据我们所知，关于绿色技术创新与企业财务绩效之间关系的文献计量回顾仍然有限。因此，我们希望全面了解学术领域关于绿色技术创新与企业财务绩效关系的文献贡献，尤其注重企业财务绩效的视角以及Citespace等计算机软件的帮助。具体来说，我们想知道以下研究问题：一是相关出版物的数量仍在增长吗？二是谁是该领域有影响力的贡献者？三是哪些国家、研究机构和期刊是本研究最活跃的部分？四是该领域的研究热点知识集群有哪些？五是该领域的研究前沿和趋势是什么？为了解决这些问题并填补这一关键的研究空白，我们借助Citespace工具对绿色技术创新与企业财务绩效之间的关系进行了文献计量分析综述。通过从 Web of Science 数据库中获取出版物样本，并对 2007—2021 年的 251 篇文章进行直观分析，我们提供了全面、系统的该领域文献计量评论。

2.2 方法和数据

2.2.1 选取的方法

我们选择文献计量分析作为研究方法，绘制绿色技术创新与企业财务绩效之间关系的图谱。文献计量学技术基于定量分析来评估研究人员对特定领域的兴趣（Prasha and Sunder，2020；Yu et al.，2021），且已被广泛用于衡量各个学科的研究（Du et al.，2013；Chen，2017），它允许研究许多文献条目，并揭示研究主题、作者、出版物、时间范围、引用次数、研究热点和趋势等特征。可以看出，运用该研究方法的分析能够客观地评估该领域研究人员的工作信息（Karimi Takalo et al.，2021；Bezerra et al.，2020）。因此，通过文献计量分析方法进行文献综述有助于我们审视绿色技术创新与企业财务绩效之间的关系。另外，我们主要借助 Citespace 软件来进行文献计量分析。其通过分析科学出版物的各种社交网络的结构（Losse and Geissdoerfer，2021），诸如作者共引网络、国家和机构合作网络以及关键词共现网络，能够勾勒出既有文献知识的轮廓。具体而言，它能助力我们确定最高贡献作者、最高贡献所在机构、高水平期刊，以及该领域发展过程中的研究热点和趋势。

2.2.2 数据采集

大多数文献计量分析都有一个共享数据源：汤森路透的 Web of Science 和爱思唯尔的 Scopus（Mongeon and Paul-Hus，2016）。然而，在本研究中，我们仅选择了 Web of Science 作为文献计量分析的数据源，主要原因有两个：一方面，它是从 1900 年至今最大的存储库之一，涵盖广泛学术领域的最佳出版物（Ye et al.，2020），确保索引文章的高质量（Rey-Martí et al.，2016）；另一方面，该数据库也是现有文献综述研究者的主要参考数据平台（Leydesdorff et al.，2013；Mazzi et al.，2016），它包含了所有用于分析的书目信息，如作者、引文、期刊、国家/地区、单位等，可以满足我们解决问题的需求，帮助我们达成研究目标。

此外，我们还遵循文献计量文献综述的程序（Hosseini et al.，2018；Hristov et al.，2021），采取如图 2-1 所示的步骤进行数据搜集。

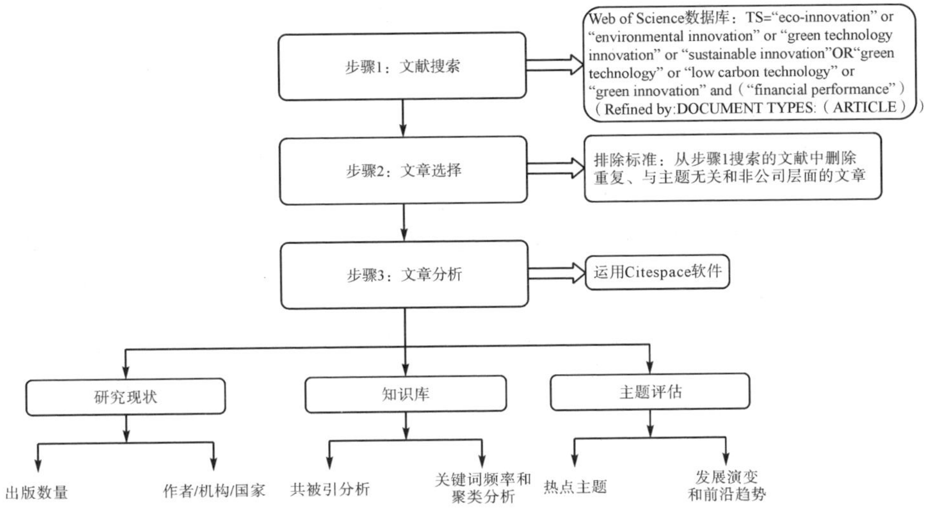

图 2-1　数据采集步骤

（资料来源：作者自制）

第一步，文献搜索。在文献中，我们使用七种不同的概念/术语来描述与本研究核心术语——“绿色技术创新”相关的文献，包括“生态创新”（eco-innovation）、“环境创新”（environmental innovation）、“绿色技术创新”（green technology innovation）、“可持续创新”（sustainable innovation）、“绿色技术”（green technology）、“低碳技术”（low carbon technology）、“绿色创新”（green innovation）。这主要是因为：一方面，在很大程度上，它们是同义词，并且这些术语之间只有微小的差异（Schiederig et al.，2012；Forsman，2013；Tariq et al.，2017）；另一方面，尽管本研究以“绿色技术创新”为核心术语，但是为了充分把握绿色技术创新与企业财务绩效之间的关系，我们发现有必要涵盖与这些类型的创新相关的所有不同术语，这种方法也曾在之前的文献综述中使用过（Bocken et al.，2014；Gonzales-Gemio et al.，2020）。因此，在文献检索中，我们遵循 Pittaway 等（2004）的研究，其中关键字和同义词用“or”和“and”组合。我们精心挑选了属于以下字符串的英文同行评审文章：TS =生态创新（eco-innovation）、环境创新（environmental innovation）、绿色技术创新（green technology innovation）、可持续创新（sustainable innovation）、绿色技术（green technology）、低碳技术（low carbon technology）和绿色创新（green innovation），TS=财务绩效（financial performance）。文章类型“ARTICLE”于2021年10月6日实施，其中“TS”运算符允许搜索标题、摘要和关键词。文章是从Web of Science数据库中搜索的。这篇文章的时间线涵盖了从第一篇文章（2007）到最近一年（2021）的15年时间。值得注意的是，我们只搜索“financial performance”这一个要素，因为我们的目标集中在企业的财务角度，填补了之前研究的空白。此外，尽管我们进行了严格的检索，但初期仍获得了1 260篇文章，见表2-1。

表2-1 Web of Science中文献计量分析的搜索字符串 单位：篇

搜索字符串	搜索文章总数
“Eco-innovation” and “financial performance”	72
“Environmental innovation” and “financial performance”	384
“Green technology innovation” and “financial performance”	73
“Sustainable innovation” and “financial performance”	272
“Green technology” and “financial performance”	151
“Low carbon technology” and “financial performance”	73
“Green innovation” and “financial performance”	235
Combination of the above	1 260

资料来源：作者自制。

第二步，文章选择。与之前的研究一致（Taherdangkoo et al.，2017；Hristov et al.，2021），我们首先阅读了搜索到的1 260篇文章。其次，我们根据表2-1中的搜索字符串删除重复的、与主题不相关的和非企业级别的文章，删除的文章数量为1 009篇。最后，我们保留了2007—2021年发表的251篇文章，入选文章数量见表2-2。此外，这些记录和引文元数据被下载并导入CiteSpace中，以便我们开展文献计量分析时进行数据清理和分析。

表 2-2　评选文章数量　　单位：篇

搜索字符串	搜索文章	已删除的文章	保留分析文章
“Eco-innovation” and “financial performance”	72	26	46
“Environmental innovation” and “financial performance”	384	273	111
“Green technology innovation” and “financial performance”	73	64	9
“Sustainable innovation” and “financial performance”	272	238	34
“Green technology” and “financial performance”	151	120	31
“Low carbon technology” and “financial performance”	73	64	9
“Green innovation” and “financial performance”	235	224	11
Combination of the above	1 260	1 009	251

资料来源：作者自制。

第三步，文献分析。本研究有必要借助 CiteSpace 工具对我们的文献进行计量分析。正如 Prashar 和 Sunder（2020）提出的，文献计量技术主要包括出版物数量、作者、国家、机构、作者共被引、关键词聚类和文献共被引等指标。因此，一是我们衡量了出版物数量、作者、国家、机构等指标，了解该领域的出版物数量是否在持续增长，谁是最关键的贡献者，哪些国家和机构对该主题最感兴趣。二是基于同被引文献的聚类分析，挖掘该研究领域的高水平文献和期刊。三是我们分析了关键词聚类，以关注当前和未来可能的研究主题或趋势。

2.3　结果分析与讨论

2.3.1　出版物数量如何

有关绿色技术创新与企业财务绩效之间关系的文献数量，在过去的 10 多年里稳步增长，逐步增多。本研究所关注的 2007—2021 年该领域逐年出版物数量及趋势如图 2-2 所示。我们发现，最早发表的有关绿色技术创新与企业财务绩效的文章出现在 2007 年。2007—2014 年，相关文献数量较少且增长缓慢，每年只有 1~7 篇文章。但从 2015 年开始，每年的发表数量有所增长，到 2020 年达到峰值 56 篇。在 2021 年的数据中，只显示了

1~9 月的发表数量。因此，结果表明，该领域文献呈不断增长的趋势，反映出绿色技术创新与企业财务绩效关系的研究盛行。造成这一现象的主要原因是，各国企业在促进经济增长的同时面临着环境变化带来的诸多挑战，寻求与环境相协调的可持续发展战略已成为全球性问题。

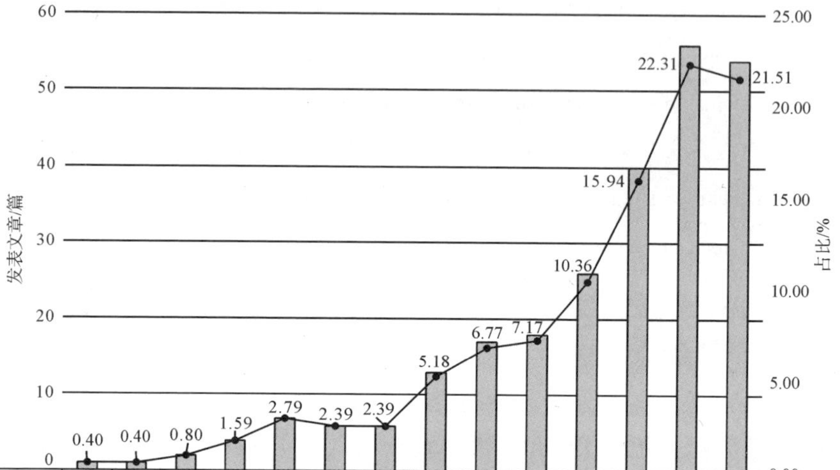

年份	2007	2008	2010	2011	2012	2013	2014	2015	2016	2017	2018	2019	2020	2021
已出版的文章/篇	1	1	2	4	7	6	6	13	17	18	26	40	56	54
占比/%	0.40	0.40	0.80	1.59	2.79	2.39	2.39	5.18	6.77	7.17	10.36	15.94	22.31	21.51

图 2-2　2007—2021 年已出版数量

（资料来源：作者自制）

2.3.2　谁是最高产的作者

作者合作网络反映了该研究的核心作者群体及其合作关系。一定程度而言，期刊发表论文的总数能够体现作者在该领域的学术地位。因此，通过分析作者的出版物数量和作者之间的联系，我们可以甄别出绿色技术创新与企业财务绩效关系这一领域的高产作者和高影响力作者。表 2-3 列出了在绿色技术创新与企业财务绩效关系方面发表文章数量最多的前十名作者。结果显示，每位作者发表的论文数量相对较少；排名前三的分别是 Yaw Agyabeng-Mensah（发表了 6 篇论文）、Ebenezer Afum（发表了 5 篇论文）、Charles Baah 和 Chee Yew Wong（发表了 3 篇论文），其他作者发表了 2 篇或更少的论文。其中，Yaw Agyabeng-Mensah 是最高产的作家，其作品展现出与其他作家极强的合作性，题材广泛。通过分析他的论文的相对重要性和高引用率，我们发现他的大部分论文是关于绿色供应链管理和绩效的。例如，其中一个主题包括探索绿色物流管理实践对财务绩效的影响，并研究市场、环境和社会绩效的中介效应（Agyabeng-Mensah et al., 2020）。Afum 等（2020）的研究探讨了绿色制造实践、运营竞争力、企业声誉和可持续绩效维度之间的联系，强调绿色制造对社会效益、经济效益和环境绩效具有显著的积极影响；此外，社会绩效在绿色制造与经济绩效之间的关系中发挥中介作用。Baah 等（2021a）的研究主要强调绿色制造实践对企业绩效的影响，从主动和被动的角度探讨了环境生产实践对企业绩效的影响，发现主动的环境生产实践与流程和环境绩效呈正相关，但与财务绩效呈负相关。与此同时，Baah 等（2021b）探讨了绿色合法性和监管利益相关者的要求是如何推动环境和社会责任的采纳，以及其实施对新兴经济体环境和财务绩效产生的影响；他们还发现，环境责任对环境绩效有显著的正向影响，社会责任对财务绩效也有显著的正向影响。

表 2-3　最高产的十位作者

排名	作者	文章数量/篇	年份	连接性
1	Yaw Agyabeng-Mensah	6	2020	6
2	Ebenezer Afum	5	2020	6
3	Charles Baah	3	2020	4
4	Chee Yew Wong	3	2018	2
5	Yuan Ma	2	2021	1
6	Azlan Amran	2	2017	2
7	Tze San Ong	2	2019	2
8	Qiang Zhang	2	2021	1
9	Yong Geng	2	2013	3
10	Innocent Senyo Kwasi Acquah	2	2021	4

资料来源：作者自制。

此外，图 2-3 显示了作者和协作网络知识图谱。该图谱中的每个节点代表一个作者，发表的论文数量越多，相应节点的尺寸就越大。这些链接的规模和不同节点代表了协作模式和伙伴关系的紧密程度。此外，粗线的节点表示该节点的中心度较高。换句话说，它在整合其他论文或作为该领域的理论基础方面发挥着至关重要的作用。我们在作者和协作网络中发现了 271 个节点和 212 个连接，总体网络密度为 0.005 8。这表明，在绿色技术创新与企业财务绩效关系研究领域，作者之间的合作网络较为薄弱。最有影响力的作者协作组由 Yaw Agyabengmensah 和 Ebenezer Afum 等组成，他们是协作密度最高的组，同时也是最新的组之一。因此，可以假设该研究领域仅形成了一个微小的协作网络。对于作者的分析使我们不仅可以重点关注绿色技术创新与企业财务绩效之间关系研究中最有影响力的作者，还可以甄别出他们反映先前研究重要研究主题的有价值的作品，最有洞察力的作者所撰写的文章在某种程度上代表了具有价值的研究主题。此外，那些被引用频次最高的作者的文章，构成了该领域研究的重要基石，无论其基于何种理论或方法。

图 2-3　作者与协作网络知识图谱

（资料来源：作者自制）

2.3.3　哪些国家的学者对该主题最感兴趣

我们将 CiteSpace 的节点类型设置为国家。通过分析关注该领域的国家分布情况，可以实现国家间协作网络的可视化呈现。如图 2-4 所示，其中每个节点代表一个国家，节点大小代表该国家发表的论文数量，节点之间的链接表示不同国家之间的合作情况。颜色相同的代表一个簇——具有相似研究重点的群体，链接的粗细程度体现了国家之间合作的密切程度。结果显示，国家间的合作网络共有 59 个节点、104 个链接，整体网络密度为 0.060 8，这说明国家间的合作网络比较紧密。其中，中国（China）是合作程度最高的研究国，其次是西班牙（Spain）、巴基斯坦（Pakistan）和美国（USA），这说明这些国家比较重视绿色技术创新与企业财务绩效关系的研究；然而，韩国（Republic of Korea）和意大利（Italy）的合作程度最低。

图 2-4　国家合作网络可视化

（资料来源：作者自制）

此外，表 2-4 还列出了十大最具生产力的国家。值得注意的是，前十名中既有发达国家，也有发展中国家。这表明，关注绿色技术创新与企业财务绩效之间的关系已成为一个全球性问题。中国以 99 篇论文位居第一，遥遥领先于其他国家。这可能是因为，中国企业作为新兴市场的重要参与者，正在推行可持续发展战略。企业注重遵循绿色经济发展的内在要求，积极承担应对环境挑战的责任。此外，当各国开始研究绿色技术创新与企业财务绩效之间的关系时，美国和英国的研究起步较早，相比之下，其他国家都是在 2010 年之后才开始研究的。

表 2-4　十大最具生产力的国家

排名	国家	文章数量/篇	合作网络/个	开始年份
1	China	99	20	2011
2	Spain	26	8	2011
3	England	19	11	2008

表2-4(续)

排名	国家	文章数量/篇	合作网络/个	开始年份
4	USA	18	11	2007
5	Malaysia	14	8	2013
6	India	12	7	2015
7	Republic of Korea	10	4	2015
8	Italy	10	4	2013
9	Australia	10	6	2011
10	Pakistan	9	14	2015

资料来源：作者自制。

2.3.4 哪些机构最受关注

机构合作网络可以说明该领域研究的空间分布，反映机构之间的合作情况，为科学评价机构在学术领域的影响力提供参考。我们借助 CiteSpace 软件对数据进行可视化分析，将时间切片设置为“2007—2021”，每个年份设置为“1”，节点类型面板选择为“Institution”，其他选项设置为系统默认。运行软件后得到了机构网络可视化分布图，如图 2-5 所示。节点的大小用以表示该机构发表期刊论文的数量，节点之间的连线表示不同机构之间的合作强度。结果显示，研究样本包含 225 个节点和 136 条链接，网络密度为 0.054，这表明有更多的机构在研究绿色技术创新与企业财务绩效之间的关系。其中，有两个明显的机构合作网络。网络 1：大连海事大学（Dalian Maritime University）和中国科学院（Chinese Academy of Sciences），这是密度最大的合作网络。网络 2：西北工业大学（Northwestern Polytechnical University）和华南理工大学（South China University of Technology）。

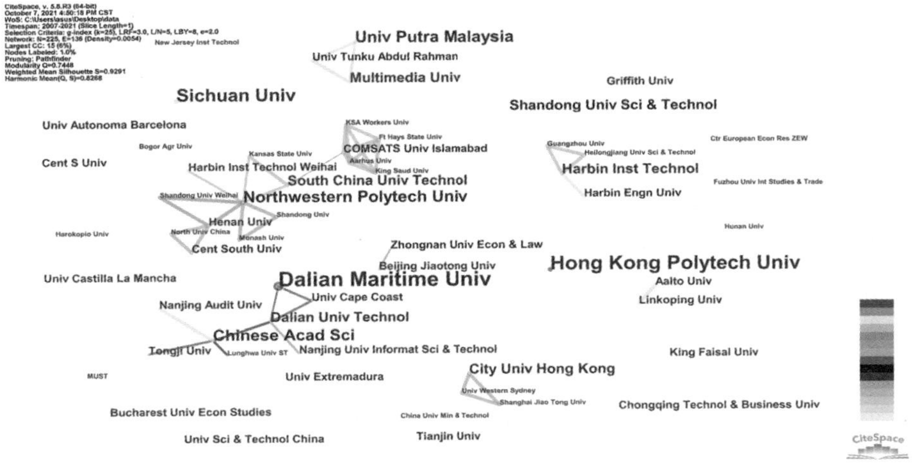

图 2-5　机构合作网络的可视化结果

（资料来源：作者自制）

此外，为了更深入地分析机构间的成果和合作关系，我们还通过进一步的数据分析获得了十大最有成效的机构，如表 2-5 所示。结果显示，发表论文数量最多的院校是大连海事大学（Dalian Maritime University）（7 篇）、香港理工大学（Hong Kong Polytechnic University）（6 篇）和四川大学（Sichuan University）（5 篇）。但是，这三所大学与其他机构的合作程度并不高。这表明，它们虽然是高产院校，但与其他机构的合作并不密切。然而，论文发表量不高的西北工业大学（Northwestern Polytechnical University）的合作密度却最高。因此，绿色技术创新与企业财务绩效关系的研究主要是由院校独立进行的，院校间的合作空间还比较大。因此，今后应建立更多跨学科、跨地区的深度合作关系。

表 2-5　十大最有成效的机构

排名	组织/机构	文章数量/篇	年份	合作网络/个
1	Dalian Maritime University	7	2020	2
2	Hong Kong Polytechnic University	6	2016	2
3	Sichuan University	5	2019	0
4	Chinese Academy of Sciences	4	2013	5
5	University Putra Malaysia	4	2013	4

表2-5(续)

排名	组织/机构	文章数量/篇	年份	合作网络/个
6	Northwestern Polytechnical University	4	2016	7
7	Dalian University of Technology	3	2013	5
8	Multimedia University	3	2017	3
9	Shandong University of Science and Technology	3	2018	0
10	Harbin Institute of Technology	3	2018	4

资料来源：作者自制。

2.3.5 高水平的文献和期刊有哪些

我们采用文献共引的方式进行分析。文献共引是指对某一研究领域的文献进行共引分析，挖掘该领域的高水平文献。共被引次数越多，文献之间的相关性越显著，说明高层次文献的作用越重要。图 2-6 显示了文献共引关系。我们通过研究发现，在节点数 N=505、连接数 E=1 949、网络密度 D=0.015 3 的文献中，有几种比较重要的共被引关系。最近的共引网络包括 Cai 和 Li（2018）、Przychodzen 和 Przychodzen（2015）、Ghisetti 和 Rennings（2014）、Cheng 等（2014）以及 Amores-Salvadó 等（2014）。Cai 和 Li（2018）揭示了生态创新的驱动因素及其对企业绩效的影响。他们的研究结果表明，技术能力、组织能力、基于市场的工具、竞争压力和绿色消费需求是生态创新的驱动因素；生态创新行为可以显著提高企业的环境绩效，并通过环境绩效间接对企业的经济绩效产生积极的影响。Przychodzen 和 Przychodzen（2015）分析了四类生态创新（产品、流程、市场和供应来源）对财务绩效的影响。他们的研究结果表明，生态创新企业的平均资产回报率和股本回报率通常较高，而收益保留率较低。Ghisetti 和 Rennings（2014）将环境创新分为减少负外部性的创新和提高效率、节约成本的创新。他们分析了这两类环境创新对企业盈利能力的影响程度，结果发现，这两种创新对盈利能力有积极影响。Cheng 等（2014）从资源观理论出发，研究了流程、产品、组织三类生态创新之间的相互关系及其对企业绩效的影响。他们发现，生态组织创新对企业绩效的影响最大。Amores-Salvadó 等（2014）分析了环境产品创新能力和企业绿色形象对企

业绩效的影响。结果表明，企业对环保产品创新的承诺会对企业绩效产生积极的影响，并且企业的绿色形象对环境产品创新与企业绩效之间的关系起着显著的正向调节作用。此外，其他学者也共同引用了网络，如Aguilera-Caracuel 和 Ortiz-de-Mandojana（2013）、Albertini（2013）、Fujii 等（2013）、Triguero 等（2013）、Hart 和 Dowell（2011）以及 Ambec 和 Lanoie（2008）。

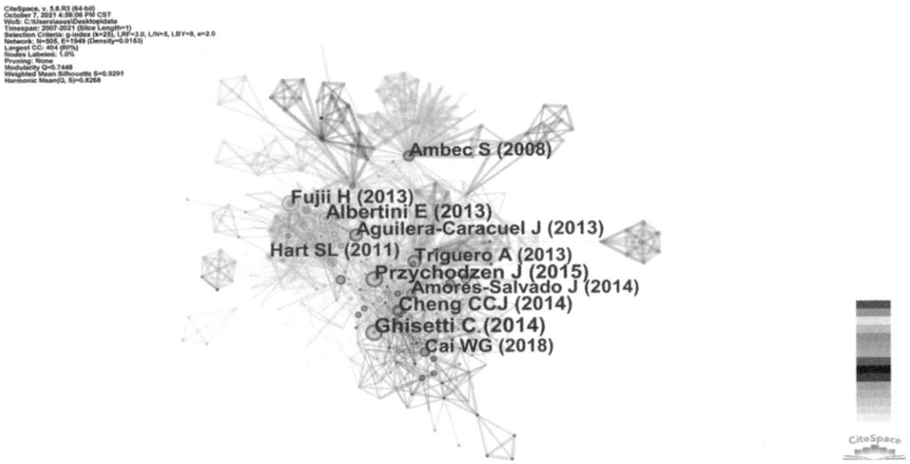

图 2-6　文献共引关系

（资料来源：作者自制）

此外，表 2-6 显示了前十篇被共同引用的文献所对应的期刊来源。*Journal of Cleaner Production* 是被引用最多的期刊，占比 40%。排名第二的期刊是 *Organization & Environment*，占比 20%，这表明它们是该领域重要的、有影响力的期刊，出版物质量高，引用率高。此外，*Business Strategy and the Environment*、*Journal of Management*、*Ecological Economics*、*The Academy of Management Perspectives* 等期刊也是高被引文献的重要来源。这表明，有关绿色技术创新与企业财务绩效之间关系的文献主要集中在这些顶级期刊上，说明这些期刊在该领域具备特有的影响力。

表 2-6　该领域的高级别期刊

排名	频次/次	作者	年份	期刊来源
1	23	Ghisetti C	2014	*Journal of Cleaner Production*
2	21	Przychodzen J	2015	*Journal of Cleaner Production*
3	20	Cheng C C J	2014	*Journal of Cleaner Production*
4	20	Albertini E	2013	*Organization & Environment*
5	18	Aguilera-Caracuel J	2013	*Organization & Environment*
6	17	Fujii H	2013	*Business Strategy and the Environment*
7	16	Hart S L	2011	*Journal of Management*
8	16	Cai W G	2018	*Journal of Cleaner Production*
9	15	Triguero A	2013	*Ecological Economics*
10	15	Ambec S	2008	*The Academy of Management Perspectives*

资料来源：作者自制。

2.3.6　研究热点和趋势是什么

2.3.6.1　关键词共现

关键词共现可以解释一个领域在一段时间内的研究热点。图 2-7 显示了文献中的热门关键词共现。我们根据文献筛选出 250 个关键词，并形成了 645 条连接线。圆圈大小反映关键词共现的频次，节点象征着关键词本身，节点之间的连线表示关键词在不同时间的相关度，连线的粗细表示关键词共现的强度。节点越大，关键词共同出现的频次越高，意味着节点之间的相关性更强，该节点在网络中的影响力也就越大。结果表明，“财务绩效”（financial performance）是最重要的节点，“创新”（innovation）、“影响”（impact）和“管理”（management）是次重要的节点。

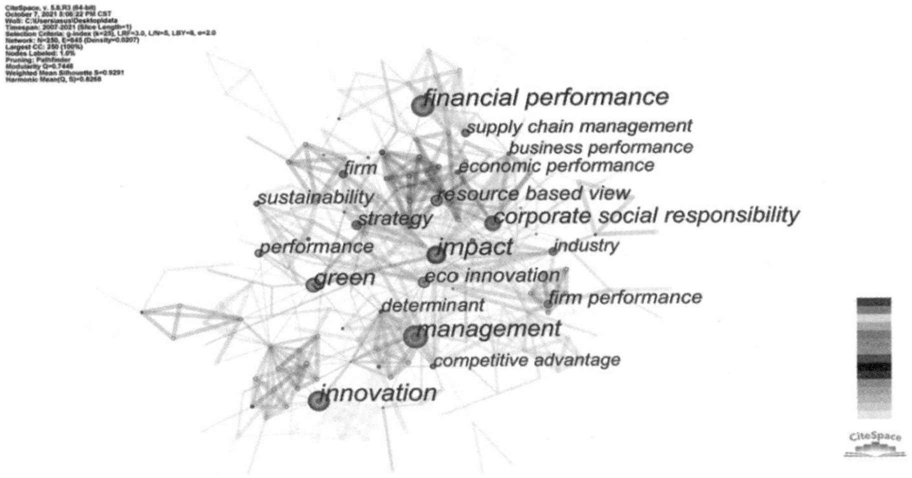

图 2-7　关键词共现映射

（资料来源：作者自制）

同时，表 2-7 列出了前十大高频关键词。结果显示，关键词“innovation”和“firm performance”的出现频次均为 69 次。这表明，它们与其他热门关键词之间的相关性很重要。同时也意味着，关于绿色技术创新与企业财务绩效关系的研究，正是围绕这些关键词展开的。

表 2-7　前十大高频关键词

排名	高频关键词	频次/次
1	innovation	69
2	firm performance	69
3	impact	28
4	management	24
5	corporate social responsibility	23
6	green	20
7	eco innovation	19
8	resource based view	12
9	strategy	10
10	industry	8

资料来源：作者自制。

2.3.6.2 关键词聚类

关键词聚类分析可以直观地显示特定领域的研究热点。图 2-8 显示了绿色技术创新与企业财务绩效关系研究的关键词聚类。色块代表聚类区域，节点数 N=250，连接数 E=645，网络密度 D=0.020 7。在这个网络中，我们需要注意两个值——Q 值和 S 值：一是模块化值（Q）的大小与节点的稀疏程度有关，Q 值越大，聚类效果越好；二是剪影（S）的大小可以用来衡量聚类的同质性，S 值越大表明网络的同质性越高，说明聚类的可信度越高。此外，数字 0~9 为顺序，数字越小，聚类中包含的关键词越多。结果显示，Q=0.843 6，说明网络结构具有良好的聚类效果；S=0.748 6，说明同质性较高，不同聚类划分合理。同时，我们还发现了以“环境绩效”（environmental performance）、“面板数据”（data panel）和“数据包络分析”（data envelopment analysis）为中心的聚类区域。

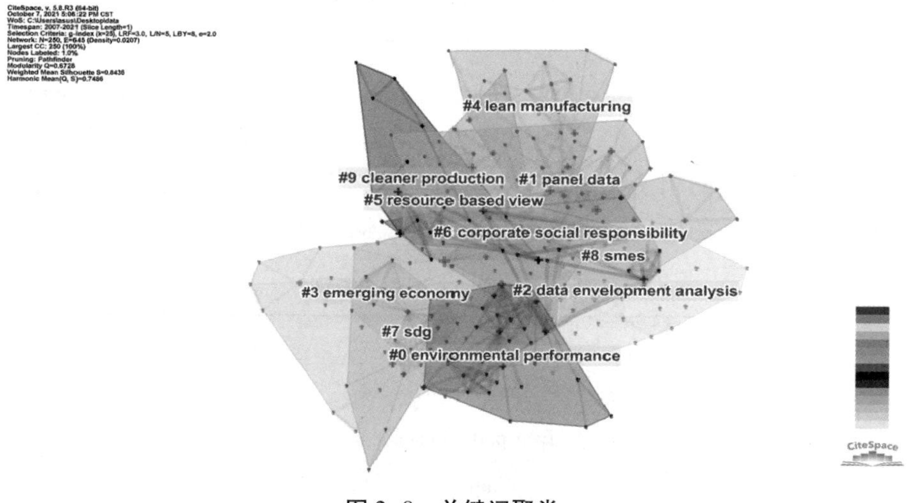

图 2-8 关键词聚类

（资料来源：作者自制）

此外，表 2-8 列出了前五大群组的平均年份和关键词数量。前五大聚类的平均年份为 2012—2017 年，这表明这一时期关于绿色技术创新与企业财务绩效关系的研究成为热点。其中，最大的聚类是“环境绩效”（environmental performance），年份为 2012 年，包含 29 个关键词，主要关键词有超高效数据包络分析（super-efficient data envelopment analysis）、中国上市公司（Chinese listed companies）、市场需求（market demand）。因此，我们认为，绿色技术创新与企业财务绩效关系的研究主要以环境绩效（environmental performance)、中国上市公司面板数据(panel data)为研究对象，并通过检验进行超效率数据包络分析法，以满足市场的需求。

表 2-8　前五大聚类的主要关键词

序号	聚类名称	主要关键词	年份	关键词数量/个
1	environmental performance	super - efficient data envelopment analysis (4. 1, 0. 05); Chinese listed companies (4. 1, 0. 05); market demand (4. 1, 0. 05)	2012	29
2	panel data	environmental innovation (4. 01, 0. 05); environmental performance (3. 67, 0. 1); sustainable innovation (3. 4, 0. 1); environmental indicator (3. 29, 0. 1)	2013	27
3	data envelopment analysis	GMM (5. 65, 0. 05); environmental information disclosure (5. 65, 0. 05); munificence (5. 45, 0. 05); operational excellence (5. 45, 0. 05)	2017	26
4	emerging economy	energy saving and emission reduction (5. 95, 0. 05); visibility (5. 95, 0. 05); business value of green it (5. 95, 0. 05); industrial linkages (5. 95, 0. 05)	2016	24
5	lean manufacturing	environmental performance assessment (4. 46, 0. 05); quality management (4. 46, 0. 05); low carbon supply chain (4. 46, 0. 05); green manufacturing practices (4. 46, 0. 05)	2014	22

资料来源：作者自制。

2. 3. 6. 3　关键词共现

关键词的出现是某一时期出现的高频词，它的变化可以反映学者在该领域的研究热点。此外，它也是该领域演化发展趋势的一种判断依据，可以清晰地显示出该领域的起始时间、兴起强度和兴起持续时间。因此，为了深入理解绿色技术创新与企业财务绩效关系的演化发展趋势。我们获得了该领域关键词的出现情况，结果如表 2-9 所示。一是从亮点关键词出现的年份来看，“技术”(technology)关键词出现的时间最早，而“绿色创新”(green innovation)、“中介作用”(mediating role)、“财务绩效”(financial performance)关键词出现的时间最晚，并一直延续至今，这将是未来研究的热点。二是根据关键词的出现强度，我们可以发现“技术(technology)”(强度=3. 28)、“能源(energy)”(强度=2. 69)、“公司可持续性

（corporate sustainability）”（强度=2.68）的出现强度非常高，这表明它们出现的频率变化很大。三是从持续时间来看，“技术”（technology）关键词的持续时间最长（2007—2014 年），达 8 年之久，而“薪酬”（pay）、“商业”（business）和“产品创新”（product innovation）的持续时间也较长，这说明它们在较长时间内一直是该领域的研究热点。因此，总体而言，“产品创新”和“绿色创新”因其新出现的强度大、时间长而被认为是最新的研究热点。

表 2-9　关键字的共现

关键词	年份	强度	开始年份	结束年份	2007—2021 年
technology	2007	3.28	2007	2014	
impact	2007	0.93	2008	2010	
operation	2007	1.29	2011	2012	
environmental management	2007	1.23	2011	2013	
cost	2007	0.99	2011	2012	
energy	2007	2.69	2012	2015	
business	2007	1.78	2012	2017	
climate change	2007	1.74	2012	2015	
pay	2007	1.45	2012	2018	
environment	2007	1.09	2012	2015	
corporation	2007	1.09	2012	2015	
design	2007	2.13	2013	2017	
institutional pressure	2007	1.05	2013	2014	
certification	2007	1.03	2013	2015	
management	2007	1.7	2014	2015	
capability	2007	1.5	2014	2015	
policy	2007	1.28	2014	2016	
entrepreneurial orientation	2007	1.05	2014	2016	
environmental regulation	2007	1.02	2014	2015	
challenge	2007	0.89	2014	2016	
advantage	2007	1.7	2015	2016	
corporate	2007	1.43	2015	2016	

表2-9(续)

关键词	年份	强度	开始年份	结束年份	2007—2021 年
decision	2007	1.12	2015	2016	
demand	2007	0.96	2015	2017	
china	2007	1.87	2016	2018	
industry	2007	1.74	2016	2017	
data envelopment analysis	2007	0.88	2016	2018	
system	2007	2.21	2017	2018	
economic performance	2007	2.1	2017	2018	
manufacturing firm	2007	2.05	2017	2018	
corporate sustainability	2007	2.68	2018	2019	
product innovation	2007	2.08	2018	2021	
environmental performance	2007	1.84	2018	2019	
eco efficiency	2007	1.69	2018	2019	
growth	2007	1.69	2018	2019	
country	2007	1.26	2018	2019	
decision making	2007	0.84	2018	2019	
business model innovation	2007	0.84	2018	2019	
green innovation	2007	1.08	2019	2021	
mediating role	2007	0.94	2019	2021	
financial performance	2007	0.94	2019	2021	

资料来源：作者自制。

2.3.6.4 关键词时区图

为了从时间维度研究绿色技术创新与企业财务绩效关系的演化过程，我们利用时区图对其进行 CiteSpace 分析。时区图在以时间为横轴的二维坐标中，按照时间顺序清晰地展示了文献的更新情况以及文献之间的相互关系，如图 2-9 所示。在时区图中，节点的大小表示关键词出现的频率，节点的年份表示关键词首次出现的时间，节点之间的连线表示不同关键词同时出现在同一文献中。不同年份出现的文献数量代表了当时发表的成果，表明了该领域所处的时期或阶段。图 2-9 中的结果显示，在绿色技术创新与企业财务绩效的关系中，最重要的节点是“财务绩效”（financial performance)。此外，出现的关键词还有“创新”（innovation）、“技术”（technology）、“研发”（research and development）、“实证”（empirical evidence）等。绿色技术创新与企业财务绩效关系研究的高频关键词集中在 2007—2014 年，说明这一时期的研究强度较高。此外，学者们在该领域的研究在 2015 年之后提出了一些新的概念，如“绿色创新”（green innovation）、“企业绩效”（firm performance）、“合法性”（legitimacy）、“环境信息披露”（environmental disclosure）等。这些新概念有望成为未来绿色技术创新与企业财务绩效关系研究的新方向。

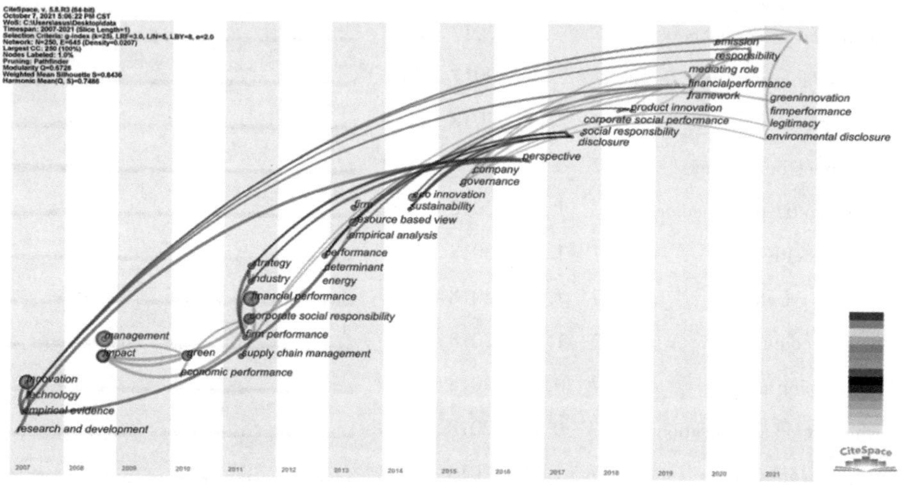

图 2-9　关键字时区图

（资料来源：作者自制）

2.3.6.5　关键时间轴

我们从 251 篇文章中提取了关键词，并使用 CiteSpace 时间轴将关键词的聚类网络（基于关键词出现的频率）可视化。该网络显示了沿着水平时间轴从左到右的聚类，见图 2-10。从关键词中提取的索引词是用谱聚类算法（local linear reconstruction，LLR）标注的聚类名称，按大小递减垂直排列。曲线表示聚类之间的关联联系。在混合网络里，生成了 10 个中心聚类。图 2-10 显示了绿色技术创新与企业财务绩效关系研究的时间轴。从图 2-10 中可以看出，研究热点的持续时间因聚类而异，代表了研究热点的演变过程。其中，最大的聚类是“环境绩效”（environmental performance），包含 29 个关键词，平均年份为 2012 年，包括“技术”（technology）、“实证”（empirical evidence）等关键词。随着时间的推移，最近的聚类结果中出现了新的关键词，如“气候政策”（climate policy）、“企业可持续性”（corporate sustainability）、“碳捕获”（carbon capture）等。

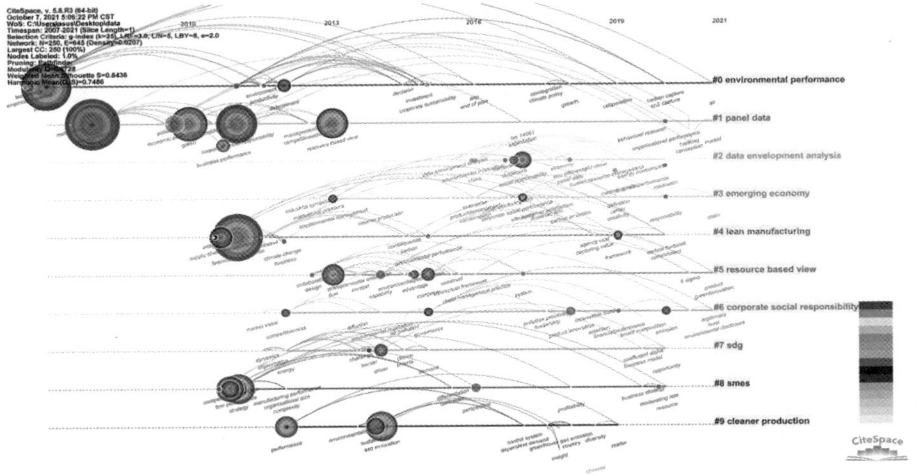

图 2-10　关键词时间轴

（资料来源：作者自制）

2.4　结论

2.4.1　主要发现

本章使用 Citespace 工具，基于 Web of Science 的 251 篇文章，对绿色技术创新与企业财务绩效之间关系的研究进展进行了文献计量分析。根据我们的分析，可以得出以下结论：

（1）关于绿色技术创新与企业财务绩效关系的文献最早出现于 2007 年。自 2015 年起，出版物数量急剧增加。截至 2015 年 1 月，共计发表了 54 篇论文，而截至 2021 年 9 月的数据，则表明这一研究领域正受到学者们越来越多的关注。

（2）Yaw Agyabengmensah 是最为高产的作家，其作品在创作过程中与其他作家展现出高度的合作性，并且题材涉猎广泛；然而，其他作者之间的合作规模往往较小。

（3）中国是最大的研究国，其次是西班牙、巴基斯坦和美国。这表明，关注绿色技术创新与企业财务绩效的关系已成为发达国家和发展中国家的共同关注点。大连海事大学（Dalian Maritime University）、香港理工大学（Hong Kong Polytechnic University）、四川大学（Sichuan University）都是高产院校，但与其他院校的合作并不紧密；他们在这个领域相对独立地运作。这表明，机构应进一步建立更深层次的跨学科、跨地区合作关系。

（4）“财务绩效”“环境绩效”“绿色创新”“产品创新”等关键词是该领域学者关注的热点。

（5）“绿色创新”“企业绩效”“合法性”“环境披露”“企业可持续性”这些概念，有望成为进一步研究绿色技术创新与企业财务绩效关系的新方向。

2.4.2 理论贡献

本章借助 Citespace 软件进行文献计量分析，为绿色技术创新与企业财务绩效之间关系的绘制和可视化研究做出了贡献。一是我们的研究结果为绿色技术创新与企业财务绩效之间关系的文献计量研究增添了学术价值。以往的研究缺乏全面、科学评价二者关系的文献计量分析。然而，绿色发展是否具有价值始终是学术界的核心议题。本研究是对绿色技术创新与企业财务绩效之间关系的首次全面、整体的文献计量分析，特别是从企业财务绩效的角度关注绿色技术创新。二是本研究结果也为该研究领域在方法运用方面做出了宝贵的补充。之前的综述通常采用系统方法（Mazzi et al.，2016；Hermundsdottir and Aspelund，2021）。相比之下，本研究使用计算机软件，如 Citespace 工具，提供了绿色技术创新与企业财务绩效之间关系的研究热点和趋势的直接可视化。这种可视化网络能够帮助研究人员对该领域有更清晰、透明的了解，还能帮助他们从不同情景中汲取灵感。最后，我们的研究还帮助工程管理和社会科学领域的人员了解绿色技术创新与企业财务绩效之间关系的最新进展，为我们提供了热门主题具体的核心关键词以及该领域的重点领域。

2.4.3 政策启示

根据本章的研究结果，我们从四个方面向企业决策者提出建议：一是企业应实施绿色技术创新，以提高财务绩效。二是企业营造鼓励绿色技术创新活动的组织氛围，以提高组织的环境绩效、社会绩效和财务绩效。三是企业的发展战略应向绿色创新的方向倾斜。例如，制定绿色政策，发展绿色产业，从而获得市场竞争优势，逐渐超越竞争对手。四是企业还应认识到实施绿色技术创新的价值。这一理念不仅适用于发达国家，也适用于发展中国家。因为为了推动绿色发展而付出代价是值得的。

2.4.4 研究局限性及未来研究方向

这项文献计量综述也有一些局限性：一是我们对数据库的选择可能会影响相关文章的数量。我们仅从单个数据库（Web of Science）中选择文献，尽管这一决定是基于从 Web of Science 和 Scopus 数据库收集的文章和引文高度相似的事实。然而，使用其他数据库可能会增加有关研究问题的文章数量。未来的研究可能会考虑选择其他数据库（如 Scopus 和 Google Scholar）进行该领域的文献计量综述。二是由于绿色技术创新的内容和定义差异很大（Hermundsdottir and Aspelund，2021），有关该关键词其他术语的文献在搜索过程中可能会被忽略。今后的研究应充分考虑选题概念的全面性和完整性。三是虽然文献检索中尽可能纳入了一些标准进行文献综述，但仍然存在一定程度的个人主观性，这也可能是本研究的局限性（Gonzales-Gemio et al.，2020）。未来的研究应采用更客观的标准来清理和整理文献。四是我们的目标是通过文献计量分析，探索绿色技术创新与企业财务绩效之间的关系。在当前研究中，我们并未考虑企业的弹性和风险缓解因素。然而，它们与可持续金融和绿色创新战略的联系也可能很重要。未来的研究应该参与这场辩论。五是新兴领域预测也广泛应用于专利分析，为培育创新战略提供了同等重要的来源；然而，我们的研究尚未提及这一点。未来的研究不妨对这些内容予以细致考量。六是对绿色技术与企业财务绩效之间关系的荟萃分析也可能很有趣。荟萃分析可以提供对它们之间关系的累积研究的统计整合。未来的研究可以采取这种方法，对绿色技术创新与企业财务绩效之间的关系进行进一步完整、全面的文献综述。

3 系统性文献综述

上一章我们已对绿色技术创新与企业财务绩效影响的研究进行了文献计量分析综述，初步确定了现有学者对绿色技术创新与企业财务绩效之间关系的真正兴趣。本研究我们想进一步系统地考察现有实证研究中的前因后果，包括绿色技术创新与企业财务绩效的定义和分类、理论基础、研究方法和研究结果。因此，在本章中，我们进一步系统性地回顾了绿色技术创新对企业财务绩效影响的现有文献，以帮助我们对这个领域有更清晰、透明的了解。本章在系统性文献综述分析中，试图从现有文献研究中了解以下六个问题，并以此为本研究提供丰富的理论依据。

问题 1：在现有文献中，绿色技术创新的定义、类型和驱动因素有哪些？

问题 2：在现有文献中，衡量企业财务绩效的视角有哪些？

问题 3：选择哪些理论用于研究绿色技术创新对企业财务绩效的影响？

问题 4：选择哪些方法用于研究绿色技术创新对企业财务绩效的影响？

问题 5：选择哪些行业用于研究绿色技术创新对企业财务绩效的影响？

问题 6：绿色技术创新对企业财务绩效影响的研究结果如何？

3.1 方法和数据搜集

3.1.1 方法

我们采纳了系统性文献综述的方法作为核心的评审工具。该方法旨在对现有文献进行一种系统化、结构化以及全面性的批判性评估。这种分析方法的科学性基础在 Tranfield 等（2003）的研究中得到了详尽论证，并进一步被学术界认可和采纳。系统性文献综述的主要优势在于其标准化的流程，能够确保分析具备客观性和可复制性（Becker，2004），同时也保证了研究结果具备精确性和深度（Voorberg et al.，2015）。这种方法的应用，不仅有助于明确研究问题的界定，而且有助于在批判性评估的过程中，更为精准地选择和识别关键文献（Bourcet，2020）。

在本研究的具体应用中，系统性文献综述法成为我们识别、检索以及评估绿色技术创新与企业财务绩效之间关系研究的枢纽。这一方法的运用显得尤为重要，因为它使得研究者能够超越传统的文献计量分析所可能遗漏的关键点，从而更为全面地涵盖研究的广度与深度。换言之，本研究在筛选文献时，专门聚焦那些直接探讨绿色技术创新对企业财务绩效影响的学术文章，确保研究质量的同时，也强化了研究的专一性和相关性。因此，系统的文献综述法不仅应用于本研究的初步文献筛选阶段，还贯穿文献评审的全过程，为研究奠定坚实的理论基础并提供方法论支持。

3.1.2 数据搜集

在数据搜集阶段，我们对来源于上一章文献计量学领域的广泛文献综述中提取的251篇文章进行了细致和周密的阅读，从而对这些研究成果进行了深入剖析和精心挑选。通过这一过程，我们精选出了49篇与本研究主题高度契合的文章，并将其定位为本研究的数据源。这49篇文章的选择基于它们对绿色技术创新与企业财务绩效关系的具体讨论，确保了所选研究的相关性和代表性。

进一步地，我们从这些精选的文献中提取了关键信息，包括但不限于文章的作者和发表年份、使用的数据样本以及其所属行业类别、采用的研究方法、理论框架以及得出的研究结论。这些信息的提炼和汇总，不仅为我们构建了一个综合性的数据库，而且为本研究系统性文献综述提供了必要的素材和基础。通过对这些文献资料的梳理和分析，我们旨在构建一个全面、结构化和高度系统化的文献综述框架，进而在系统性和批判性分析的基础上，提炼出绿色技术创新对企业财务绩效影响的核心议题和研究动向。

3.2 绿色技术创新的内涵、类型、驱动因素

3.2.1 绿色技术创新的定义

有关这一主题的文献使用不同的术语来指代绿色技术创新（green technology innovation，GTI），如绿色创新、生态创新、环境创新、生态技术和绿色技术（Forsman，2013；Tariq et al.，2017；Shen et al.，2020）。它们之间没有明确的界限，在很大程度上可以互换使用（Schiederig et al.，2012），因为它们都与具有环境效益的技术进步有关。近年来，越来越多的学者倾向于使用绿色技术创新（Qing et al.，2022）。因此，本研究也将"绿色技术创新"作为核心术语，并将其描述为一种以环境保护为目标的技术创新形式。该术语源自 Rhodes 和 Wield（1994）所提出的"绿色创新"一词。

通过梳理现有文献发现，较多学者对绿色创新进行了定义（见表 3-1）。例如，学者 Chen 等（2006）将绿色创新定义为"与绿色产品或流程相关的硬件或软件创新，以及涉及节能、污染防治、废物回收、绿色产品设计或企业环境管理的技术创新"。同样，Oltra 和 Saint Jean（2009）将绿色创新定义为"创新包括有益于环境的新的或改进的流程、实践、系统和产品，从而有助于环境的可持续发展"。Schiederig 等（2012）认为，绿色创新是指对产品/服务及相关业务流程进行重大改进，以降低消耗和排放。Albort-Morant 等（2016）将绿色创新定义为"激励企业不断创新，为企业创造新的市场机会，满足消费者新的需求，从而创造价值，提高绩效"。此外，一些学者还对生态创新、环境创新和可持续创新进行了定义。例如，González-Benito 等（2016）将生态创新定义为"提高环境绩效的创新，以减少商业行为对自然环境的影响"。此外，De Marchi（2012）将环境创新定义为"产品组合或生产流程中有助于实现环境目标的所有创新活动，包括渐进式和激进式改进"。同样，Bos-Brouwers（2010）将可持续创新定义为"对产品、服务、技术或组织流程进行更新或改进，不仅能提高经济效益，还能在短期和长期内对社会和环境产生积极影响的创新"。

表 3-1 绿色技术创新的定义

作者/年份	定义
Rhodes 和 Wield，1994 年	绿色创新被描述为“一种旨在保护环境的技术创新形式”
Chen 等，2006 年	绿色创新被定义为“与绿色产品或过程相关的硬件或软件创新，以及涉及节能、污染防治、废物回收、绿色产品设计或企业环境管理的技术创新”
Oltra 和 Saint Jean，2009 年	绿色创新被定义为“创新包括有利于环境并有助于环境可持续性的新的或改进的流程、实践、系统和产品”
Chang，2011 年	绿色创新被定义为“能够提高环境管理绩效、满足环境保护要求的创新活动”
Schiederig 等，2012 年	绿色创新被定义为“对产品/服务和相关业务流程进行重大改进，以减少消耗和排放”
Albort-Morant 等，2016 年	绿色创新被定义为“激励持续创新，为企业创造新的市场机会，满足新的消费者需求，从而创造价值并提高绩效”
Castellacci 和 Lie，2017 年	绿色创新或生态创新被定义为“一个有助于创造新产品和技术的过程，目的是减少环境风险，如污染和资源开发（如能源）的负面后果”
González-Benito 等，2016 年	生态创新被定义为“提高环境绩效，减少商业行为对自然环境的影响”
De Marchi，2012 年	环境创新被定义为“有助于实现环境目标的产品组合或生产过程中的所有创新活动，包括渐进式和根本性改进”
Bos-Brouwers，2010 年	可持续创新被定义为“产品、服务、技术的更新或改进的创新。它不仅带来了更好的经济效益，还产生了积极的社会和环境影响”

资料来源：作者自制。

综上所述，我们发现不同的学者对绿色技术创新给出了不同的定义。但学者们普遍认为，能够减少对环境不利影响的技术创新就是绿色技术创新。它包括所有与环境治理、节能、污染防治、绿色产品设计、废物回收利用等相关的创新活动，将“绿色”理念融入产品开发和工艺设计中。它还包括污染产生后的环境治理。

3.2.2 绿色技术创新的类型

在现有文献中，不同学者从各自的研究视角对绿色创新进行了解读和分类，形成了丰富的研究成果（见表 3-2）。

表 3-2　绿色技术创新的分类

划分标准	类型	定义	文献来源
按企业创新意愿差异划分	反应型绿色技术创新	反应型绿色技术创新是指以遵守环境法规、适应利益相关者的要求、响应环境变化或应对竞争对手的挑战	Baah et al., 2020b; Chan et al., 2022; Chang, 2015; Chen et al., 2012; Chen et al., 2016; Kamande and Lokina, 2013; Kim, 2018; Saleem et al., 2021
	主动型绿色技术创新	主动型绿色技术创新被定义为主动与环境相关的创新，即领先于竞争对手主动采用新实践或新产品，以降低成本、抓住机会、引领市场或获得竞争优势	
按合规性差异划分	合规战略	这些企业通过短期的“末端”方法来减少污染，通常抵制环境立法的制定和执行	Russo and Fouts, 1997
	超合规战略	这些企业注重预防，强调源头减少和流程创新	
按受规制程度差异划分	法规诱导型环境创新	减少单位产出资源（能源、化石燃料和材料）消耗的创新	Rexhauser and Rammer, 2014
	自愿型环境创新	自愿型环境创新是指在法律法规的框架下，企业和组织自愿实行环保管理，通过自主或合作的方式，采取创新手段来减少环境污染和资源浪费，从而保护生态环境	
按创新对象差异划分	绿色产品创新	绿色产品创新是指创新理念的应用。这些创新理念催生了新型绿色产品的设计、制造和营销，其性能显著优于传统的竞争产品	Chen, 2006; Chen, 2011; Chang, 2011; De Marchi, 2012; Frondel et al., 1999; Kam - Sing, 2012; Xie et al., 2019a
	绿色工艺创新	绿色工艺创新是指产品生产过程中工艺技术和装备的创新	
	末端治理技术创新	末端治理技术创新是采取分离、处理、焚烧等措施处理污染物的创新	Peng et al., 2021

资料来源：作者自制。

（1）根据企业创新意愿的差异进行划分。学者们通常将遵从性与主动性（Buysse and Verbeke，2003；Russo and Fouts，1997）、一致性与自愿性（Sharma，2000）以及反应性与主动性（Henriques and Sadorsky，1999）对立起来。例如，一些学者根据企业的意愿将绿色技术创新分为两种类型：反应型绿色技术创新和主动型绿色技术创新（Baah et al.，2020b；Chan et al.，2022；Chang，2015；Chen et al.，2012；Chen et al.，2016；Kamande and Lokina，2013；Kim，2018；Saleem et al.，2021）。反应型绿色技术创新是指为遵守环境法规、适应利益相关者的要求、应对环境变化或应对竞争对手的挑战而进行的与环境相关的被动式创新；主动型绿色技术创新是指积极、主动的环境相关创新，即在竞争对手之前主动采用新的做法或产品，以降低成本、抓住机遇、在市场中领先或获得竞争优势。

（2）根据合规性的差异进行划分。Russo 和 Fouts（1997）将其划分为两类绿色技术创新战略：一是合规战略，即企业通过短期的“末端”方法减少污染，通常抵制环境立法的颁布和执行；二是超合规战略，即注重预防，强调源头削减和流程创新（Hart，1995）。

（3）根据受规制程度的差异进行划分。Rexhauser 和 Rammer（2014）将绿色技术创新分为两种类型：法规诱导型环境创新和自愿型环境创新。法规诱导型环境创新是指减少单位产出资源（能源、化石燃料和材料）消耗的创新；自愿型环境创新是指企业主动对环境产生积极影响的创新。

（4）根据创新对象的差异进行划分。其中，大多数学者将绿色技术创新分为两种类型：绿色产品创新和绿色工艺创新（Chen，2006；Chen，2011；Chang，2011；De Marchi，2012；Frondel et al.，1999；Kam-Sing，2012）。绿色产品创新是指创新理念的应用。这些创新理念促成了新型绿色产品的设计、制造和营销，这些产品的性能明显优于传统的竞争产品（Chang，2011；De Marchi，2012）；绿色工艺创新是指产品生产过程中工艺技术和设备的创新（Chen，2011；Xie et al.，2019a）。此外，也有少数学者根据创新对象对其进行了多样化的研究。例如，Oltra 和 Saint Jean（2009）将绿色技术创新分为绿色产品创新、绿色工艺创新和绿色组织创新。Peng 等（2021）将绿色技术创新分为绿色产品创新、绿色流程创新和末端治理技术创新。末端治理技术创新的对象是企业产生的废气排放（Tariq et al.，2017），企业在生产过程中不可避免地会排放污染环境的有害物质，需要采取措施对污染物进行处理，包括分离、处理、焚烧等，将污染物对环境造成的破坏降到最低程度，同时还需要采取后续措施，提升技术和工艺，即末端治理创新（Cherrafi et al.，2018）。

3.2.3 绿色技术创新的驱动因素

通过系统的文献综述可以发现，关于企业绿色技术创新驱动因素的研究大多集中于外部和内部驱动因素。表 3-3 提供了这些外部和内部驱动因素的详细信息。

表 3-3 绿色技术创新的外部和内部驱动因素

因素	名称	主要发现	文献来源
外部驱动因素	环境规制	环境法规对绿色技术创新起着直接作用，可以引导企业投资环境研发	Abdullah et al.，2016；Feng and Chen，2018；Ford et al.，2014；Huang et al.，2016；Lanoie et al.，2011；Liao，2018；Qi et al.，2010；Ren et al.，2022；Yuan and Xiang，2018
	外部利益相关者	外部利益相关者的压力包括合法性、媒体报道、监管和组织利益相关者，他们都推动企业采用绿色技术创新	Baah et al.，2021a；Chang et al.，2020；Huang et al.，2009；Li et al.，2017b；Su et al.，2021；Tariq et al.，2017；Zailani et al.，2014
	绿色供应商	企业可持续发展问题往往发生在上游供应商层面，绿色供应商的参与有效决定了企业绿色产品的成功，绿色供应商的选择对企业绿色技术创新起着关键作用	Blome et al.，2014；Cheng，2020；Chiou et al.，2011；Du et al.，2018；Gupta and Barua，2017；Lee and Kim，2011；Yen，2018
	市场环保需求	环保消费需求是绿色技术创新采用的刺激因素，市场需求对绿色产品创新产生积极影响	Abdullah et al.，2016；Lin et al.，2013

表3-3(续)

因素	名称	主要发现	文献来源
内部驱动因素	环境伦理	企业环境道德对绿色技术创新有积极影响	Chang, 2011; Guo et al., 2020; Rui and Lu, 2020
	企业规模及行业	大企业比小企业实施更多的环保活动；污染密集型产业往往会更多地投资于与环境技术相关的活动	Qi et al., 2010; Woo et al., 2014
	企业能力	企业的能力包括吸收能力、环境领导力、协调能力等各个方面。所有这些能力都推动企业采用绿色技术创新	Aboelmaged and Hashem, 2019; Albert-Morant et al., 2018; Chen et al., 2015b; Xie et al., 2019a; Huang and Li, 2017; Fraj et al., 2015; Hao et al., 2019

资料来源：作者自制。

3.2.3.1 外部驱动因素

由表3-3可知，外部驱动因素主要确定了四项驱动企业进行绿色技术创新的因素，包括环境规制（Qi et al., 2010；Ford et al., 2014；Feng and Chen, 2018；Liao, 2018；Yuan and Xiang, 2018）、外部利益相关者（Baah et al., 2021a；Huang et al., 2009；Li et al., 2017b）、绿色供应商（Chiou et al., 2011；Cheng, 2020；Gupta and Barua, 2017；Lee and Kim, 2011）以及市场环保需求（Abdullah et al., 2016；Lin et al., 2014）。

（1）环境规制。环境规制被证明是影响企业绿色技术创新的重要外部因素（Feng and Chen, 2018；Liao, 2018；Yuan and Xiang, 2018）。Winter和May（2001）认为，环境规制的有效性取决于管理者对监管力度的感受，这将影响组织的绿色技术创新意愿和程度。有证据表明，政府法规是启动绿色技术创新的支持系统（Abdullah et al., 2016），Huang等（2016）认为，环境法规对绿色技术创新绩效起着直接作用，实施强制性企业社会责任报告的企业的绿色技术创新绩效明显高于非强制性企业（Ren et al., 2022），而政府出台的环境政策会促使企业投资于环境研发（Lanoie et al., 2011）。

（2）外部利益相关者。外部利益相关者的压力也是迫使企业采用绿色技术创新的关键因素之一。外部利益相关者的压力主要包括监管和组织利益相关者压力、客户压力和媒体报道。例如，Huang等（2009）认为，利益相关者压力会促使企业采用绿色技术创新，监管和组织利益相关者压力对采用绿色生产实践都有显著的积极影响（Baah et al., 2021a）。合法性压力对企业的绿色产品创新和绿色工艺创新有积极影响（Li et al., 2017b），来自客户的压力迫使企业采用和实施绿色技术创新（Zailani et al., 2014）；媒体对环境问题的报道也会影响绿色技术创新的采用（Tariq et al., 2017），如 Chang 等（2020）和 Su 等（2021）都发现媒体报道对企业的绿色投资有显著的积极影响。

（3）绿色供应商。绿色技术创新的另一个外部驱动力是供应商的作用。采取环保导向的企业不可能孤立地开发创新产品（Claudy et al., 2016；Ehrgott et al., 2011；Gimenez and Tachizawa, 2012）；相反，其可持续性问题往往发生在上游供应商层面（Wilhelm et al., 2016），绿色供应商的参与有效地决定了企业绿色产品的成败（Yeniyurt et al., 2014）。因此，选择绿色供应商对企业的绿色技术创新起着关键作用（Gupta and Barua, 2017）。

（4）市场环保需求。市场对环保的需求对企业采用绿色技术创新也起着至关重要的作用。经验证据表明，市场需求对绿色产品创新有积极影响（Lin et al., 2013），如 Abdullah 等（2016）提出，消费者对环保的需求是采用绿色技术创新的刺激因素。

3.2.3.2 内部驱动因素

由表 3-3 可知，许多内部驱动因素也在企业推行绿色技术创新过程中发挥着关键作用（Zailain et al., 2014）。内部驱动因素在一定程度上影响着企业对采用绿色技术创新的态度和看法，包括三个主要因素，即环境伦理（Chang, 2011）、企业规模和行业（Woo et al., 2014）以及企业能力（Huang and Li, 2017；Fraj et al., 2015；Hao et al., 2019）。所有这些因素都可能促使企业产生反应型绿色技术创新，但只有内在来源才能促进主动型绿色技术创新（Bitencourt et al., 2019）。

（1）环境伦理。例如，Guo 等（2020）认为，企业环境伦理对绿色技术创新有积极作用。Chang（2011）认为，企业环境伦理对绿色产品创新和绿色工艺创新有正向影响，并提出企业若想开展绿色技术创新，应增强企业环境伦理意识，因为企业环境伦理能够激发绿色技术创新，进而提升企业竞争力。Rui 和 Lu（2020）提出，企业环境伦理是利益相关者压力与绿色技术创新之间关系的中介，企业感知到的压力越大，形成的环境伦理规范越明显，越能激发企业开展绿色技术创新。

（2）企业规模及行业。例如，Qi 等（2010）认为，从统计角度来看，规模较大的企业更有可能实施绿色技术创新；再如，Woo 等（2014）认为，企业规模及行业对绿色技术创新的激励存在显著差异。具体而言，相较于小型企业，大型企业会开展更多的环保活动，而污染密集型行业则倾向于在与环保技术相关的活动上加大投资力度。

（3）企业能力。企业能力主要包括吸收能力、协调能力、环境领导力。例如，Aboelmaged 和 Hashem（2019）提出，吸收能力是企业可持续性和绿色技术创新采用的有力预测因素。Albert-Morant 等（2018）认为，企业的吸收能力有利于其产生绿色技术创新（如绿色产品、服务或工作流程）的潜力。Chen 等（2015b）在台湾电子行业中使用结构方程模型研究了环境导向吸收能力对激进型、增量型和服务型绿色技术创新的积极影响。Huang 和 Li（2017）研究发现，协调能力也对绿色产品创新有显著影响，因为它能促进与新产品规格相关的职能部门共同参与。在这方面，可持续发展深受产生和传播知识的整合与协调能力的影响（Fraj et al.，2015），因此，它能更有效地引发绿色技术创新。Hao 等（2019）则提出，环境领导力是推动积极绿色技术创新的重要内在源泉。

3.3 企业财务绩效的测量方法

企业财务绩效是一种强调企业盈利能力的元结构（Albertini，2013）。它简要地反映了企业整体财务状况的构成，如资产、负债、所有者权益、成本和收入等要素之间的比率（Li，2014；Przychodzen and Przychodzen，2015）。现有文献将企业财务绩效分为两大分支：基于会计的视角和基于市场的视角。然而，对于哪种视角更适合衡量企业财务绩效，学者们并没有达成共识。

在现有文献中，一方面，基于会计的视角通常使用资产收益率（ROA）、股本收益率（ROE）、股东投资回报率（ROIC）、留存收益率（ERR）、营业利润率（OM）、边际成本（MC）、销售增长率（SGR）和净利润率（NPR）来衡量企业财务绩效。其中，资产收益率（ROA）和股本收益率（ROE）是公认的指标（Aral and Weill，2007；Sher and Yang，2005；Zhang et al.，2020b）。此外，ROA 的使用频率几乎是 ROE 的两倍（Alshehhi et al.，2018）。基于会计的视角受制于管理者对不同项目选择的资金分配的随意性，它们反映的是内部决策能力和管理绩效，而不是外部市场对组织（非市场）行为的反应。另一方面，基于市场的视角通常使用市盈率（P/E）、托宾 Q 值、市值（MV）和股东总回报率（TSR）来突出企业的财务业绩。一般而言，基于市场的观点，企业行为受制于管理层无法控制的力量。这些指标反映了这样一种理念，即股东是主要的利益相关者群体，他们的满意度至关重要（Grossman and Hoskisson，1998）。我们梳理了现有文献中衡量企业财务绩效的指标，具体见表 3-4。

表 3-4 企业财务绩效的衡量标准

类型	测量	文献来源
基于会计的视角	资产收益率(ROA)	Russo and Fouts，1997；Lin et al.，2020；Aguilera-Caracuel and Ortiz - de - Mandojana，2013；Przychodzen and Przychodzen，2015；Przychodzen et al.，2018；Wu，2020；Tariq et al.，2019；Lin et al.，2019a；Trumpp and Guenther，2017；Okafor et al.，2021；Nguyen et al.，2021；Chan et al.，2016；de Azevedo Rezende et al.，2019；Farza et al.，2021；Delmas et al.，2015；Ruggiero and Lehkonen，2017
	股本收益率(ROE)	Lin et al.，2020；Przychodzen and Przychodzen，2015；Tariq et al.，2019；Lin et al.，2019a；Okafor et al.，2021；Nguyen et al.，2021；Chan et al.，2016；Chen and Ma，2021；Ruggiero and Lehkonen，2017
	股东投资回报率(ROIC)	Lin et al.，2020；Lin et al.，2019a；Farza et al.，2021
	留存收益率(ERR)	Przychodzen and Przychodzen，2015
	营业利润率(OM)	Ghisetti and Rennings，2014；Przychodzen et al.，2018
	边际成本（MC）	Chan et al.，2016
	销售增长率（SGR）	Okafor et al.，2021
	净利润率(NPR)	Okafor et al.，2021；Papazoglou and Spanos，2021；Li et al.，2021；Chen and Ma，2021
基于市场的视角	市盈率(P/E)	Przychodzen et al.，2018
	托宾 Q 值（Tobin's Q）	Lee and Min，2015；Hou，2019；Okafor et al.，2021；Johl and Toha，2021；Chen and Ma，2021；Yan and Zhang，2021；Delmas et al.，2015；Ruggiero and Lehkonen，2017
	市值(MV)	Przychodzen et al.，2018；Martínez-Ferrero and Frias-Aceituno，2015；Park et al.，2021；Farza et al.，2021
	股东总回报率（TSR）	Trumpp and Guenther，2017

资料来源：作者自制。

3.4 使用了哪些理论进行研究

本研究系统性文献综述的另一个关键观察点是绿色技术创新与企业财务绩效之间关系的理论基础。绿色技术创新始终是企业可持续发展争论的核心所在，吸引着学术界和商界的主要注意力（Dangelico et al.，2017）。在深入理解企业参与绿色技术创新实践对其财务绩效的影响方面，以往的文献通常呈现出一种分歧的理论视角。这些理论见表 3-5。采用这些理论有助于解释和发展绿色技术创新与企业财务绩效之间的复杂关系（Prashar，2020）。

表 3-5　绿色技术创新与企业财务绩效关系的研究理论

理论	定义	文献来源
制度理论	根据制度理论，处于相同商业环境的企业往往会寻求与相似企业的同质性，而为应对制度压力而进行的创新也可能产生一定程度的财务回报。因此，服从制度压力进行绿色技术创新的企业可以获得合法性和资源，从而享受绿色带来的好处	Aguilera-Caracuel and Ortiz-de-Mandojana，2013；Baah et al.，2021a；Li et al.，2017b；Zhang et al.，2021；Li et al.，2017a；Kostova and Roth，2002；Zou et al.，2019；Yao et al.，2019；Lui et al.，2021
利益相关者理论	利益相关者理论表明，企业只有专注于满足利益相关者的利益而不是股东的利益，才能获得竞争优势。企业的绿色战略选择取决于来自利益相关者的各种压力和影响。将利益相关者理论引入绿色技术创新与企业财务绩效关系的研究中至关重要	Baah et al.，2021a；Weng et al.，2015；Cupertino et al.，2021；Baah et al.，2021b；Hou，2019；Okafor et al.，2021；Nguyen et al.，2021；Baah et al.，2020a；Saleem et al.，2021；Pucci et al.，2020；Zhang et al.，2020b
合法性理论	合法性理论认为，公开披露环境和社会信息是企业持续存在或社会合法化的一种方式。环境信息披露可以通过建立合法性理论对财务绩效和盈利能力产生积极或消极的影响	Preston and O'Bannon，1997；Gray and Laver，1995；Neu et al.，1998；Nguyen et al.，2021；Baah et al.，2020b；Saleem et al.，2021

表3-5(续)

理论	定义	文献来源
资源基础观	资源基础观为从事环境创新研究的人员提供了一种工具。它阐明了内部资源、技术能力和绩效之间的关系，为全面讨论绿色技术创新与企业财务绩效之间的关系奠定了基础	Aragón-Correa et al., 2008; Baah et al., 2021a; Russo and Fouts, 1997; Cheng et al., 2014; Tariq et al., 2019; Johl and Toha, 2021; Lee and Min, 2015; Okafor et al., 2021; Li et al., 2017b; Zhang et al., 2020b
自然资源基础观	自然资源基础观促进了解决环境问题的关键资源的开发，如持续产品改进、利益相关者整合、创新整合和清洁生产实践。反过来，它会带来较低成本、声誉、合法性、长期增长和持续的未来竞争地位等形式的竞争优势	Hart, 1995; Hart and Dowell, 2011; Lee and Min, 2015; Ganda, 2018; Saleem et al., 2021
权变理论	权变理论表明，环境主动性并不是一个简单的预测因素。企业要达成长期的业务成功，需借助整合各类资源来培育自身能力。而绿色技术创新可以帮助企业不断获取和转化资源，实现可持续增长	Tariq et al., 2019; Chan et al., 2016; Zhang et al., 2020b

资料来源：作者自制。

从表3-5中可以看出，资源基础观（Russo and Fouts，1997）、合法性理论（Preston and O'Bannon，1997）、制度理论（Aguilera-Caracuel and Ortiz-de-Mandojana，2013）和利益相关者理论（Weng et al.，2015）显然是现有文献中的主流理论。这或许也是更广泛探讨绿色技术创新与企业财务绩效关系文献的理论基石。资源基础观为从事环境创新研究的人员提供了一种工具。它阐释了内部资源、技术能力和绩效之间的关系，为全面讨论绿色技术创新与企业财务绩效之间的关系奠定了基础（Cheng et al.，2014；Tariq et al.，2019；Johl and Toha，2021）。此外，合法性理论认为，公开披露环境和社会信息是企业继续存在或使社会合法化的一种方式（Gray and Lavers，1995）。学者们在合法性理论的基础上提出，环境信息披露会对财务业绩和盈利能力产生积极或消极的影响（Neu et al.，1998）。例如，发现负面关系的学者认为，披露企业社会责任对利益相关者不利，因为企业必须花费大量资源来履行其社会责任（Preston and O'Bannon，1997）。然而，其他学者则认为，合法性压力会对绿色技术创新产生重大影响，并对企业财务绩效产生积极影响（Li et al.，2017b；Nguyen et al.，2021）。因此，该理论也为研究绿色技术创新与财务绩效之间的关系提供了一个全面的理论视角。此外，制度理论认为，企业的环境管理实践和政策也取决于其国家制度背景（Kostova and Roth，2002）。绿色技术创新对企业财务、社会和环境成果的影响同样可能受到企业开展活动的国家制度背景（如环境监管和规范层面）的高度影响（Li et al.，2017a；Zhang et al.，2021）。此外，企业进行绿色技术创新的另一个令人信服的理由是基于利益相关者理论（Baah et al.，2021b），越来越多的企业利用绿色技术创新来促进对社会负责的行动，并有效应对利益相关者的需求（Weng et al.，2015），这些现有研究对于从事可持续创新的学术界和企业至关重要（Cupertino et al.，2021）。

3.5 使用了哪些方法进行研究

现有关于绿色技术创新与企业财务绩效关系的研究以实证主义范式为主。我们在49篇文章的样本数据中，发现了35篇采用实证研究方法的文章。这表明，大多数研究（71.43%）都侧重实证模型的建立。例如，一些学者常用普通最小二乘法（OLS）和两阶段最小二乘法（2SLS）来考察绿色技术创新与企业财务绩效之间的关系（Barnett and Salomon，2012；Ghisetti and Rennings，2014；Lee and Min，2015；Nguyen et al.，2021；Przychodzen et al.，2018；Russo and Fouts，1997；Yu and Chiu，2021）。其他学者通常使用结构方程模型（SEM）来研究这种关系（Baah et al.，2021a；Cheng et al.，2014；Chen et al.，2015b；Chan et al.，2016；Zhang et al.，2021）。此外，一些学者还使用了分层回归（Tariq et al.，2019；Li et al.，2021）、广义矩估计法（Farza et al.，2021；Lin et al.，2020；Martínez-Ferrero and Frias-Aceituno，2015）、固定效应（FE）（Hou et al.，2019；de Azevedo et al.，2015）、随机效应（RE）（Wu et al.，2020a；Johl and Toha，2021）、面板向量自回归（PVAR）（Lin et al.，2019a）和倾向得分匹配（PSM）（Riillo，2017；Su，2021）等方法。表3-6列出了现有文献中的研究方法。

表 3-6　现有文献中的研究方法

研究方法	数据搜集	文献来源
普通最小二乘法（OLS）	使用二手数据	Russo and Fouts, 1997; Ghisetti and Rennings, 2014; Przychodzen and Przychodzen, 2015; Przychodzen et al., 2018; Lee and Min, 2015; Trumpp and Guenther, 2017; Okafor et al., 2021; Park et al., 2021; Nguyen et al., 2021; Zhang et al., 2019; Barnett and Salomon, 2012
	使用调查问卷数据	Chen et al., 2006
两阶段最小二乘法（2SLS）	使用二手数据	Yu and Chiu, 2021
结构方程模型（SEM）	使用调查问卷数据	Cheng et al., 2014; Chen et al., 2015b; Chan et al., 2016; Baah et al., 2021a; Zhang et al., 2021
分层回归法	使用调查问卷数据	Tariq et al., 2019; Li et al., 2021
	使用二手数据	Chen and Ma, 2021
广义矩估计法（GMM）	使用二手数据	Lin et al., 2020; Martínez-Ferrero and Frias-Aceituno, 2015; Farza et al., 2021
固定效应（FE）	使用二手数据	Hou, 2019; de Azevedo Rezende et al., 2019
随机效应（RE）	使用二手数据	Wu et al., 2020a; Johl and Toha, 2021; Ganda, 2018
面板向量自回归（PVAR）	使用二手数据	Lin et al., 2019a
面板矢量误差修正模型（VECM）	使用二手数据	Lu et al., 2018
倾向得分匹配（PSM）	使用调查问卷数据	Riillo, 2017
	使用二手数据	Su, 2021
广义估计方程（GEE）	使用二手数据	Li et al., 2017b
随机前沿分析（SFA）	使用二手数据	Yan and Zhang, 2021

资料来源：作者自制。

由上述分析可知，现有文献所运用的研究方法较为丰富，不同学者采用了不同的定量技术来探讨绿色技术创新与企业财务绩效之间的关系。我们进一步在图 3-1 中列出了每种方法的计算比例。结果显示，普通最小二乘法（OLS）回归分析是以往文献中最多学者采用的方法，占比 34. 29%，排在第二位的是结构方程模型，占 14. 29%。广义常量估计法、分层回归和随机效应的使用频率也较高，均占 8. 57%。固定效应和倾向得分匹配也在 5. 71% 的文献中使用。学者们还使用了其他方法，如两阶段最小二乘法、面板向量自回归（PVAR）、面板向量误差修正模型（VECM）、广义估计方程（GEE）和随机前沿分析（SFA），它们都占 2. 86%。

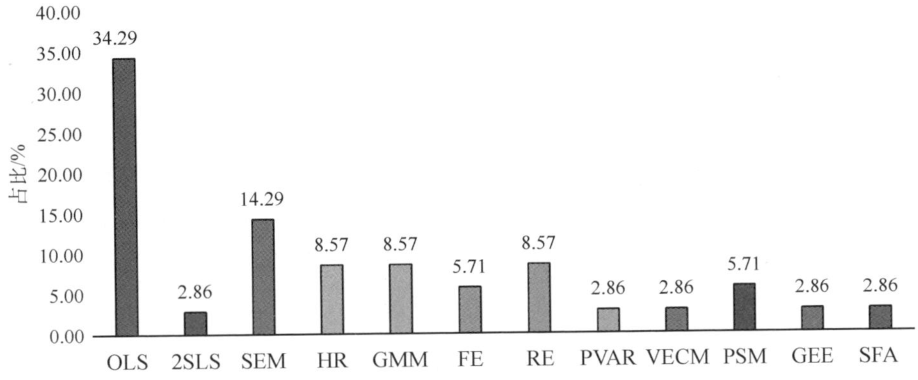

图 3-1　现有文献中研究方法的比较

（资料来源：作者自制）

此外，我们还总结了现有文献的数据搜集方法，见图 3-2。结果表明，74. 29% 的文献侧重使用二手数据（包括小部分动态面板数据）进行实证研究。此外，25. 71%的文献采用了横截面调查问卷来搜集数据。

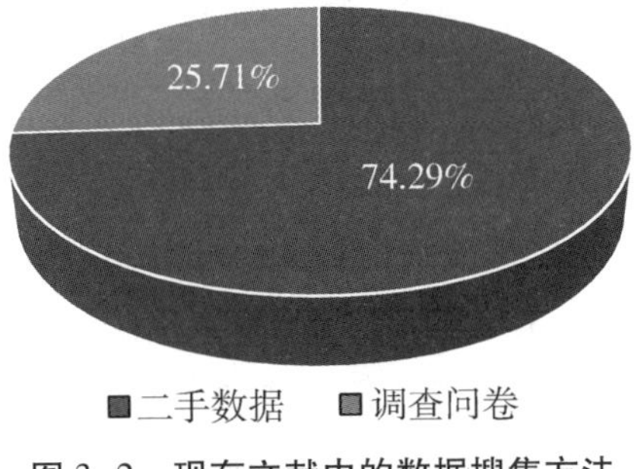

图 3-2　现有文献中的数据搜集方法

（资料来源：作者自制）

3.6 选择了哪些行业进行研究

我们也进一步梳理了现有文献中关于绿色技术创新与企业财务绩效关系研究所关注的行业，如表 3-7 所示。结果显示，以往的研究涵盖了多个行业，包括制造业（Baah et al.，2021a；Cheng，2014；Lee and Min，2015；Li et al.，2021；Tariq et al.，2019；Trumpp and Guenther，2017；Zhang et al.，2021）、高科技行业（Aguilera-Caracuel and Ortiz-de-Mandojana，2013；Przychodzen et al.，2018；Okafor et al.，2021）、能源行业（Wu et al.，2020a；Riillo，2017；Johl and Toha，2021；Chen and Ma，2021；Yan and Zhang，2021）、建筑行业（Lu et al.，2018；Paraschiv et al.，2012）、电子行业（包括半导体和通信）（Chen et al.，2006，2015a；Mikołajek-Gocejna，2016；Hou，2019；Park et al.，2021）、服务业（包括 IT 服务）（Chan et al.，2016；Lin et al.，2020；Paraschiv et al.，2012；Su，2021）。

此外，我们还发现这些行业的数据来源和样本涉及许多国家或地区，如中国（Chan et al.，2016；Chen and Ma，2021；Li et al.，2017b；Yan and Zhang，2021；Zhang et al.，2019；Chen et al.，2021；Russo and Fouts，1997）、欧洲（De Lucia et al.，2020；Farza et al.，2021；Ghisetti and Rennings，2014；Paraschiv et al.，2012；Przychodzen and Przychodzen，2015；Przychodzen et al.，2018；Riillo，2017）、韩国（Park et al.，2021）、泰国（Tariq et al.，2019）、印度尼西亚（Chariri et al.，2018）、越南（Nguyen et al.，2021）和巴基斯坦（Wu et al.，2020a）。由此可见，绿色技术创新与企业财务绩效之间关系的研究已成为一个全球性问题（包括发达国家和发展中国家），并且各行各业的学者也对此产生了浓厚的兴趣。

表 3-7 现有文献中的重点行业

作者/年份	行业	样本	数据来源
Russo 和 Fouts，1997 年	所有行业	243 家	富兰克林研究与发展公司（FRDC）
Lin 等，2020 年	IT 服务业	465 家	企业社会责任中心数据库和汤森路透社
Paraschiv 等，2012 年	银行、建筑、服务—旅游、广告、管理咨询、汽车、IT、零售、能源、公用事业和运输、石油和天然气、电信	罗马尼亚 581 家中小型企业	调查问卷
Aguilera-Caracuel 和 Ortiz-de-Mandojana，2013 年	四个不同的行业：材料、工业、个人健康和技术（软件、技术硬件、半导体和摄影产品）	140 家	Compustat 全球数据库和全球专利指数
Cheng，2014 年	四大制造业：通信设备、计算机及外围设备、集成电路（IC）	611 家台湾企业	调查问卷
Ghisetti 和 Rennings，2014 年	所有行业	1 063 家德国企业	MIP 2009
Przychodzen 和 Przychodzen，2015 年	所有行业	439 家企业（426 家来自波兰资本市场，13 家来自匈牙利资本市场）	Infinancials（INF）数据库和企业网站
Przychodzen 等，2018 年	技术部门和技术以外的部门	162 家在法兰克福证券交易所上市的公司	Infinancials（INF）数据库
Chariri 等，2018 年	所有行业	在印度尼西亚证券交易所上市的所有公司	印度尼西亚证券交易所
Wu 等，2020 年	能源密集型和污染型工业	150 家巴基斯坦企业	巴基斯坦证券交易所网站

表3-7(续)

作者/年份	行业	样本	数据来源
Chen 等，2006 年	台湾的信息和电子产业，包括半导体行业	所有企业均来自 Business Express Co	2003 台湾商务快车股份有限公司企业名录
Mikołajek-Gocejna，2016 年	半导体行业	89 家美国企业	北美 Compustat 数据库
Lee 和 Min，2015 年	日本制造业	—	环境报告广场和日本经济新闻社综合数据库（NEEDS）
Riillo，2017 年	能源消耗行业	909 家意大利企业	调查问卷
Tariq 等，2019 年	制造业	202 家泰国企业	调查问卷
Hou，2019 年	台湾电子集成电路产业和非电子产业	2010—2014 年在台湾证券交易所上市的公司	TEJ 数据库
Lu 等，2018 年	与建筑相关的行业，包括建筑和工程行业、建筑材料行业以及建筑和农用机械行业	67 家	CSR 数据库、Bloomberg. com 和 Capital IQ
Trumpp 和 Guenther，2017 年	制造业和服务业	2 361 家企业(制造业 1 182 家，服务业 1 179 家)	Asset4 数据库
Baah 等，2021 年	制造业	320 家中小型企业	调查问卷
De Lucia 等，2020 年	所有行业	欧洲 1038 家上市公司	汤森路透 ASSET4/EIKON 数据库
Okafor 等，2021 年	科技行业	267 家美国科技企业	10-K 美国证券交易委员会文件
Li 等，2021 年	制造业	316 家中国企业	调查问卷
Park 等，2021 年	半导体行业（仅限于 IDM 和无晶圆厂半导体企业）	92 家企业(51家无晶圆厂半导体企业和41家集成电路制造企业)	全球半导体联盟和 Wisdomain 公司
Zhang 等，2021 年	中国的制造业	239 份调查问卷	调查问卷

表3-7(续)

作者/年份	行业	样本	数据来源
Nguyen 等，2021 年	工业、房地产、银行和保险、食品、饮料和烟草以及其他行业	100 家越南上市公司	越南证券交易所
Johl 和 Toha，2021 年	能源行业	31 家马来西亚上市公司	可持续发展报告、年度报告和企业网站
Chan 等，2016 年	金融、金属、采矿、休闲和酒店业	中国百强上市公司	http://so.5ipatent.com/ and corporate annual report
Zhang 等，2019 年	所有行业	764 家中国主板 A 股公司	CSMAR
Chen 和 Ma，2021 年	能源行业	90 家	CSMAR
de Azevedo Rezende 等，2019 年	所有行业	365 家跨国企业	Thomson 创新数据库
Yan 和 Zhang，2021 年	能源行业	中国 101 家能源密集型上市公司	CSMAR
Farza 等，2021 年	所有行业	2008—2019 年 HDAX 指数中的德国公司	HDAX
Martínez-Ferrero 和 Frias-Aceituno，2015 年	金融业以外的所有行业	1960 非金融类国际上市公司	Thomson One 分析数据库和道德投资研究服务（EIRIS）
Ganda，2018 年	采矿业	14 家企业	日本证券交易所社会责任投资指数
Su，2021 年	金融业	77 家中国绿色投资股	中证绿色投资指数
Li 等，2017 年	所有行业	172 家	中国上海和深圳证券交易所

资料来源：作者自制。

此外，我们还对现有文献中所选行业的占比进行了比较，如图 3-3 所示。结果表明，在现有研究中大部分文献（29.72%）的研究重点是选择所有行业进行分析。同时，18.92% 的文献重点研究了电子行业（包括16.21%的半导体行业）。同样，在同一研究中，所有制造业类别的文献占

18.92%。此外，制造业中的高科技产业（13.51%）和高污染高耗能行业（13.51%）也是学者们研究的热点。但在以往的研究中，对服务业（8.11%）、建筑业（2.7%）、金融业（5.41%）和采矿业（5.41%）的研究仍然较少，这为今后的研究提供了一个方向。

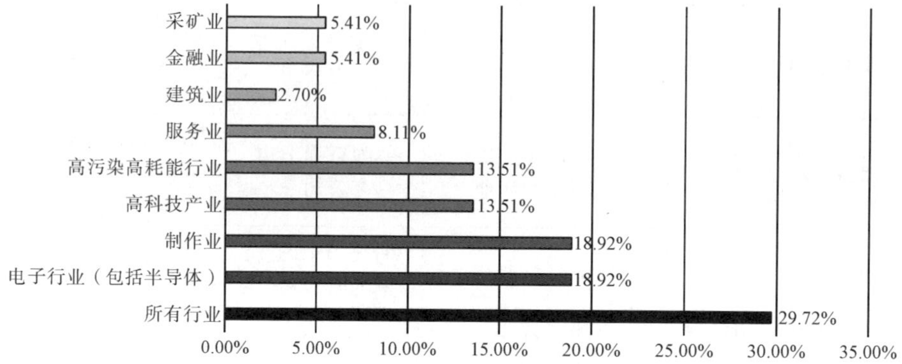

图 3-3　现存文献中的部分行业比较

（资料来源：作者自制）

3.7　现有研究发现了哪些结果

在现有文献中，关于绿色技术创新与企业财务绩效之间的关系有四种不同的结果：正向、负向、U 形和不显著。由此可见，这些结果是混合的、不确定的，如表 3-8 所示。具体而言，这些结果表明：一是大多数学者认为绿色技术创新与企业财务绩效之间是线性关系（Aguilera-Caracuel and Ortiz-de-Mandojana，2013；Ghisetti and Rennings，2014；Porter and Van der Linde，1995；Russo and Fouts，1997；Wu et al.，2020a）。然而，也有少数学者认为，它们之间的关系是非线性的（Aastvedt et al.，2021；Barnett and Salomon，2012；Riillo et al.，2017；Trumpp and Guenther，2017）。二是绿色技术创新与企业财务绩效之间存在双向因果关系，但学者们的研究结果仍不一致。例如，Martínez-Ferrero 和 Frias-Aceituno（2015）认为，他们的因果关系是双向正效应。然而，Lin 等（2019a）在其双向因果关系中提出，企业社会责任对企业财务绩效有负向影响，但企业财务绩效对企业社会责任有正向影响。三是有学者发现，绿色技术创新对企业短期财务绩效和长期财务绩效的影响存在差异。例如，de Azevedo Rezende 等（2019）的研究发现，绿色技术创新在短期内对企业财务绩效的影响不显著，但在长期内对企业财务绩效有正向影响。此外，学者 Lu 等（2018）进一步证明，企业社会责任在短期内对企业财务绩效有负面影响。四是少数学者将绿色技术创新分为主动型绿色技术创新和反应型绿色技术创新。他们研究了这两类绿色技术创新对企业财务绩效的影响。此外，他们的结论也存在争议。一些学者认为，主动型绿色技术创新对企业财务绩效有积极影响（Aragón-Correa et al.，2008；Chan et al.，2022；Qing et al.，2022）。然而，Baah 等（2020b）认为，主动型绿色技术创新对企业财务绩效有负面影响；从另一个角度看，其他学者认为反应型绿色技术创新对企业财务绩效有积极影响（Baah et al.，2020b），但 Chan 等（2022）的研究表明，反应型绿色技术创新对企业财务绩效有消极影响。

表 3-8　现存文献中的主要研究发现

<table>
<tr><th colspan="2">研究发现</th><th>说明</th><th>文献来源</th></tr>
<tr><td rowspan="2">企业环境绩效→企业财务绩效</td><td>Positive（+）</td><td>企业环境绩效对企业财务绩效有积极影响</td><td>Russo and Fouts，1997；Wu et al.，2020a</td></tr>
<tr><td>U-Shaped</td><td>企业环境绩效对企业财务绩效的影响呈 U 形关系</td><td>Trumpp and Guenther，2017；Aastvedt et al.，2021</td></tr>
<tr><td rowspan="3">绿色技术创新→企业财务绩效</td><td>Positive（+）</td><td>绿色技术创新对企业财务绩效有积极影响</td><td>Porter and Van der Linde，1995；Aguilera-Caracuel and Ortiz-de-Mandojana，2013；Ghisetti and Rennings，2014；Przychodzen et al.，2018；Chen et al.，2006；Tariq et al.，2019；Zhang et al.，2019；Yan and Zhang，2021</td></tr>
<tr><td>Short-term：Insignificant</td><td>绿色技术创新对企业短期财务绩效的影响不大</td><td rowspan="2">de Azevedo Rezende et al.，2019</td></tr>
<tr><td>Long-term：Positive（+）</td><td>绿色技术创新对企业长期财务绩效有积极影响</td></tr>
<tr><td>企业财务绩效→绿色技术创新</td><td>Positive（+）</td><td>企业财务绩效对绿色技术创新有积极影响</td><td>Li et al.，2017b</td></tr>
</table>

表3-8(续)

研究发现		说明	文献来源
主动型绿色技术创新→企业财务绩效	Positive（+）	主动型绿色技术创新对企业财务绩效有积极影响	Aragón – Correa et al., 2008; Chan et al., 2022; Qing et al., 2022
	Negative（-）	主动型绿色技术创新对企业财务绩效有负面影响	Baah et al., 2020b
反应型绿色技术创新→企业财务绩效	Positive（+）	反应型绿色技术创新对企业财务绩效有积极影响	Baah et al., 2020b
	Negative（-）	反应型绿色技术创新对企业财务绩效有负面影响	Chan et al., 2022
企业环境管理→企业财务绩效	Positive（+）	企业环境管理对企业财务绩效有积极影响	Farza et al., 2021
	U-Shaped	企业环境管理对企业财务绩效的影响呈 U 形关系	Riillo et al., 2017
生态创新→企业财务绩效	Positive（+）	生态创新对企业财务绩效有积极影响	Cheng et al., 2014; Przychodzen and Przychodzen, 2015; Johl and Ma, 2021; Hojnik and Ruzzier, 2016
企业社会责任→企业财务绩效	Positive（+）	企业社会责任对企业财务绩效有积极影响	Mikołajek-Gocejna, 2016; Hou et al., 2019; De Lucia et al., 2020; Okafor et al., 2021; Li et al., 2017b
	U-Shaped	企业社会责任对企业财务绩效的影响呈 U 形关系	Barnett and Salomon, 2012
	Short-term: Negative（-）	企业社会责任在短期内对企业财务绩效有负面影响。但是，从长期来看却有积极影响	Lu et al., 2018
	Long-term: Positive（+）		
企业社会责任⇌企业财务绩效（双向因果）	Negative（-）	企业社会责任与企业财务绩效之间存在双向因果关系	Lin et al., 2019a
	Positive（+）	企业社会责任对企业财务绩效有负面影响。然而，企业财务绩效对企业社会责任有正向影响	
	Positive（+）	企业社会责任与企业财务绩效之间的关系具有双向的积极影响	Martínez-Ferrero and Frias-Aceituno, 2015

表3-8(续)

研究发现		说明	文献来源
绿色投资→企业财务绩效	Positive (+)	绿色投资对企业财务绩效有积极影响	Chariri et al., 2018; Lee and Min, 2015; Chen and Ma, 2021; Ganda, 2018; Lanoie et al., 2011
	Negative (-)	绿色投资对企业财务绩效有负面影响	Su et al., 2021
低碳技术创新→企业财务绩效	Positive (+)	低碳技术创新对企业财务绩效有积极影响	Li et al., 2021

资料来源：作者自制。

此外，相关文献显示，78.26%的学者认为绿色技术创新与企业财务绩效之间的关系存在正效应（见图3-4），这一结果与 Alshehhi 等（2018）的研究结果一致（正效应为78%）。此外，报告负相关关系的占比为10.87%，报告U形关系的结果占比为8.7%，只有2.17%的报告不显著。绿色技术创新对企业财务绩效影响的结果分布表明，它们更有可能存在正相关关系。本研究认为造成这种结果的原因有两个：一方面，关于这些主题的文章采用了不同的研究方法和研究设计；另一方面，它们获得的结果可能是由所选的特定数据库和特定行业决定的。尽管存在这些差异，但绿色技术创新对企业财务绩效的积极影响在文献中占主导地位。

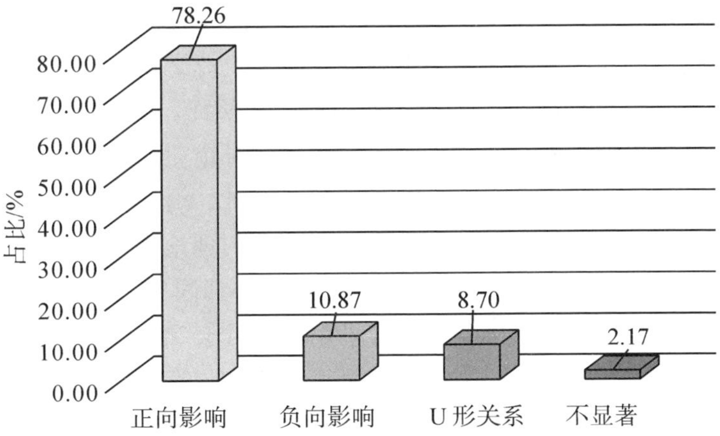

图3-4　现有文献中不同结果的百分比

（资料来源：作者自制）

4 理论基础

先前的研究考虑了绿色技术创新与企业财务绩效之间关系的理论预测动机。学者们提出了研究这种关系的四种主流理论，即资源基础观（Russo and Fouts，1997）、合法性理论（Preston and O'Bannon，1997）、制度理论（Aguilera-Caracuel and Ortiz-de-Mandojana，2013）和利益相关者理论（Weng et al.，2015），所有这些都已在涉及该关系的文献中有所运用。资源基础观为从环境创新研究的人员提供了一个工具。它阐释了内部资源、技术能力和绩效之间的关系，为全面讨论绿色技术创新与企业财务绩效之间的关系奠定了基础（Cheng et al.，2014；Tariq et al.，2019；Johl and Toha，2021）。此外，合法性理论认为，公开披露环境和社会信息是企业持续存在或社会合法化的一种方式（Gray and Lavers，1995）。学者们认为，通过建立合法性理论，环境信息披露可以对财务绩效和盈利能力产生积极或消极的影响（Neu et al.，1998），如发现负面关系的学者认为，披露企业社会责任对利益相关者来说是不利的，因为企业必须花费大量资源来履行其社会责任（Preston and O'Bannon，1997）。然而，其他学者则认为，合法性压力会显著地影响企业绿色技术创新，并对企业财务绩效产生积极影响（Li et al.，2017；Nguyen et al.，2021）。因此，合法性理论也为研究绿色技术创新与财务绩效之间的关系提供了全面的理论视角。此外，制度理论表明，企业的环境管理实践和政策还取决于其国家制度背景（Kostova and Roth，2002）。绿色技术创新对企业财务、社会和环境成果的影响同样可能受到企业开展活动的国家制度环境（如环境监管和规范层面）的高度影响（Li et al.，2017；Zhang et al.，2021）。企业参与绿色技术创新的动机背后的另一个令人信服的论点源于利益相关者理论（Baah et al.，2021b）。企业愈发频繁地借助绿色技术创新来推动社会责任行动，以回应利益相关者的需求（Weng et al.，2015）。这些现有研究，对于致力于可持续创新的学术界和企业至关重要（Cupertino et al.，2021）。

因此，本研究引入了几种理论来解释绿色技术创新对企业财务绩效的影响，即利益相关者理论、合法性理论、制度理论、资源基础观和吸收能力理论。这些理论也被该领域的学者们广泛使用（Aguilera-Caracuel and Ortiz-de-Mandojana，2013；Russo and Fouts，1997；Weng et al.，2015；Baah et al.，2020b；Aboelmaged and Hashem，2019）。事实上，这些理论是显而易见的选择，因为不同的利益相关者、组织合法性和环境是企业绿色技术创新的核心要素（Berman et al.，1999；Singh et al.，2022）。此外，企业的资源利用和吸收新知识的能力也会不可避免地影响其绿色技术创新实践（Hart，1995；Surroca et al.，2010；Chen et al.，2015b）。这一系列行动共同影响着企业的财务绩效（Barney and Zajac，1994；Schuler and Cording，2006）。因此，我们试图将它们结合起来，以解决绿色技术创新对企业财务绩效影响的相关问题。

4.1 利益相关者理论

利益相关者是指那些在企业价值创造和交换过程中能够对组织施加影响，或是那些受到组织行为影响的各类个体和团体（Freeman，1999）。在这个定义中，所讨论的是社会结构中的特定群体，它们与组织之间存在着复杂的相互关系。根据 Garvare 和 Johansson（2010）的观点，利益相关者的权力、合法性以及紧迫性，决定了他们在特定组织情境中的重要性。这种观点表明，利益相关者的权威性在不同的组织环境中呈现出多样性。因此，学术界对于如何区分那些能够影响组织或被组织所影响的利益相关者的分类方法产生了浓厚的兴趣（Reed et al.，2009）。

在对利益相关者的研究中，学者们已经提出了多种分类方式，以识别和区分不同的利益相关者群体。例如，Sarkis 等（2010）将利益相关者分为主要和次要两大类。其中，主要利益相关者通常与组织保持着直接的、持续的互动关系，而次要利益相关者则相对较少直接参与到组织的日常运作中。同时，其他学者如 Miles（2017）和 Scandelius、Cohen（2016）则提出了内部利益相关者与外部利益相关者的概念。其中，内部利益相关者通常指的是组织内部的员工、管理层等，而外部利益相关者则包括供应商、客户、社区成员等。进一步地，Vilchez 等（2017）对利益相关者进行了更为详细的划分，包括组织内部的利益相关者、监管机构，以及更为广泛的社会利益相关者，后者可能包括一般公众、政府部门、非政府组织等。

在探讨利益相关者理论时，Parmar 等（2010）提出了一个关键问题：管理层对其利益相关者负有何种责任？在对这个问题的探讨中，他们认为，企业若要在激烈的市场竞争中存活并获得竞争优势，就必须满足所有利益相关者的利益，而不仅仅是股东。这种观点认为，企业的成功不仅仅来自财务利益的最大化，还包括对其他利益群体的关注，如对公众、政府、监管机构、投资者、金融机构、环境保护人士等的利益满足（Berman et al.，1999）。因此，学术界经常引入利益相关者理论来解释为什么有些企业比其他企业有更好的财务业绩。他们认为，如果企业注重满足利益相关者的利益，而不仅仅是股东的利益，那么企业就能获得竞争优势。

同样，企业面临的环境责任在当代商业实践中被广泛承认，并且这一责任的履行在很大程度上受到利益相关者的多方面压力与影响的塑造（Mander，2017；Baines et al.，2012）。企业在环境保护领域的举措，通常是对利益相关者压力的回应。这些压力不仅引领着企业的环保实践，更是推动企业加入环保行动的关键动力（Eesley and Lenox，2006）。例如，监管机构通过制定法律、规章以及条例来施加监督，确保企业的环境行为符合规定的标准（Baah et al.，2020a）。监管利益相关者所施加的这种压力，不仅构成一种外部监控机制，还激励企业采取对环境负责的举措（Berrone et al.，2013）。例如，Eesley 和 Lenox（2006）在其研究中展现了一致性的观点，那些仅仅采取被动应对方式处理环境问题的企业，往往是在监管利益相关者强大的压力下行动的。这些监管机构持有的强制性权力能够迫使企业符合环境规范，以避免遭受诸如罚款、诉讼甚至更加严重的法律后果（Zhu and Sarkis，2007）。若企业对监管利益相关者施加的压力保持漠视态度，那么它们可能会面临法律诉讼的风险，以及因违反规定而引发的负面公关危机，这些都有可能严重损害企业的商业声誉，并对其财务表现产生不利影响（Backer，2007）。

与此同时，Baah 等（2020b）在研究中指出，企业的环境战略并非仅由外部监管压力所激发，企业内部的利益相关者也扮演了关键角色。鉴于这些内部利益相关者在确保企业的长期生存和成功方面发挥着至关重要的作用，他们在决策过程中对于环保行动的要求不容忽视。因此，这些内部利益相关者的期望和要求可能会成为推动企业积极、主动地开展绿色技术创新、开发环境友好产品的强大动力。这样的动力旨在使企业在市场竞争中保持领先地位或通过降低运营成本来提高财务绩效（Chen et al.，2012）。

综上所述，本研究支持 Baah 等（2020b）的观点，即监管层面的利益相关者以及组织内部的利益相关者共同构成了企业环境责任的关键推动力。监管机构往往促使企业采取被动应对环境问题的措施，而内部利益相关者则倾向于推动企业主动开展创新的环保技术实践，这两方面的压力是企业决定采取被动应对（反应型绿色技术创新）还是决定采取主动创新（主动型绿色技术创新）策略的决定性因素。因此，利益相关者理论在本研究中提供了一个坚实的理论框架，以便深入探讨企业在面对外部和内部压力时，如何平衡反应型绿色技术创新与主动型绿色技术创新，及其对财务绩效产生的效应。

4.2 合法性理论

合法性理论也提供了一个理论框架，以解释绿色技术创新如何影响企业的财务绩效。进一步来讲，这一理论认为，为了在激烈的市场竞争中存续并实现持续发展，组织必须遵循并内化那些获得其运营合法性的社会规范与价值观（O'donovan，2002；Hu et al.，2020）。合法性理论进一步指出，组织的行为和策略必须在社会构建的规范体系中找到其正当性基础，以此来赢得广泛的社会接受和支持。因此，在合法性理论的视角下，社会并不仅仅是由分离的个体构成的聚合体，而是一个具有综合性规范体系的统一整体，这些规范体系体现了社会的共同信仰和价值观（Deegan，2002）。组织与这一整体之间的关系成为合法性理论的核心关注点。这种关系的和谐与否，直接关系到组织在社会中的合法性地位。正如 Dowling 和 Pfeffer（1975）在其具有开创性的研究中所阐述的那样，组织合法性被定义为组织行为与社会广泛持有的规范、信仰、价值观及利益相关者期望之间的符合程度。组织的存续和繁荣，依赖于这些外部期望的履行程度；

只有在满足这些期望的情况下，社会才允许组织存在并提供必要的资源与支持（Sharma et al.，1999）。

换言之，在合法性理论的框架中，一个组织的合法性水平高低被视为其长期成功与否的决定性因素（Wilmshurst and Frost，2000）。组织必须展示出其运作和战略对社会价值有所贡献，特别是要契合社会价值体系。随着全球环境问题的日益严峻，公众对可持续发展的关注度显著提高，环保成为社会共识中不可或缺的一部分。因此，企业的绿色技术创新活动，不仅是对环境友好的一种实践，更是一种社会合法性的获得与展示。这些活动使得企业符合日益增长的社会和消费者对环境保护的期望，从而强化了自身在市场中的竞争地位（Soewarno et al.，2019）。

此外，社会的环境价值观和生态目标也决定了企业行为的合法性，正如 Berron 等（2013）以及 Kostova 和 Roth（2002）所探讨的，社会的环境伦理和生态目标在很大程度上塑造了企业的合法行为模式。这些外部规范性压力，无疑对企业的环境管理实践产生了深远影响，指导企业采用那些被视为适当的环境实践方式。遵循这些社会规范和环境压力不仅可以帮助企业获得社会合法性，而且能在一定程度上维护并提升这一合法性地位。Berron 等（2013）的研究表明，这种合法性实际上是一种无形资产，它能够为企业带来一系列的竞争优势，如吸引投资资本、增加产品销售和扩大市场份额。根据 Suchman（1995）的观点，合法性是企业生存和成功的关键资源。部分企业为了契合所在社会的期望和获取合法性，会注重降低自身运营和产品对环境造成的负面影响。例如，根据 Klassen（2000）的研究，企业不断寻找减少其对环境造成的破坏，它们倾向于在产生污染物和废物后采用绿色技术进行污染处理（Kim，2018），满足而非超越法规要求（Baah et al.，2021b），这种绿色做法被认为是一种以控制为导向的环境管理方法，它被称为反应型绿色技术创新行为（Chen et al.，2016）。例如，Baah 等（2020b）和 Chan 等（2022）发现，反应型绿色技术创新对企业财务绩效有积极而显著的影响。因此，合法性理论为我们提供了一个有力视角，用来理解组织如何借助反应型绿色技术创新，从财务绩效视角提升自身竞争力。

4.3 制度理论

制度理论也为我们提供了一种理解组织行为受到社会结构影响的宏观视角（Berrone et al.，2013）。该理论详尽地解释了制度如何塑造组织决策和行动的“游戏规则”，这些规则可以是明确制定的法律和法规，即正式制度；也可以是由社会共识形成的惯例和文化，即非正式制度（North，2013）。从这个角度看，组织并非孤立存在，而是在广泛的政治和经济制度环境中运作，并由此深受其影响（Aguilera et al.，2017）。在这些外部环境的作用下，企业对环境问题的日益关注，可以被视作是对制度压力的回应（Berrone et al.，2013），它推动企业在其策略和实践中纳入环境责任。此外，Scott（2008）对组织行为施加的制度压力用“同构”来定义，包括强制性同构、规范性同构和模仿性同构。

（1）强制性同构，主要与政府政策有关。它通常涉及政府或权威机构通过法律法规施加的压力，要求组织遵守特定的标准和规定。具体来说，政府通过实施强制性环境政策，如碳排放限制或污染物排放标准，直接推动组织调整其环境实践以符合这些新法规的要求（Li et al.，2017a）。这种政策导向的变革促使组织在其运营中实施符合可持续性原则的环境管理实践。此外，组织对强制性环境政策的响应不仅仅局限于合规，而是有时会采取超越法规要求的积极和主动的绿色实践。这些实践，如投资于高效能源技术或采纳创新的废物回收程序，要求组织对环境保护展示出更深层次的承诺，这种承诺可能源自组织内部的价值观或外部利益相关者的期望（Ji et al.，2019）。优异的环境管理实践被认为能够促使政府监管机构在进行合规审查时给予这些企业更为有利的评价。这种评价不仅可以减少潜在的监管障碍，还可能帮助增强企业的市场竞争力和提升其在公众中的社会声誉（Darnall et al.，2008）。

（2）规范性同构，则是另一种制度力量。它涉及共享价值观和社会期望对组织的影响。组织可能会采纳和内化特定的制度实践，以反映其所在部门或行业的规范，进而回应来自该领域的监管压力。这些实践可能包括但不限于环境管理系统的实施，或在产品设计和生产过程中采用环保原则。有时，企业会采取超出行业标准的自愿措施，以此展现其在环境保护方面的领导地位（Sharfman et al.，2004），如 Chen（2008）的研究指出，企业会通过响应非正式的环境压力而在环保产品和流程方面进行创新，从而在市场上获得更高的声誉。

（3）模仿性同构，在组织行为和制度理论文献中得到了广泛探讨，它描述了企业在同一商业生态系统内，试图模仿或复制其他企业成功实践的行为模式（Daddi et al.，2016）。这种现象体现了处于相同或类似商业环境中的企业倾向于追求一种与行业内其他实体相一致的操作和管理同质性，以此来降低市场不确定性并提高自身的竞争力。在这方面，Borriello（2007）进一步指出，在充满挑战和不确定性的商业环境中，企业可能会模仿行业内被认为是模范的竞争对手，以此来获得和维持在给定领域内的合法性和认可度。这一过程在新兴市场尤为明显，特别是在绿色技术创新这一领域，行业领导者所采取的创新实践会对其他企业施加显著的模仿压力，迫使它们加强绿色管理实践和策略，以确保不落后于行业的快速发展步伐（Duque-Grisales et al.，2020）。企业被观察到通过采纳那些被广泛认为是行之有效、并得到社会认可的结构和流程来应对来自制度环境的多方面压力（Carpenter and Feroz，2001）。这些压力可能源于法律法规的强制性要求，行业标准的规范性影响，或是其他企业行为的模仿性趋势。这种战略性的一致性，或者说是与制度环境的同构性，对于企业在其所处的社会和经济环境中获得成功至关重要。

正是基于上述的理解，强制性、规范性和模仿性三大类制度压力成为推动企业实施以可持续发展为导向的绿色技术创新的关键动力，无论是基于外部强制还是基于内部自主的战略选择（Saleem et al.，2021）。因此，一些学者探讨了不同制度背景下绿色行动与财务绩效之间的复杂关系（Endrikat et al.，2014）。例如，Rogers 等（2007）提出，企业为了应对来自制度环境的压力而开展的创新活动，不仅仅是为了遵守规定和满足要求，还可能带来意外的财务收益。Huo 等（2013）通过实证研究发现，由制度压力驱动的绿色供应商整合实践对企业的财务绩效具有直接的正面影响。类似地，Chu 等（2018）在他们的研究中发现，中国第三方物流供应商对制度压力作出的绿色技术创新反应，对其财务绩效产生了积极的影响。

综上所述，制度理论不仅为我们理解企业如何响应外部环境的压力提供了一个坚实的理论框架，也揭示了绿色技术创新与企业财务绩效之间的潜在关联，为本研究深入研究绿色技术创新对企业财务绩效影响的理论和实证基础奠定了坚实的理论基础。

4.4 自然资源基础观

自然资源基础观（natural resource-based view，NRBV）是由 Hart 在 1995 年提出的，它是对传统的资源基础观（resource-based view，RBV）的扩展，由 Barney 于 1991 年首次提出。自然资源基础观不仅吸纳了资源基础观的核心内容，即企业的资源和能力是获取和保持竞争优势的关键，而且进一步融入了环境维度，强调了自然环境对资源配置和能力构建的影响。在这个理论框架下，企业的资源管理不只是关注现有的竞争优势，而是需要在全面评估自身对自然环境影响的基础上，探索和利用环境友好型资源和能力。正如 Hart（1995）指出，企业通过降低对环境的负面影响，可以构建独特的竞争优势，并从中获得长期的利益。这种观点认为，企业的成功不仅依赖于短期的经济利润，还涉及对自然资源的可持续利用。从长远来看，企业若忽视了对环境的责任，仅仅追求短期利润，最终可能会对自身的生存和发展造成不利影响。因此，企业必须调整其战略，以确保其资源的使用不仅在经济层面具备可行性，而且在长期维度上具有可持续性。

在这一理论框架的指导下，企业将其业务模式和创新活动与环境保护和资源的可持续性紧密结合起来。例如，企业需要重新评估其环境战略，并将环境绩效纳入其核心竞争力之中，这一点在 Hart 和 Dowell（2011）的后续研究中得到了进一步的强调。他们认为，通过自然资源基础观，企业可以辨识关键的资源和能力，并在绿色技术和污染控制技术中寻求新的利润增长点。具体来说，自然资源基础观中的关键资源主要包括污染预防和环境产品管理。一方面，污染预防指的是通过创新技术降低排放和废物的产生。这不仅是一个技术问题，还关联到企业的流程再设计和效率优化（Russo and Fouts，1997；Schiederig et al.，2012）。Christmann（2000）的研究表明，通过将减少污染的努力与创新能力结合，企业可以实现成本节约并显著提升自身的市场竞争力。例如，绿色技术创新，特指那些能够减少环境污染的技术创新（Castellacci and Lie，2017）。它们在提升生产效率和降低运营成本的同时，还能够满足越来越多具有环保意识消费者的需求，进而提升企业的财务绩效（Amores-Salvadó et al.，2014）。另一方面，环境产品管理更加侧重产品设计的环节。这一管理策略强调对产品的整个生命周期或价值链的评估，旨在通过更清洁和高效地利用资源，以及最大化地回收和再利用自然资源，来提升产品的环境性能（Hart，1995）。这种生命周期分析方法确实能促使企业从原材料采购到产品最终处置的各个环节中充分考虑环保因素，从而推动企业在产品设计阶段就实现资源节约和污染减少。例如，通过开发环保型产品，企业不仅能够树立绿色形象，而且能够在市场上增强其环境合法性，并提高企业的整体绩效（Chen，2008；Xie et al.，2019a；Zhang et al.，2021）。这些努力不仅回应了消费者对环境保护的日益增长的关注，也显著增强了企业的市场竞争力，提升了其财务表现。

因此，自然资源基础观为研究者和管理者提供了一个强大的理论基础，以探讨绿色技术创新如何影响企业财务绩效。通过这个视角，可以更深刻地理解企业在追求经济利润的同时，如何通过环境管理和技术创新实现可持续发展。这种理论的建立，不仅加深了对企业在环境领域责任的认识，还为企业借助可持续实践创造价值提供了理论指导。

4.5 吸收能力理论

自 Cohen 和 Levinthal（1990）提出“吸收能力”以来，关于企业创新管理中吸收能力理论的讨论层出不穷。Cohen 和 Levinthal 将吸收能力定义为“企业识别外部新信息的价值、吸收这些信息并将其应用于商业目的的能力”。Lane 等（2006）认为，吸收能力指的是“企业通过探索性、变革性和发展性三个学习阶段创造新知识和商业产出的能力”，这也是企业创新行为的基础。此外，Todorova 和 Durisin（2007）详细描述了与吸收能力有关的四个主要步骤：知识获取、知识吸收、知识转化和知识发展。因此，吸收能力理论强调的是组织获取、转化和利用资源的过程，以及如何形成独特的创新资源（Fabrizio，2009）。一些学者认为，吸收能力是影响企业创新绩效和竞争力的重要因素（Barringer and Harrison，2000；Danquah，2018）。例如，Zahra 和 George（2002）认为，具有良好吸收能力的企业更有可能通过创新取得卓越绩效。

自 Cohen 和 Levinthal 于 1990 年提出“吸收能力”这一概念以来，该理论在企业创新管理领域内的学术研讨层面上，不断地得到了深入的探索与拓展。他们最初将吸收能力定义为企业识别外部信息价值、吸纳这些信息，并将其有效运用于商业目标的一种能力，这成为后续研究的基础。进一步地，Lane 等（2006）在其研究中，对吸收能力的理念进行了衍生与深化。他们认为，吸收能力涵盖了企业在创新过程中所经历的探索性学习、变革性学习和发展性学习三个阶段。这些阶段共同构成了企业创新活动的基本架构，并指明了企业通过学习和实践，如何逐步将外部知识转化为商业成果的路径。而 Todorova 和 Durisin（2007）进一步明确了吸收能力的转化步骤，包括知识的获取、吸收、转化和发展。他们的研究将吸收能力的理论落实到具体的管理实践中，为企业提供了一套系统的知识管理过程，以促进内部知识转化和创新能力的提升。因此，吸收能力理论强调的是组织获取、转化和利用资源的过程，以及如何形成独特的创新资源（Fabrizio，2009）。企业借助高效的管理知识资源的获取、转化和利用过程，可以形成竞争优势，进而在市场竞争中保持领先地位。Barringer 和 Harrison（2000）以及 Danquah（2018）的研究表明，吸收能力是提高企业创新绩效、增强其竞争力的关键要素。Zahra 和 George（2002）的研究更是突出显示了那些拥有较强吸收能力的企业，更有可能通过创新实现卓越的业绩。这些研究为吸收能力理论在企业创新管理实践中的应用提供了理论和实践双重支持，确立了其在企业发展战略中的核心地位。

当前，在环境保护日益受到全球性关注的背景下，众多学者在深入探究企业绿色技术创新的实践活动，纷纷将“吸收能力理论”（absorptive capacity theory）作为理论框架，对其进行了深入的研究与应用。据 Aboelmaged 和 Hashem（2019）、Xie 等（2015）、Xue 等（2019）、Zhang 等（2020a）以及 Qu 等（2022）的研究成果显示，企业的吸收能力在其绿色技术创新过程中起到了决定性的作用。吸收能力的本质在于企业对外部知识的识别、吸收、转化以及利用的能力，该能力对企业参与绿色技术创新活动的能力产生了积极影响（Arfi et al.，2018）。例如，Delmas 等（2011）研究发现，企业的吸收能力有助于企业在产品设计、运营过程及产品开发等方面实现创新，进而降低或避免对自然环境造成的潜在负面影响。在这方面，Chen 等（2015b）通过对台湾电子产业的实证研究，探讨了环境导向型吸收能力与绿色服务创新之间的内在联系，并揭示了吸收能力与激进型、渐进型以及服务型绿色技术创新之间存在着显著的正向关系。Albert-Morant 等（2018）在其研究中引入吸收能力理论，他们得出的结论进一步强调了企业吸收能力在促进绿色产品、服务或工作流程创新方面的重要性。这项研究透露出一个重要的现象，即企业倾向于吸纳那些能够降低其对环境负面影响的外部知识，比如新的污染处理技术，并将这些新知识与企业现有的知识库相结合，以此推动绿色技术创新实践的广泛采纳。同样地，Delmas 等（2011）研究发现，企业的吸收能力，尤其是在知识获取、吸收、转化和发展的各个环节中，对于推动企业制定积极的环境战略起着至关重要的作用。

在这一理论架构下，企业的知识吸收能力不仅是环境战略的支撑点，更是企业财务绩效的一个重要增长点。正如 Qing 等（2022）与 Zhou 等（2021）的研究结果所示，企业通过实施积极的环境战略，能够显著提高其财务表现。因此，可以认为，吸收能力是推动企业绿色技术创新的关键驱动力，特别是在企业主动推行绿色技术创新的过程中，吸收能力扮演了不可或缺的角色。基于吸收能力理论的视角，为本研究探讨主动型绿色技术创新对企业财务绩效所产生的影响，提供了一个坚实和稳固的理论基础。

5 反应型绿色技术创新对企业财务绩效影响的实证研究

尽管社会普遍倾向于绿色技术创新对环境和经济都有着潜在影响，但关于反应型绿色技术创新对企业财务绩效的影响仍然缺乏全面的学术调查。为了填补这一研究空白，本章主要结合合法性理论和制度理论，运用2010—2020年中国半导体行业的141家上市公司的动态面板数，借助一阶差分GMM方法进行实证研究，探究反应型绿色技术创新对企业短期财务绩效和长期财务绩效的影响。研究结果表明，反应型绿色技术创新与短期企业财务绩效和长期企业财务绩效之间存在负相关关系。我们还观察到，绿色补贴正向调节反应型绿色技术创新对企业财务绩效的影响。此外，我们通过对企业规模异质性的补充分析发现，反应型绿色技术创新对大型半导体企业的短期财务绩效和长期财务绩效没有显著影响；然而，其对中小型半导体企业却产生了显著的负面影响。这些发现意味着不同规模的企业都不会从反应型绿色技术创新实践中受益。本章的研究结果，能够为在新兴发展中经济体运营的企业和政府的决策者提供极具价值的见解。

5.1 引言

作为联合国2030年可持续发展目标的重要组成部分，气候行动近年来越来越受到理论和实践领域的关注。越来越多的科学证据表明，由于气候变化、社会发展和环境退化，企业面临的外部压力加剧（Lubberink et al., 2017）。然而，在一个以全球不安全、不确定性和供应链中断为特征的世界中，企业决策者面临着重新考虑发展目标结构的压力，否则可能会偏离环境可持续发展目标（Adediran and Swaray，2023）。在这种背景下，绿色技术创新涵盖了创造和部署旨在降低环境影响的新技术，它作为缓解气候变化这一困境的关键解决方案，不仅有可能增强企业的财务可持续性和竞争地位，还因此受到了广泛关注（Wicki and Hansen，2019）。一方面，这些创新可以显著减少企业的碳足迹，为全球气候变化减缓工作作出贡献，并有可能增强其竞争地位；另一方面，它们还可以提供经济优势，如节能流程的成本降低、绿色产品或服务的新收入来源以及品牌声誉的提高，从而增加市场份额。

尽管有这些潜在的好处，绿色技术创新和企业财务绩效之间的关系在学术文献中仍未得到充分探讨。虽然一些研究表明，在绿色技术创新潜在的成本节约和收入机会的推动下，两者之间存在积极的关系（Ma et al.，2021；Xu et al.，2022），但另一些研究则认为，这些创新的高昂实施成本和回报的不确定可能会产生负面影响，至少在短期内会影响企业的财务业绩（Baah et al.，2021b）。此外，绿色技术创新对企业财务绩效的影响可能因多种因素而有很大差异，其中包括创新类型、实施的战略方法、行业部门以及更广泛的社会经济和监管环境（Tatoglu et al.，2020）。例如，企业为了应对外部压力或监管要求而被迫实施的绿色技术创新（Endrikat et al.，2014），学者们将这种被动遵守法律的最低限度的绿色实践，称为反应型绿色技术创新。然而，据我们所知，企业层面上的反应型绿色技术创新对企业财务绩效的影响尚未得到充分探讨，实证研究仍然有所缺乏（Kim，2018）。这些差距需要进一步调查。此外，现有文献还深入探讨了影响反应型绿色技术创新与企业财务绩效关系的调节因素，研究表明，绿色补贴可以刺激创新活动（Xie et al.，2015；Shao and Chen，2022）。然而，对于这些因素如何调节反应型绿色技术创新和企业财务绩效之间的关系（它们是加强还是削弱这种关系）的实证研究还很有限。这个问题仍然悬而未决，但具有重大意义。因此，为了阐明这种复杂的关系，我们的目标是更细致地探究，在当前的全球可持续发展目标和气候变化的背景下，反应型绿色技术创新是如何塑造企业的财务业绩的。换句话说，本章节的目标是找到以下两个问题的答案。

问题1：反应型绿色技术创新对企业财务绩效有何影响？

问题2：企业应如何整合反应型绿色技术创新与企业财务绩效之间的关系？

为了解决这些问题，本章从反应型绿色技术创新角度调查了其对短期财务绩效和长期财务绩效的影响。我们重点关注中国的半导体行业。这主要是鉴于中国在全球半导体制造中的地位日益提高，以及对环境可持续发展做出承诺的日益坚定。因此，通过利用2010—2020年中国半导体上市公司的数据集，借鉴制度理论和合法性，并采用差分广义矩法进行实证检验。我们的初步研究结果表明，反应型绿色技术创新会对一系列财务绩效产生显著的抑制作用。此外，本章还试图阐明绿色补贴对反应型绿色技术创新和企业财务绩效之间关系的调节作用。我们发现，绿色补贴似乎对反应型绿色技术创新与企业财务绩效之间的影响关系起到了调节作用。

有鉴于此，我们的研究从多个维度为相关文献做出了贡献。首先，尽管社会越来越倾向于环保实践和绿色技术创新的潜在好处，但全面调查反应型绿色技术创新如何影响企业财务绩效方面仍存在明显的研究空白。本章研究结果为我们理解绿色技术创新与企业财务绩效之间的关系带来了重要的理论推进。其次，我们的研究通过引入并实证验证关键调节变量——绿色补贴，发现绿色补贴对反应型绿色技术创新与企业财务绩效之间的影响起到正向调节作用，从而推动了该领域的发展。最后，通过关注2010—2020年141家中国半导体上市公司（考虑到中国在全球半导体制造领域日益突出以及对环境可持续发展的承诺日益增强，这个行业和时间段具有特别重要的意义），我们能够提供与新兴市场和发展中经济体特别相关的见解。

5.2 研究假设的提出

5.2.1 反应型绿色技术创新

学者们认为，反应型绿色技术创新是指那些旨在依靠末端技术（如循环利用、废物回收）来解决企业产品和运营生产过程中已经存在的污染问题的技术（Fairchild，2008）。它被认为是一种以环境污染控制为导向的技术创新，因为它涉及通过各种污染控制手段对产生的污染物进行适当处理（Dai et al.，2018；Klassen，2000）。企业实施反应型绿色技术创新是为了遵守现有的环境法规，规避制裁和诉讼等监管风险（Baah et al.，2020a）。这类企业往往注重满足而非超越监管要求（Liston－Heyes and Brust，

2016)，它倾向于在污染物和废物产生后才采取被动措施（Kim，2018），不会对现有业务进行实质性改变（Betts et al.，2015）。因此，与 Baah 等（2020b）和 Chen 等（2016）的观点一致，本研究将反应型绿色技术创新定义为一种旨在遵守最低环境监管要求，并在污染产生后依靠末端污染处理技术来减少负面环境后果的行为。

5.2.2 企业财务绩效的衡量维度

企业绩效的概念有多种形式和表现（Gonzalez-Benito et al.，2012），其中财务绩效方法在企业战略研究中应用最为广泛（Venkatraman and Ramanujam，1986）。在财务绩效方法中，最重要的维度是短期财务绩效维度和长期财务绩效维度。其中，短期财务绩效维度侧重表明过去和现在的组织适应性，从而提供一个评价参照（Keats and Hitt，1988）。当我们想要分析的绩效指标代表了企业过去和现在采取的具体行动的结果时，这一维度尤为合适（Grewatsch and Kleindienst，2017）。相比之下，长期财务绩效维度更面向未来，通常与股东财富最大化相关（Delmas et al.，2015）。在现有文献中，基于会计的企业财务绩效衡量标准通常被认为是过去或短期的财务绩效；同时，基于市场的衡量标准则用来捕捉未来或长期的财务绩效（Platonova et al.，2018；Ali et al.，2020 ；Abubakar，2020）。

（1）基于会计计量的角度来看，有许多指标可以衡量企业的短期财务绩效。在现有文献中，常用来衡量企业短期财务绩效的指标有资产收益率和股本收益率（Russo and Fouts，1997；Aguilera-Caracuel et al.，2013；Ruggiero and Lehkonen，2017；Nguyen et al.，2021），它们在一定程度上反映了企业的短期盈利能力（Lin et al.，2019a；Chen et al.，2016）。此外，还包括其他基于会计衡量企业短期财务表现的指标，如股东投资回报率（Lin et al.，2020；Farza et al.，2021）、营业利润率（Ghisetti et al.，2014）、销售增长率（Okafor et al.，2021）和净利润（Zhang et al.，2019）。

（2）基于市场的衡量指标可以捕捉未来或长期的财务绩效，这一点得到了学者们的广泛认可（Grewatsch and Kleindienst，2017；Platonova et al.，2018；Ali et al.，2020；Abubakar，2020）。例如，许多学者将托宾 Q 值作为衡量企业长期财务绩效的指标（Hou，2019；Johl and Toha，2021）。此外，一些学者认为，市场价值可以用企业股票的市场价值来衡量。它反映了投资者对企业未来收益的预期，包括企业的有形资产和无形资产（Martínez et al.，2015；Ganda，2018；Park et al.，2021）。此外，企业的长期财务表现还可以用市盈率、市值与账面价值比（MV/BV）来表示（Przychodzen et al.，2018）。

5.2.3 反应型绿色技术创新和企业财务绩效

目前，学者们开始关注企业对环境的态度（Henriques and Sadorsky，1999；Murillo-Luna，2008），以探讨绿色技术创新与企业财务绩效之间的关系。制度理论认为，强制性和规范性同构迫使企业参与社会可接受或理想的环境实践（Oliver，1991）。因为不合规会导致重要的外部因素质疑企业的社会合法性。遵守环境法规可以提高企业的合法性和生存机会（Aguilera et al.，2007；Doran and Ryan，2012；Porter and van der Linde，1995）。因此，合法性理论认为，当企业面临来自公众或监管利益相关者等外部因素的更大压力时，它们可以通过绿色实践来满足其环境期望，从而获得社会共识和合法性（Scott，2008）。这种外部环境导向会迫使企业管理者采取被动的环境立场（Saleem et al.，2021），特别是在发展中国家，被动的环境实践往往占主导地位（Bangwal and Tiwari，2019；Baah et al.，2020b）。

以往的研究结果表明，接受或采用环保生产的初始阶段可能会给企业带来高昂的成本和沉重的经济负担。这主要是由于大多数监管利益相关者以及公众和环保主义等其他利益相关者都对企业施加压力，要求企业采用绿色生产技术和保护环境（Baah et al.，2020b）。企业被迫进行绿色技术创新，以避免负面宣传、商誉和市场份额受损，它们别无选择，只能遵守法规，否则就会受到制裁和诉讼。这一观点与 King 和 Lenox（2001）的研究结果一致，他们认为，被动的环保生产方式会造成一定的财务负担。

此外，以往考虑反应型绿色实践对企业财务绩效影响的研究多以短期为导向，如利润、销售增长率和资产回报率等指标（He et al.，2018），它们几乎不能反映反应型绿色技术创新对企业财务绩效的长期影响。事实上，绿色技术创新的效果往往不能立即观察到（Lee and Min，2015），仍有必要从长期角度考察反应型绿色技术创新对企业财务绩效的影响（Li et al.，2017a）。这是因为，反应型绿色技术创新可以通过解决环境问题确保企业的合法性，提升企业长期生存的可能性（Yao et al.，2019）。因此，研究人员应区分短期财务绩效和长期财务绩效进行考察（Sarkis and Cordeiro，2001）。鉴于此，我们在研究中提出了假设 1a 和假设 1b。

假设 1a：企业的反应型绿色技术创新不利于提高企业短期财务绩效。

假设 1b：企业的反应型绿色技术创新不利于提高企业长期财务绩效。

5.2.4 绿色补贴的调节作用

绿色补贴也称为环境补贴，是政府用以激励生态友好行为的最为常见的环境政策工具（Lin et al.，2015）。绿色补贴通过诸如赠款或税收补贴等方式，为减少环境污染提供资金支持（Bai et al.，2018）。由于绿色技术创新具有很强的正环境外部性和知识溢出效应，因此会给企业带来损失（Ren et al.，2021），需要比普通技术创新更多的补贴（Fan and Dong，2018）。特别是，反应型绿色技术创新侧重处理生产过程末端的污染物，如果不能将私人投资转化为利润，可能会使企业不愿维系这些技术（Xie et al.，2015），因此，需要政府补贴的激励和支持。现有学者普遍认为，绿色补贴是激励企业参与绿色技术创新的重要驱动力（Horbach，2008）。一方面，绿色补贴可以促进绿色技术的推广，使企业更好地实施这些技术，帮助企业有效规避创新的商业化风险（Hu et al.，2021）；另一方面，绿色补贴还能直接节省企业的绿色技术创新成本。企业获得绿色补贴后，会进一步投资于绿色技术（Van Leeuwen and Mohnen，2017）。Xie 等（2019b）认为，获得绿色补贴的企业可能更有动力追求 GTI 实践，如清洁生产和边缘技术创新。

此外，从利润最大化的角度来看，在绿色补贴的刺激下，企业将有足够的资金，可直接投资于绿色活动或购买其他资源用于此类活动。企业还可以利用新技术升级生产线，降低对环境的影响，或开发具有环保意识的产品和服务（Ayllón and Radicic，2019）。这样做可以吸引更多客户，提高企业财务绩效（Zhang et al.，2018）。Hu 等（2021）的研究表明，绿色补贴可以刺激企业的绿色流程和产品创新，最终提高企业的财务绩效。基于上述分析，我们认为，绿色补贴可能会对反应型绿色技术创新与企业财务绩效之间的联系产生积极的影响。因此，我们提出假设 2a 和假设 2b。

假设 2a：绿色补贴正向调节反应型绿色技术创新与短期财务绩效之间的关系。

假设 2b：绿色补贴正向调节反应型绿色技术创新与长期财务绩效之间的关系。

图 5-1 描述了为本研究假设而设计的概念模型。

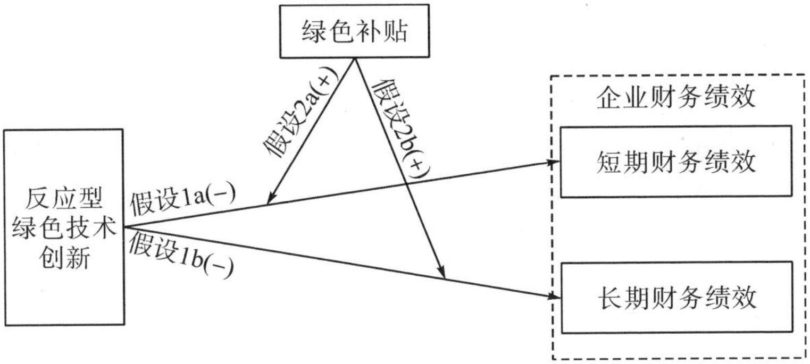

图 5-1 理论模型

（资料来源：作者自制）

5.3 研究设计

5.3.1 样本选择和数据来源

根据数据的可获得性，本章选择了中国半导体概念股的上市样本。在证券市场上，半导体概念股是指以节能环保为主题的半导体上市公司。我们选择该行业的上市公司作为样本进行研究的原因如下：一是半导体行业作为信息技术时代制造业的基础组成部分，是推动中国产业结构升级、实现经济高质量发展的重要力量，但同时也造成了严重的工业污染。二是半导体企业在制造过程中资源消耗量大、污染物排放较多，造成了难以克服的重大环境问题。随着技术的进步，半导体企业也在不断寻求更加环保、高效的生产方式。三是许多国家和地区已经开始对半导体行业实施更加严格的环保法规，并在政策上给予支持，鼓励绿色技术创新，这为我们的研究提供了有利的外部环境。基于此，我们对样本进行了如下筛选：一是根据《国民经济行业分类》（GB/T 4754-2017）中不同分类的业务描述，锁定了包含所有半导体概念股企业的 C 类制造业。二是我们手动搜索了中国上海和深圳证券交易所的半导体概念股。最后，我们将结果与现有中国半导体行业协会（China Semiconductor Industry Association，CSIA）会员名录相结合，排除 2010—2020 年数据缺失的公司。我们获得了 141 家反应型绿色技术创新的中国上市半导体概念股，由此得到的样本是 2010—2020 年的动态面板数据集。

此外，我们从《上市公司环境信息披露指引（2010 年征求意见稿）》中的详细环境排放清单中获取并人工整理了反应型绿色技术创新的数据。企业财务绩效和控制变量的数据均来自中国经济金融研究数据库。绿色补贴数据来自企业的社会责任报告和年度报告。

5.3.2 变量测量

5.3.2.1 解释变量：反应型绿色技术创新

与之前的文献（Aguilera-Caracuel and Ortiz-de-Mandojana，2013；Wu et al.，2020b；Yu and Chiu，2021）一致，我们选择污染治理作为反应型绿色技术创新的测量变量。该变量由世界经济论坛提出，并被纳入耶鲁大学环境法律与政策中心和国际地球科学信息网络中心发布的 2005 年环境可持续发展指数中（Esty，2015）。它寻求依靠“管道末端”技术来控制排放（Triguero et al.，2015），以满足国家环境法规的要求。更具体地说，其中涵盖了一些环境法规，例如：一是空气污染法规、化学废物法规，二是法规的清晰性和稳定性，三是法规的灵活性、环境法规的创新性，四是环境政策的领导力，五是法规执行的一致性，六是有毒废物处理法规，七是水污染法规。

然而，根据中国政府的权威文件（Xiang et al.，2020），如环境保护部发布的《上市公司环境信息披露指引（2010 年征求意见稿）》（见附表 2），我们选取了该指引中详细的环境绩效和治理信息披露项目，将其作为污染治理的衡量指标。具体来说，污染治理的衡量标准主要包括：一是废气减排，二是废水减排，三是烟尘减排，四是固体废弃物处置与利用，五是噪声、光、辐射治理，六是实施清洁生产。参照 Wu 等（2020a）和 Li 等（2021）的研究，如果企业具备上述污染治理衡量标准 6 项中的任意一项，则得 1 分，并将其在当年的各项得分相加，最终得到污染治理变量的总分。此外，为了避免污染治理变量得分为零值时取对数后为缺失值，我们进一步在污染治理变量的总分上加 1，并取其对数，作为反应型绿色技术创新的衡量指标。

5.3.2.2 被解释变量：企业短期财务绩效和长期财务绩效

（1）企业短期财务绩效。在现有研究中，较为常用的衡量短期企业财务绩效的指标是资产收益率（ROA）（Russo and Fouts，1997；Przychodzen et al.，2018）和股本收益率（ROE）（Okafor et al.，2021；Chen and Ma，2021）。它们根据会计数据进行衡量，反映了企业的短期盈利能力。与之前的文献一致，我们使用基本的会计计量指标 ROA 和 ROE 来衡量企业短期财务绩效。这些指标有助于我们分析反应型绿色技术创新和企业短期财务绩效之间的联系，因为它们分别代表了净收入占总资产和股东权益的百分比。

（2）企业长期财务绩效。我们选择了基于市场的衡量指标来捕捉未来或长期的企业财务绩效（Abubakar，2020），包括市场价值（Przychodzen et al.，2018；Farza et al.，2021）和托宾 Q 值（Chen and Ma，2021；Johl and Toha，2021）。一是市场价值。企业的市场价值代表股东对其未来利润以及物质和智力资源的期望。在本研究中，市值（MV）的计算公式为（总股本-境内上市外资 B 股）×（A 股当日收盘价现值+境内上市外资 B 股现值）×（B 股当日收盘价现值）+总负债的当前期末值）。二是托宾 Q 值。本研究也采用托宾 Q 值来量化企业长期财务绩效，原因如下：首先，托宾 Q 值既体现了客户满意度提升的好处，也体现了协调成本增加的负面影响，将其用作风险调整后的前瞻性指标使我们能够分析不同因素对企业业绩的影响。其次，托宾 Q 值不易受到税收立法或监管解释灵活性的操纵（Fang et al.，2008）。我们用 MV/总资产来衡量托宾 Q 值，MV=（总股本-境内上市外资股 B 股）×当日收盘价 A 股现值+境内上市外资股 B 股现值×当日收盘价 B 股现值当日收盘价+本期末负债总额，总资产为账面价值。

5.3.2.3 调节变量：绿色补贴

我们引入绿色补贴作为反应型绿色技术创新对企业财务绩效影响的调节变量。绿色补贴是指企业从政府获得的用于支持其环保举措的资金。研究人员曾利用政府补贴来衡量企业的绿色补贴（Xie et al.，2015；Shao and

Chen，2022）。然而，很难确定每家半导体上市公司在特定年份获得的政府补贴金额。因此，借鉴 Xie 等（2019b）和 Ren 等（2021）的研究，我们构建了一个哑变量（GS_dum）作为衡量绿色补贴的指标，如果企业在其企业社会责任报告和/或年度报告中对接受绿色补贴有描述，则该变量值为 1，否则为 0。

5.3.2.4　控制变量

我们的研究也控制了可能影响反应型绿色技术创新与企业财务绩效关系的五个潜在预测因素：一是企业规模（Size）。企业规模是影响企业财务绩效的一个潜在因素（Lee et al.，2015），因此，模型中加入了以总资产对数（ln TA）计算的企业规模指标。二是公司年龄（Age）。公司的年龄由自成立以来的年数决定（Cheng et al.，2014）。三是财务杠杆（LEV）。该指标在之前的研究中已被广泛使用（Trumpp and Guenther，2017），代表债务或不合规风险（Surroca et al.，2010），我们用总负债/总资产比率来衡量。四是资本密集度（CAP_INT）。资本密集度常常影响企业财务绩效（Wu et al.，2020b），资本密集度=总资产/营业收入来衡量。五是股权集中度（Top1）。与 Chen 和 Ma（2021）一致，我们通过根据第一大股东/总股本计算持股数量来衡量股权集中度。

表 5-1 总结了上述所有变量的测量、定义和来源。

5.3.3　实证模型构建

我们利用 2010—2020 年 141 家实施反应型绿色技术创新的中国半导体行业上市公司的面板样本来进行实证分析。考虑到公司当前的财务绩效可能会受到上期公司财务绩效的影响，因此，我们把公司财务绩效的滞后项添加到了因变量中。滞后的因变量允许动态过程，这对于完善其他参数的有效性和产生一致的估计至关重要。我们引入以下动态面板模型：

$$Y_{i,\ t} = \alpha Y_{i,\ t-1} + \beta X_{i,\ t} + u_i + \varepsilon_{i,\ t} \tag{5-1}$$

其中，$Y_{i,\ t}$ 表示个体公司 i 在第 t 期的公司财务绩效，$Y_{i,\ t-1}$ 是滞后的公司财务绩效项，$X_{i,\ t}$ 表示所有解释变量的向量，u_i 是未观察到的公司特定固定效应，$\varepsilon_{i,\ t}$ 是独立且同分布于不同公司和不同时间的扰动项。

表 5-1 变量定义

变量	名称	测量	符号	定义	来源	参考文献
解释变量	反应型绿色技术创新	污染治理	PG	六项污染治理项目总得分+1后取对数	上市公司环境信息披露指引	Wu et al., 2020b; Li et al., 2021
被解释变量	短期财务绩效	总资产收益率	ROA	净利润/总资产平均余额	CSMAR数据库	Russo and Fouts, 1997; Przychodzen et al., 2018
		股权收益率	ROE	净利润/平均股东权益余额		Okafor et al., 2021; Chen and Ma, 2021
	长期财务绩效	托宾 Q 值	Tobin's Q	市场价值/总资产		Chen and Ma, 2021; Johl and Toha, 2021
		市场价值	MV	总权益×当日收盘价股份+当期总负债期末价值		Przychodzen et al., 2018; Farza et al., 2021
调节变量	绿色补贴	环保补助	GS_dum	如果公司获得绿色补贴，则取 1；否则取 0	企业社会责任和年度报告	Xie et al., 2019b; Ren et al., 2021
控制变量	企业规模	ln TA	Size	总资产对数	CSMAR数据库	Lee et al., 2015
	企业年龄	—	Age	公司成立至今的年数		Cheng et al., 2014
	财务杠杆	—	LEV	负债总额/总资产		Trumpp and Guenther, 2017; Surroca et al., 2010
	资本密集度	—	CAP_INT	总资产/营业收入		Wu et al., 2020b
	股权集中度	Top1 股东持股情况	Top1	第一大股东持股数量/股份总数		Chen and Ma, 2021

此外，我们参考了 Arellano 和 Bond（1991）的研究成果，运用一阶差分 GMM 方法来检验绿色技术创新对企业财务绩效的影响。该估计器特别适用于：一是 T<N 面板，意味着更少的周期和大量的横截面，二是线性函数关联，三是依赖于其滞后值的动态因变量，四是与误差项的滞后值和当前值相关的弱外生自变量，五是跨横截面恒定或具有固定效应的变量，六是个体内异方差和自相关。而且，该方法可以有效控制模型中的异方差和潜在的内生性问题，它可以直接采用 Sargan 和 AR 检验来识别动态面板工具变量估计的有效性，因此，我们可以通过对模型（5-1）进行一阶差分变换来消除未观察到的个体固定效应。一阶差分模型的计算公式如下：

$$\Delta Y_{i,t} = \alpha\Delta Y_{i,t-1} + \beta\Delta X_{i,t} + \Delta\varepsilon_{i,t} \tag{5-2}$$

其中，$\Delta Y_{i,t}$ 和 $\Delta Y_{i,t-1}$ 分别表示企业财务绩效一阶差分和个体企业 i 在第 t 期的滞后企业财务绩效，$\Delta X_{i,t}$ 表示所有因变量的一阶差分向量，$\Delta\varepsilon_{i,t}$ 是特定时间截距和扰动项的一阶差分，它们在不同行业和不同时间独立且同分布。

有鉴于此，我们通过构建一阶差分 GMM 动态面板模型来实证检验反应型绿色技术创新对企业财务绩效直接影响。

5.3.3.1 基准模型构建

我们在公式（5-2）中添加了控制变量。此外，还增加了年份虚拟变量进行固定，以避免时间效应带来的内生性问题。由此，我们构建了一阶差分 GMM 动态面板模型方程式（5-3）和方程式（5-4），分别代表反应型绿色技术创新对企业短期财务绩效和长期财务绩效的直接影响。

$$\begin{aligned}\Delta S_{\text{term}}\text{CFP}_{i,t} = {} & \alpha\Delta S_{\text{term}}\text{CFP}_{i,t-1} + \beta_1\Delta \text{PG}_{i,t} + \beta_2\Delta\text{LEV}_{i,t} + \\ & \beta_3\Delta \text{Size}_{i,t} + \beta_4\Delta\text{Age}_{i,t} + \beta_5\Delta\text{CAP\_INT}_{i,t} + \\ & \beta_6\Delta\text{Top1}_{i,t} + \Delta\text{Year}_i + \Delta\varepsilon_{i,t}\end{aligned} \tag{5-3}$$

$$\begin{aligned}\Delta L_{\text{term}}\text{CFP}_{i,t} = {} & \alpha\Delta L_{\text{term}}\text{CFP}_{i,t-1} + \beta_1\Delta \text{PG}_{i,t} + \beta_2\Delta\text{LEV}_{i,t} + \\ & \beta_3\Delta \text{Size}_{i,t} + \beta_4\Delta\text{Age}_{i,t} + \beta_5\Delta\text{CAP\_INT}_{i,t} + \\ & \beta_6\Delta\text{Top1}_{i,t} + \Delta\text{Year}_i + \Delta\varepsilon_{i,t}\end{aligned} \tag{5-4}$$

其中，$\Delta\text{ROA}_{i,t}$ 和 $\Delta\text{ROE}_{i,t}$ 都反映了个体公司 i 在 t 期的公司短期财务绩效的一阶差分值；$\Delta\text{ROA}_{i,t-1}$ 和 $\Delta\text{ROE}_{i,t-1}$ 反映公司短期财务绩效的一阶差分的滞后项；$\Delta\text{MV}_{i,t}$ 和 $\Delta\text{Tobinsq}_{i,t}$ 反映企业长期财务绩效的一阶差分向量；$\Delta\text{MV}_{i,t-1}$ 和 $\Delta\text{Tobinsq}_{i,t-1}$ 反映滞后的公司长期财务绩效的一阶差分的滞后项；$\Delta\text{PG}_{i,t}$ 表示个体企业 i 在第 t 期实施反应型绿色技术创新的一阶差分

值。$\Delta Size_{i,t}$、$\Delta Age_{i,t}$、$\Delta LEV_{i,t}$、$\Delta CAPINT_{i,t}$、$\Delta Top1_{i,t}$ 为控制变量，分别表示企业规模、企业年龄、财务杠杆、资本密集度和 Top1 股东持股比例的一阶差分值。$\Delta Year_i$ 表示虚拟年份的一阶差分值，$\Delta \varepsilon_{i,t}$ 是特定时间截距和扰动项的一阶差分，它们在不同行业和不同时间独立且同分布。

5.3.3.2 调节效应模型

方程式（5-5）和方程式（5-6）旨在评估绿色补贴对反应型绿色技术创新与企业短期财务绩效和长期财务绩效之间关系的调节影响：

$$\begin{aligned}\Delta S_{term}CFP_{i,t} = {} & \alpha \Delta S_{term}CFP_{i,t-1} + \beta_1 \Delta PG_{i,t} + \beta_2 \Delta GS\_dum_{i,t} + \\ & \beta_3 \Delta PG_{i,t} \times \Delta GS\_dum_{i,t} + \beta_4 \Delta LEV_{i,t} + \beta_5 \Delta Size_{i,t} + \\ & \beta_6 \Delta Age_{i,t} + \beta_7 \Delta CAP\_INT_{i,t} + \beta_8 \Delta Top1_{i,t} + \\ & \Delta Year_i + \Delta \varepsilon_{i,t}\end{aligned} \tag{5-5}$$

$$\begin{aligned}\Delta L_{term}CFP_{i,t} = {} & \alpha \Delta L_{term}CFP_{i,t-1} + \beta_1 \Delta PG_{i,t} + \beta_2 \Delta GS\_dum_{i,t} + \\ & \beta_3 \Delta PG_{i,t} \times \Delta GS\_dum_{i,t} + \beta_4 \Delta LEV_{i,t} + \\ & \beta_5 \Delta Size_{i,t} + \beta_6 \Delta Age_{i,t} + \beta_7 \Delta CAP\_INT_{i,t} + \\ & \beta_8 \Delta Top1_{i,t} + \Delta Year_i + \Delta \varepsilon_{i,t}\end{aligned} \tag{5-6}$$

其中，$\Delta GS\_dum_{i,t} \times \Delta PG_{i,t}$ 表示调节变量（绿色补贴）和解释变量（反应型绿色技术创新）乘积的一阶差分向量。

此外，为了检验我们的预测，我们使用 Stata 15.0 统计软件来处理上述模型。此外，我们使用 Sargan 检验和 Arellano-Bond 自相关（AR）（2）来确定模型是否过度识别或错误指定。基于 AR 序列相关性检验结果，扰动项没有表现出与 GMM 回归模型的假设相一致的二阶或高阶序列相关性。此外，Sargan 过度识别检查的结果支持了“所有工具变量都是真实的”这一主要论点。这意味着，该模型足够稳定，可以进行估计。回归分析结果显示，滞后因变量与现值呈显著正相关，充分说明因变量具有“时间黏性”，可以通过差分 GMM 来解决。

5.3.4 数据统计汇总

5.3.4.1 描述性统计

表 5-2 列出了所有变量的描述性统计结果。在表 5-2 中，ROA 和 ROE 的均值分别为 0.051 和 0.077，这表明企业短期财务绩效较低，因为比率越高表明盈利能力越强。市场价值和托宾 Q 值均值分别为 22.873、3.114，这说明样本企业的长期财务表现良好，投资者看好其未来的市场投

资价值。一般而言，当托宾 Q 值大于 1 时（$q>1$），说明市场投资者高估了企业的价值，追求利润最大化的企业会选择追加投资。当托宾 Q 值小于 1（$q<1$）时，意味着市场投资者低估了企业的价值，不投资或减少投资是理性的（Tobin，1969）。反应型绿色技术创新变量的均值为 1.594，代表样本企业污染治理的年平均得分为 1.594，这表明样本企业已实施污染治理以改善环境。

表 5-2 描述性统计

Variable	Obs	Mean	Std. Dev.	Min	Max
ROA	1 491	0.051	0.061	-0.169	0.261
ROE	1 491	0.077	0.108	-0.47	0.428
MV	1 476	22.872	1.085	20.711	26.652
Tobin's Q	1 476	3.114	2.296	0.925	14.321
PG	928	1.594	2.188	0	10
GS_dum	1 489	0.081	0.272	0	1
LEV	1 491	0.367	0.201	0.033	0.861
Size	1 491	21.905	1.241	19.727	26.483
Age	1 474	2.73	0.397	1.386	3.466
CAP_INT	1 491	2.674	2.262	0.339	15.15
Top1	1 474	0.325	0.151	0.088	0.73

资料来源：作者自制。

5.3.4.2 相关系数矩阵

研究结果的相关系数矩阵如表 5-3 所示。相关性研究表明，被动型绿色技术创新与企业的短期财务业绩和长期财务业绩显著相关。

表 5-3 相关性矩阵

	1	2	3	4	5	6	7	8	9	10
1.ROA	1									
2.ROE	0.908***	1								
3.MV	0.034 0**	0.117***	1							
4.Tobin's Q	0.339***	0.223***	0.086***	1						
5.PG	-0.095***	-0.039 0**	0.261***	-0.247***	1					
6.LEV	-0.369***	-0.164***	0.347***	-0.347***	0.183***	1				

表5-3(续)

	1	2	3	4	5	6	7	8	9	10
7.Size	-0.161***	-0.0260*	0.871***	-0.371***	0.359***	0.503***	1			
8.Age	-0.167***	-0.126***	0.214***	-0.076***	0.243***	0.231***	0.252***	1		
9.CAP_INT	-0.174***	-0.181***	-0.0140*	0.050*	-0.183***	-0.179***	-0.0240	0.0140	1	
10.Top1	0.120***	0.189***	0.078***	-0.076***	-0.092***	0.117***	0.111***	-0.046*	-0.0380	1

注：***、**、*分别表示p值在1%、5%、10%的水平下显著。

5.3.4.3 多重共线性检验

为了避免变量之间的共线性，需要进行多重共线性检验。实用评估技术表明，方差膨胀因子（VIF）值在0~10不存在多重共线性。表5-4中的统计数据表明，所有参数的方差膨胀因子均小于10。因此，本研究中选择的变量不存在共线性。

表5-4 方差膨胀因子测试

Variables	VIF	1/VIF
PG	1.249	0.801
LEV	1.646	0.608
Size	2.235	0.447
Age	1.202	0.832
CAP_INT	1.131	0.884
Top1	1.048	0.954
Mean VIF	1.426	0.701

资料来源：作者自制。

5.4 结果分析与讨论

5.4.1 基准回归

我们在表5-5中报告了反应型绿色技术创新的一阶差分GMM估计对企业财务绩效的直接影响。首先，模型（1）和模型（2）显示了方程式（5-3）的结果，并用于验证假设1a。其次，模型（3）和模型（4）显示了方程式（5-4）的结果，并用于验证假设 1b。结果表明，半导体企业的反应型绿色技术创新与其短期 CFP 负相关，这与假设 1a 相一致。在模型（1）（$\beta_1=-0.0023$，$p<0.01$）和模型（2）（$\beta_1=-0.0041$，$p<0.01$）中，污染治理的回归系数显著为负。这意味着，当企业污染治理得分提高 1%，其 ROA 和 ROE 分别下降 0.23%和 0.41%。这表明，半导体企业实施反应型绿色技术创新时牺牲了他们的短期企业财务绩效，意味着反应型绿色技术创新在短期内并没有给半导体企业带来益处。我们的研究结果支持 Liu 等（2022）和 Baah 等（2020b）的推论，他们同样认为反应型绿色技术创新对企业短期财务绩效具有负面影响。然而，我们的结果与 Ji 等（2019）的结果不同，他们认为反应型绿色技术创新在短期内也可以为半导体企业带来利润。

表 5-5　基准回归结果

Variables	Model (1)	Model (2)	Model (3)	Model (4)
	ROA	ROE	MV	Tobin's Q
L. ROA	0.163 4***			
	(0.02)			
L. ROE		0.148 3***		
		(0.01)		
L. MV			0.286 9***	
			(0.03)	
L. Tobin's Q				0.340 4***
				(0.02)
PG	−0.002 3***	−0.004 1***	−0.006 4**	−0.011 7*
	(0.00)	(0.00)	(0.00)	(0.01)
LEV	−0.057 5***	−0.051 7***	0.075 0	−0.881 7***
	(0.01)	(0.02)	(0.08)	(0.31)
Size	0.015 2***	0.032 3***	0.463 7***	−1.100 5***
	(0.00)	(0.00)	(0.03)	(0.10)
Age	−0.136 6***	−0.237 4***	−0.329 1	0.453 4
	(0.02)	(0.03)	(0.24)	(0.74)
CAP_INT	−0.006 1***	−0.012 7***	−0.000 3	−0.081 4**
	(0.00)	(0.00)	(0.01)	(0.04)

表5-5(续)

Variables	Model (1)	Model (2)	Model (3)	Model (4)
	ROA	ROE	MV	Tobin's Q
Top1	0.036 5**	0.041 9*	-0.422 1	-0.126 5
	(0.01)	(0.02)	(0.32)	(0.84)
Constant	0.120 7*	0.066 1	7.234 8***	25.970 1***
	(0.07)	(0.11)	(1.01)	(2.66)
AR (1)	0.005	0.005	0.000	0.000
AR (2)	0.788	0.123	0.301	0.572
Sargan	0.748	0.666	0.213	0.023
Observations	707	707	707	707
Number of stkcd	141	141	141	141
Wald test	3 329	1.068×10^{6}	38 503	4 350

注：***、**、*分别表示 p 值在 1%、5%、10%的水平下显著；括号内为标准误。

此外，表 5-5 的结果也证实了半导体企业实施反应型绿色技术创新与其长期企业财务绩效负相关，这也支持了假设 1b。具体而言，在模型（3）（$\beta_1=-0.006\ 4$，$p<0.05$）和模型（4）（$\beta_1=-0.011\ 7$，$p<0.1$）中，污染治理的回归系数显著为负，表明当企业污染治理得分提高时每增加 1%，其 MV 和托宾 Q 值分别下降 0.006 4 和 0.011 7。这说明，半导体企业的反应型绿色技术创新并没有提高其长期财务绩效，换言之，实施反应型绿色技术创新的企业从长远来看是无法盈利的。这一发现与 Baah 等（2020b）的发现相反。他们得出的结论是，反应型绿色技术创新对企业长期财务绩效产生积极影响。对于上述结论，我们认为，这可能是因为执行反应型绿色技术创新，重点关注污染产生后的治理（如末端技术），会给半导体企业带来额外的成本。同时，这种对环境法规的遵守，可能只会被客户或利益相关者视为企业应履行的最低限度社会责任，而其存在未必能提升满意度。

5.4.2 绿色补贴的调节效应结果

表 5-6 报告了绿色补贴对反应型绿色技术创新和企业财务绩效之间联系的调节效应。模型（5）和模型（6）显示了方程式（5-5）的结果，并用于验证假设 2a。模型（7）和模型（8）显示了方程式（5-6）的结果，并用于验证假设 2b。表 5-6 中的结果表明，绿色补贴强化了反应型绿色技

术创新企业财务绩效与短期企业财务绩效和长期企业财务绩效之间的相互作用，支持假设 2a 和假设 2b。具体而言，绿色补贴和反应型绿色技术创新乘积项的回归系数在模型（5）（$\beta_3=0.0029$，$p<0.01$）和模型（6）（$\beta_3=0.0142$，$p<0.01$）中呈显著的正向调节作用。当半导体企业的绿色补贴增加 1% 时，其 ROA 和 ROE 会分别相应增加 0. 29%和 1. 42%，这表明半导体企业的绿色补贴正向调节反应型绿色技术创新与其短期财务绩效之间的联系。此外，绿色补贴和反应型绿色技术创新乘积项的回归系数在模型（7）（$\beta_3=0.0161$，$p<0.05$）和模型（8）（$\beta_3=0.0023$，$p<0.1$）中具有显著的正向调节作用。这意味着，当一家企业的绿色补贴增加 1% 时，其市场价值和托宾 Q 值会分别增加 0. 016 1 和 0. 002 3。这表明半导体企业的绿色补贴对反应型绿色技术创新与长期企业财务绩效之间的关系起到正向调节作用。因此，我们认为绿色补贴可以激励企业参与反应型绿色技术创新，从而影响企业的短期财务绩效和长期财务绩效。我们的实证结果进一步补充了之前的研究，表明绿色补贴是企业进行绿色技术创新实践的重要驱动力。然而，我们的研究结果与 Xie 等（2015）的研究结果相矛盾，他们断言绿色补贴削弱了末端技术与企业财务绩效之间的联系。

表 5-6　绿色补贴的调节效应

Variables	Model（5）	Model（6）	Model（7）	Model（8）
	ROA	ROE	MV	Tobin's Q
L. ROA	0. 151 2***			
	(0. 02)			
L. ROE		0. 157 9***		
		(0. 01)		
L. MV			0. 284 5***	
			(0. 03)	
L. Tobin's Q				0. 335 4***
				(0. 02)
PG	−0. 002 5***	−0. 005 1***	−0. 008 4***	−0. 013 4
	(0. 00)	(0. 00)	(0. 00)	(0. 01)
GS_dum	−0. 008 9***	−0. 032 1***	−0. 087 8***	0. 008 6*
	(0. 00)	(0. 01)	(0. 02)	(0. 10)
PG ×GS_dum	0. 002 9***	0. 014 2***	0. 016 1**	0. 002 3*
	(0. 00)	(0. 00)	(0. 01)	(0. 03)

表5-6(续)

Variables	Model (5)	Model (6)	Model (7)	Model (8)
	ROA	ROE	MV	Tobin's Q
LEV	−0.060 8***	−0.061 0***	0.057 0	−0.899 6***
	(0.01)	(0.01)	(0.08)	(0.32)
Size	0.015 2***	0.035 2***	0.481 8***	−1.102 5***
	(0.00)	(0.00)	(0.03)	(0.10)
Age	−0.141 0***	−0.234 3***	−0.360 4	0.540 4
	(0.02)	(0.04)	(0.24)	(0.74)
CAP_INT	−0.005 8***	−0.012 3***	−0.003 0	−0.078 1**
	(0.00)	(0.00)	(0.01)	(0.04)
Top1	0.033 8**	0.037 2*	−0.458 5	−0.145 1
	(0.02)	(0.02)	(0.30)	(0.81)
Constant	0.133 2*	0.140 1	6.993 5***	25.760 1***
	(0.07)	(0.12)	(1.01)	(2.66)
AR (1)	0.005	0.004	0.000	0.000
AR (2)	0.792	0.129	0.316	0.593
Sargan	0.671	0.572	0.194	0.024
Observations	706	706	706	706
Number of stkcd	141	141	141	141
Wald test	4 152	986 669	42 045	4 538

注：***、**、*分别表示p值在1%、5%、10%的水平下显著；括号内为标准误。

此外，我们还绘制出了调节效应的相关图示。绿色补贴对反应型绿色技术创新和企业短期财务绩效之间的联系的调节影响分别如图5-2和图5-3所示。图5-2表明，较高水平的绿色补贴对反应型绿色技术创新和ROA之间的联系产生积极影响，而较低水平则对此产生负面影响关系。同样，图5-3中的研究结果也显示出绿色补贴对反应型绿色技术创新和ROE之间的联系具有相同的调节效应。因此，结果表明，绿色补贴对反应型绿色技术创新和企业短期财务绩效之间联系的正调节作用随着绿色补贴金额的增加而增加。

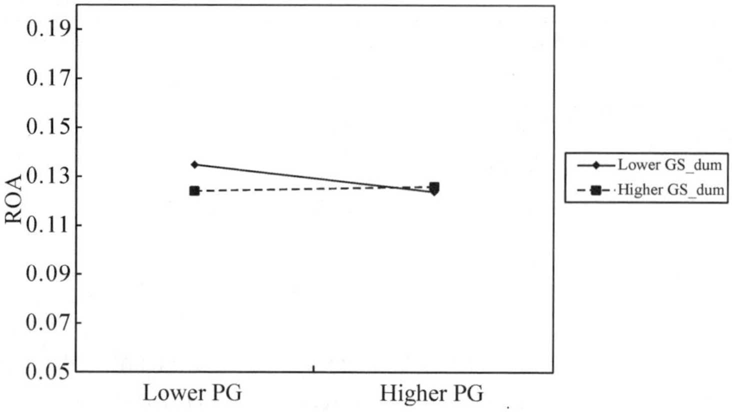

图 5-2　绿色补贴对反应型绿色技术创新和 ROA 之间关系的调节作用

（资料来源：作者自制）

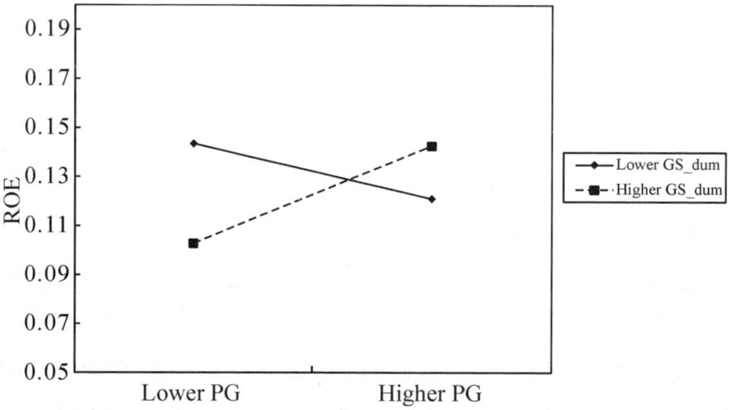

图 5-3　绿色补贴对反应型绿色技术创新和 ROE 之间关系的调节作用

（资料来源：作者自制）

此外，图 5-4 和图 5-5 使绿色补贴对反应型绿色技术创新和企业长期财务绩效之间联系的调节作用更加明显。图 5-4 表明，较高水平的绿色补贴对反应型绿色技术创新和市场价值之间的联系产生积极的影响，而较低水平的绿色补贴对这种关联产生负面影响。然而，图 5-5 显示，较低和较高的绿色补贴对反应型绿色技术创新和托宾 Q 值之间的联系产生了略微倾斜的负面影响。尽管如此，总体来说，我们认为这些发现凸显了半导体企业如果在反应型绿色技术创新中获得了更多绿色补贴，则可以使其长期财务绩效得以提高。

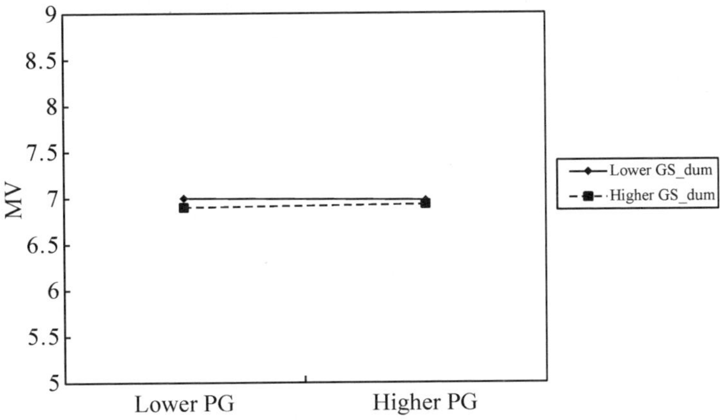

图 5-4　绿色补贴对反应型绿色技术创新和 MV 关系的调节作用

（资料来源：作者自制）

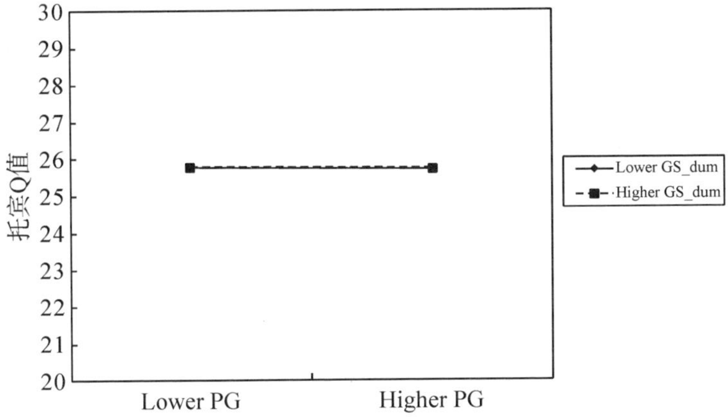

图 5-5　绿色补贴对反应型绿色技术创新和 Tobin's Q 关系的调节作用

（资料来源：作者自制）

5.4.3　稳健性检验

为了避免出现回归结果的可能性，我们将固定效应估计应用于静态面板模型进行稳健性测试，并构建了以下静态面板模型：

$$S_{term}CFP_{i,t} = \lambda + \gamma_1 PG_{i,t} + \gamma_2 LEV_{i,t} + \gamma_3 Size_{i,t} + \gamma_4 Age_{i,t} + \gamma_5 CAP\_INT_{i,t} + \gamma_6 Top1_{i,t} + \gamma_7 \sum Year + \varepsilon_{i,t} \tag{5-7}$$

$$L_{term}CFP_{i,t} = \lambda + \gamma_1 PG_{i,t} + \gamma_2 LEV_{i,t} + \gamma_3 Size_{i,t} + \gamma_4 Age_{i,t} + \gamma_5 CAP\_INT_{i,t} + \gamma_6 Top1_{i,t} + \gamma_7 \sum Year + \varepsilon_{i,t} \tag{5-8}$$

其中，其中 t 表示年份，i 表示固定效应个体，因变量 S_term CFP 包括两个度量（ROA、ROE），L_term CFP 包括三个度量（PE、MV、托宾 Q），$PG_{i,t}$ 是反应型绿色技术创新的代理变量；财务杠杆（LEV）、企业规模（Size）、企业年龄（Age）、资本密集度（CAP INT）以及第一大股东持股（Top1）是控制变量。Year 是年份的虚拟变量，$\varepsilon_{i,t}$ 是扰动项。半导体企业反应型绿色技术创新对企业财务绩效影响的静态面板模型估计结果如表 5-7 所示。研究结果进一步证实了半导体企业实施反应型绿色技术创新对企业短期财务绩效和长期财务绩效显著的影响，也表明我们的测试结果是稳健的。

表 5-7　稳健性检验

Variables	Model（9）	Model（10）	Model（11）	Model（12）
	ROA	ROE	MV	Tobin's Q
PG	-0.002 6***	-0.003 4***	-0.028 0***	-0.098 0***
	(0.00)	(0.00)	(0.01)	(0.03)
LEV	-0.142 8***	-0.158 1***	-0.625 7***	-2.499 7***
	(0.01)	(0.02)	(0.06)	(0.28)
Size	0.008 6***	0.017 2***	0.801 3***	-0.514 0***
	(0.00)	(0.00)	(0.03)	(0.14)
Age	-0.008 0	-0.015 5	-0.069 4	-0.117 5
	(0.01)	(0.01)	(0.10)	(0.35)
CAP_INT	-0.008 4***	-0.012 7***	-0.012 1	-0.059 8**
	(0.00)	(0.00)	(0.01)	(0.03)
Top1	0.036 8***	0.094 1***	0.110 9	0.528 2
	(0.01)	(0.01)	(0.11)	(0.66)
Constant	-0.056 0*	-0.204 1***	5.791 0***	15.780 0***
	(0.03)	(0.07)	(0.92)	(3.64)
Observations	928	928	928	928
R-squared	0.234	0.131	0.784	0.249
Number of stkcd	147	147	147	147
Industry	YES	YES	YES	YES
year	YES	YES	YES	YES
F	157.7	513.5	61 820	239.4

注：***、**、*分别表示 p 值在 1%、5%、10%的水平下显著；括号内为标准误。

5.4.4 异质性分析

企业特征会影响绿色技术创新与企业财务绩效之间的关系（Dixon-Fowler et al.，2013），如企业规模，它是影响创新的决定性因素（Chun et al.，2015；Woo et al.，2014）。先前的一些研究已经指出了大型企业和中小型企业之间的战略差异，探讨了不同规模的企业是否从环境创新中受益更多或更少（Clemens，2005）。鉴于此，我们进一步从企业规模异质性角度补充反应型绿色技术创新对企业财务绩效影响的分析。我们选择企业规模的第二个四分位数（数据集的中位数）作为切点，它将数据分成两半，50%的测量值位于中位数以下（称为中小型企业），50%的测量值位于中位数以上（称为大型企业）。结果如表5-8所示。

表5-8 不同规模企业的异质性

Variables	Large-Scale				Small and Medium-Scale			
	ROA	ROE	MV	Tobin's Q	ROA	ROE	MV	Tobin's Q
L. ROA	0.065 3***				0.488 8***			
	(0.01)				(0.02)			
L. ROE		-0.065 4***				0.319 1***		
		(0.01)				(0.01)		
L. MV			0.032 7***				0.050 6***	
			(0.01)				(0.01)	
L. Tobin's Q				0.211 5***				0.243 5***
				(0.02)				(0.01)
PG	-0.000 5	-0.000 3	0.002 0	-0.013 1	-0.004 1***	-0.010 2***	-0.013 2***	-0.063 5***
	(0.00)	(0.00)	(0.00)	(0.01)	(0.00)	(0.00)	(0.00)	(0.02)
LEV	-0.080 8***	-0.153 0***	-0.177 1***	-1.736 5***	-0.118 7***	-0.140 1***	0.108 0**	-0.135 9
	(0.01)	(0.02)	(0.05)	(0.25)	(0.01)	(0.02)	(0.04)	(0.30)
Size	-0.005 4*	0.027 7***	0.494 7***	-0.897 7***	0.054 4***	0.061 7***	0.736 4***	-1.737 2***
	(0.00)	(0.00)	(0.02)	(0.09)	(0.00)	(0.00)	(0.02)	(0.14)
Age	-0.170 3***	-0.315 2***	-0.620 1***	-0.463 4	-0.179 1***	-0.204 2***	-0.155 4	-1.427 8
	(0.02)	(0.06)	(0.14)	(0.35)	(0.02)	(0.04)	(0.21)	(1.33)
CAP INT	-0.004 5***	-0.014 5***	-0.005 0	-0.038 0*	-0.011 6***	-0.017 1***	-0.045 5***	-0.249 8***
	(0.00)	(0.00)	(0.00)	(0.02)	(0.00)	(0.00)	(0.00)	(0.02)
Top1	-0.136 3***	-0.101 7***	-0.668 2***	-1.959 7**	0.205 8***	0.363 9***	1.272 8***	2.436 6***
	(0.01)	(0.04)	(0.12)	(0.77)	(0.03)	(0.03)	(0.16)	(0.72)
Constant	0.799 3***	0.550 5***	13.158 9***	26.612 3***	-0.608 1***	-0.706 8***	5.795 1***	46.022 2***
	(0.08)	(0.19)	(0.22)	(2.32)	(0.14)	(0.13)	(1.21)	(5.63)

表5-8(续)

Variables	Large-Scale				Small and Medium-Scale			
	ROA	ROE	MV	Tobin's Q	ROA	ROE	MV	Tobin's Q
AR (2)	0. 174	0. 148	0. 767	0. 237	0. 412	0. 726	0. 343	0. 950
Sargan	0. 680	0. 997	1. 000	0. 997	0. 747	0. 996	0. 993	0. 998
Observations	375	375	375	375	261	261	261	261
stkcd	77	77	77	77	83	83	83	83
Wald test	58 638	22 491	191 517	40 564	7.114×10^6	2.180×10^7	3.680×10^7	2.483×10^6

注：*** 、** 、* 分别表示 p 值在 1% 、5%、10%的水平下显著；括号内为标准误。

研究结果显示，中小型半导体企业的反应型绿色技术创新对企业的短期财务绩效和长期财务绩效具有显著的负面影响。一方面，反映短期财务绩效的代理变量总资产收益率和股权收益率的相关系数分别为-0. 004 1（$p<0.01$）和-0. 010 2（$p<0.01$）；另一方面，反映企业长期财务绩效代理变量的 MV 和托宾 Q 值的相关系数分别为-0. 013 2（$p<0.01$）和 -0. 063 5（$p<0.01$）。这可能是因为，中小型半导体企业正在努力遵守环境法规。他们需要将有限的资源分配给环境问题（Kim，2018）。虽然这将使他们获得社会合法性，但也会增加他们的成本负担。这一结果与 King 和 Lenox（2001）的研究结果相一致。他们也认为，对环境生产的反应型方法给中小型半导体企业造成了一定的财务负担。然而，令人惊讶的是，大型半导体企业采取反应型绿色技术创新并没有影响企业的短期财务绩效和长期财务绩效。因此，综合来看，大型半导体企业实施反应型 GTI 比中小型半导体企业有一定优势。我们认为这可能是大型半导体企业比中小型半导体企业拥有更多的资源，它们的规模优势使它们能够承担更多环境成本（Eden et al., 1997），从而对财务绩效的影响并不会明显。

5.5 研究结论

5.5.1 主要发现

近期，企业界和学术界的一个核心争论在于绿色发展是否具有价值。为了解决这一争论，本章的研究主要融合了合法性理论和制度理论，使用2010—2020 年中国半导体行业的 141 家上市公司的动态面板数，利用一阶差分 GMM 方法实证检验了反应型绿色技术创新对企业短期财务绩效和长期财务绩效的影响。此外，我们还检验了绿色补贴在其关系中的调节作用以及用企业规模的异质性效应来补充我们的分析。我们的研究结果阐明了这些结论：

（1）我们的实证研究结果表明，半导体企业实施反应型绿色技术创新对企业短期财务绩效和长期财务绩效产生显著的负向影响。这表明反应型绿色技术创新并不能提高企业财务绩效。换句话说，企业实施反应型绿色技术创新不利于提高企业的短期财务绩效和长期财务绩效。这可能是因为，反应型绿色技术创新往往只在污染物或废物产生后才采取处理措施，无论是在现在还是将来都不会受益。

（2）我们的实证结果进一步表明，绿色补贴对半导体企业的反应型绿色技术创新与企业短期财务绩效和长期财务绩效之间的关联，起到了显著且积极的调节作用。换句话说，绿色补贴有效地推动了反应型绿色技术创新和企业财务绩效之间的联系，这可能归因于反应型绿色技术创新普遍依赖于外部政府补贴。

（3）我们对企业规模异质性的补充分析表明，反应型绿色技术创新对大型半导体企业的短期财务绩效和长期财务绩效没有显著影响。然而，其对中小型半导体企业却产生了显著的负面影响。这些发现意味着任何规模的企业都不会从反应型绿色技术创新实践中受益。

5.5.2 理论贡献

（1）通过关注多维财务视角（短期财务绩效和长期财务绩效），深化了对绿色技术创新与财务绩效之间关系的学术认知。以往研究绿色技术创新对企业财务绩效影响的研究仅使用单一维度（Russo and Fouts，1997；Aguilera et al.，2013；Lu et al.，2018；Baah et al.，2021a）。同时，大多数现有研究仅关注绿色技术创新和短期财务绩效（de Azevedo Rezende et al.，2019；Nguyen et al.，2021；Przychodzen and Przychodzen，2015；Wu et al.，2020a）。很少有学者全面考虑长期财务绩效来检验它们之间的关系（Okafor et al.，2021；Ruggiero and Lehkonen，2017）。然而，我们将短期财务绩效和长期财务绩效结合起来，并将其引入同一项研究中，通过实证研究来考察绿色技术创新对二者的影响。

（2）本研究聚焦中国半导体行业，这是一个尚未得到充分研究的行业，我们想要以此丰富相关研究内容。然而，同样重要的是，半导体企业响应可持续的环境实践，这是因为半导体生产过程中还存在环境污染，如有害物质和废物、废气排放、废水和能源消耗。据我们所知，学者们对该领域的环境问题表现出很少的研究兴趣（Park et al.，2021）。以往的研究更多关注重污染行业，如能源（Wu et al.，2020a；Riillo，2017；Johl and Toha，2021；Chen and Ma，2021；Yan and Zhang，2021）、采矿业（Chan et al.，2016；Ganda，2018）、汽车（Paraschiv et al.，2012；Lin et al.，2019b）。

（3）这项研究还通过使用差分广义矩估计法对文献做出了贡献。以往的研究经常使用普通最小二乘法（OLS）等方法（Ghisetti and Rennings，2014；Przychodzen et al.，2018；Lee and Min，2015；Trumpp and Guenther，2017；Okafor et al.，2021；Zhang et al.，2019）和结构方程模型（Cheng et al.，2014；Chen et al.，2015b；Chan et al.，2016；Baah et al.，2021a；Zhang et al.，2021）研究绿色技术创新对企业财务绩效的影响。然而，差分广义矩估计法很少用于测量和检查它们的关系（Lin et al.，2020；Martínez-Ferrero and Frias-Aceituno，2015；Farza et al.，2021）。该方法的独特之处在于，它构建了内生变量工具，可以很好地解决绿色技术创新与企业财务绩效之间的内生性问题（Lin et al.，2019b）。

5.5.3 管理启示

本章的研究结果能够为企业与政府提供一定的管理见解。一是本研究结果表明，反应型绿色技术创新无法为企业创造收益，因而并不值得企业为此付出成本。因此，我们认为，中国等新兴市场的政府应引导企业从反应型绿色技术创新转向主动型绿色技术创新。这种自愿参与可能有助于私下解决新兴市场的贫困和环境等社会问题，从而可能大幅提高这些国家的社会福利。二是本研究结果表明，绿色补贴有助于调节反应型绿色技术创新和企业财务绩效之间的关系。因此，政府必须坚定不移地为参与绿色技术创新的企业提供更好的绿色补贴，加大对企业的支持力度，如退税、税率优惠等，降低企业的环境成本，使企业获得绿色付出的回报。

5.5.4 研究局限性及未来研究方向

这项研究也存在一些必须承认的局限性，这些限制可能为未来的研究提供额外的机会。一是某些潜在因素可能会改变绿色技术创新和企业财务绩效之间的关系，包括股东结构异质性和投资者风险维度。我们目前的工作无法充分考虑这些因素，未来的研究应该考虑引入这些变量。二是我们的研究数据仅在中国半导体行业上市公司的背景下获得，不同的国家可能有不同的绿色技术创新实践，这些实践可能会导致不同的结果，其他新兴经济体的未来研究应该调查绿色技术创新和企业财务绩效之间的关联。三是我们的研究模型中的因果关系方向具备可逆转性。例如，如果在未来的研究中采用企业财务绩效作为自变量，那么未来的研究便能够从相反方向探索这种关系。

6 主动型绿色技术创新对企业财务绩效影响的研究

由于潜在的环境和财务绩效效益，学术界和企业界越来越关注绿色技术创新。然而，关于主动型绿色技术创新对企业财务绩效的影响研究还很有限。本章基于自然资源基础观（NRBV）、利益相关者理论和吸收能力理论，考察了主动型绿色技术创新两个维度：主动型绿色工艺创新和主动型绿色产品创新对企业财务绩效的影响。此外，还介绍了吸收能力对这些关系的调节作用。我们通过使用 2010—2020 年 126 家中国上市半导体概念股的动态面板数据集和差分 GMM 方法对所提出的假设进行了实证检验。研究发现，主动型绿色工艺创新对企业的短期财务绩效和长期财务绩效均具有显著的积极影响。然而，主动型绿色产品创新尽管对企业的长期财务绩效具有显著的积极影响，但它并不能在短期内提高企业财务业绩。此外，吸收能力对主动型绿色工艺创新与企业的短期财务绩效和长期财务绩效的关系均能产生正向的调节作用，但其仅能在主动型绿色产品创新与长期财务绩效之间的关系中起到正向调节作用，却对企业短期财务绩效存在着显著的负向调节效应。我们对企业规模异质性的补充分析表明，中小型企业主动实施绿色技术创新（包括主动型绿色工艺创新和主动型绿色产品创新）比大型企业能够更好地提高财务绩效。这些研究结果能够为新兴和发展中经济体中运营的企业以及政府的决策者，提供极具价值的见解。

6.1 引言

随着工业的演进和发展以及公众对环境问题意识的不断增强，绿色技术创新受到高度关注。越来越多的科学证据表明，气候变化、社会发展和环境退化使企业面临的外部压力有所增加（Lubberink et al.，2017；El-Kassar and Singh，2017）。与此同时，由于全球化和新技术的出现，企业面临着日益激烈的竞争（Cherrafi et al.，2018）。这种环境和竞争的双重压力增加了企业对“更绿色”和“更可持续”生产的关注，并导致人们关注绿色技术创新是否可以同时解决这两个问题，以降低环境负面影响并提高财务绩效（Chu et al.，2018）。因此，近年来，绿色技术创新与企业财务绩效之间的关系引起了学者们的极大兴趣（Hussain et al.，2018；de Azevedo Rezende et al.，2019），并且关于这种关系的文献正在迅速增长。例如，学者们讨论了企业可持续发展（Gómez-Bezares et al.，2017）、环境战略（Ryszko，2016）、生态创新（Johl and Toha，2021）、企业社会责任（Mikołajek-Gocejna，2016）和企业财务绩效之间的关系。其他学者对绿色技术创新与财务绩效关系的来龙去脉展开了考察，如风险承担水平（Yan et al.，2021）、环境监管压力（Chan et al.，2016；Ren et al.，2022）以及股东结构异质性（Zhang et al.，2019；Ren et al.，2021b）。这些现有研究对于寻求利用可持续发展创新的企业管理者至关重要（Bossle et al.，2016）。然而，先前的研究表明，绿色技术创新与企业财务绩效之间的联系在科学界是一个有争议的问题。多项研究表明，这种关系是积极的。绿色技术创新被定义为包括污染防治、废物回收利用、绿色产品开发、环境治理等方面的创新（Huang et al.，2019）。它通常会带来双重红利，即为消费者或企业带来利益，并显著降低环境破坏程度（Dangelico et al.，2017）；换句话说，在帮助提高企业财务业绩的同时为环境带来福祉（Abdullah et al.，2016）。然而，其他研究表明，这种关系是中性甚至是负面的状态（Lee et al.，2015），并且可能是 U 形（Riillo，2017）或倒 U 形（Lankoski，2008），这些发现存在的不一致性为进一步研究留下了空间。此外，据我们所知，主动型绿色技术创新与企业财务绩效之间仍然存在研究差距，特别是在半导体行业的背景下进行主动型绿色技术创新对企业财务绩效影响的探讨。企业实施绿色技术创新的态度将影响其组织模式，最终影响其财务绩效（Chiou et al.，2011）。因此，考虑到文献有限，我们的研究重点是关注主动型绿色技术创新与企业财务绩效之间的关系。

本章从以下五个角度阐述对文献所做出的贡献。一是基于现有绿色技术创新概念，其可划分为绿色工艺创新和绿色产品创新两个维度（Xie et al.，2019a；Awan et al.，2021；Wang et al.，2021)。我们探究主动型绿色技术创新在这两个维度上对企业财务绩效产生影响。因为，在以前的研究中，这种划分没有得到充分利用（Chen et al.，2012)。这不仅补充了现有的理论研究，还针对绿色技术创新与企业财务绩效之间的关系提供了更加典型且细致入微的见解。二是人们对企业内部能力在多大程度上影响主动绿色工艺创新和主动绿色产品创新的程度知之甚少（Melander，2017)。因此，我们引入吸收能力的调节作用来检验这些关系，从而解答企业应如何通过主动型绿色技术创新来提高财务绩效这一问题。三是以往研究绿色技术创新与企业财务绩效之间关系的研究仅将企业财务绩效作为单一维度(Lu et al.，2018；Baah et al.，2021a)，我们进一步将企业财务绩效分为短期绩效和长期绩效，以衡量其与主动绿色技术创新的关系。四是之前的研究主要采用通过问卷调查获得的主观数据并关注重污染行业（Bhatia，2021)。与之不同，我们关注半导体行业——2010—2020 年中国上市半导体概念股，并采用辅助数据集，通过动态面板数据来测试和缩小现有的研究差距。据观察，主动型绿色技术创新与企业财务绩效之间的关系是一个随着时间的推移而发生的过程。因此，动态面板数据可以利用现有数据来探索主动型绿色技术创新与企业层面的企业财务绩效之间的复杂关系。五是我们使用差分广义矩估计法，以往的研究经常使用普通最小二乘法(Przychodzen et al.，2018)、结构方程建模（Chen et al.，2015b）和层次回归分析（Tariq et al.，2019）等方法。然而，差分广义矩估计法很少用于衡量和检验主动型绿色技术与企业财务绩效之间的关系。该方法之所以引人注目，是因为它为内生变量构建了相应的工具，以解决其中的内生性问题。简而言之，我们的研究使用了中国上市半导体概念股的动态面板数据并应用了差分广义矩估计法。我们研究了积极、主动的绿色技术创新如何使得企业更具创新性以继续在竞争激烈的国际市场中发展，从而影响企业的财务绩效。我们的研究结果表明，主动型绿色工艺创新和主动型绿色产品创新确实会对企业的短期财务绩效和长期财务绩效产生不同的影响，而吸收能力对这种关系起到积极的调节作用。

6.2 研究假设的提出

6.2.1 主动型绿色技术创新

企业有意识和自愿的绿色技术创新实践被称为主动型绿色技术创新（Proactive GTI）（Russo and Fouts，1997）。它指的是那些旨在改变或修改产品生产流程和设计，以从根本上减少浪费、污染和能源消耗的技术创新（Hart，1995）。换句话说，它被认为是一种以防止环境污染为导向的技术创新，因为它侧重采取积极、主动的环保措施，从产品一开始就防止污染物的产生（Klassen and Whybark，1999；Sarkis and Cordeiro，2001）。在实施主动型绿色技术创新时，企业必须对现有的运营流程进行一些根本性的改变，以开发环境友好型技术，改善社会和环境健康状况，它超越了环境法规的要求（Chan，2016）。其目的是，抢在竞争对手之前开发新技术或新产品，以实现市场领先地位并获得竞争优势（Chen et al.，2016；Mulaessa and Lin，2021）。因此，与 Chan（2016）和 Chen 等（2016）的观点一致，本研究将主动型绿色技术创新定义为一种创新行为，旨在超越环境法规的要求，通过主动采用绿色技术来减少其流程或产品开发对环境造成的影响。

此外，在现有文献中，学者 Xie 等（2019a）根据绿色技术创新的对象，将绿色技术创新划分为绿色产品创新和绿色过程创新两个维度。然而，学者 Johl 和 Toha（2021）提出，主动生态创新包括产品、过程和技术三个维度。因此，借鉴 Xie 等（2019a）与 Johl 和 Toha（2021）的观点，本研究进一步将主动型绿色技术创新分为两个主要维度：主动型绿色工艺创新和主动型绿色产品创新。一方面，有部分学者提出绿色工艺创新是指所有通过技术手段帮助企业减少对环境负面影响的生产工艺技术（Qi et al.，2012；Ma et al.，2017；Bhatia，2021）。基于同样的推理，我们认为主动型绿色工艺创新主要强调生产过程中的创新方法，如减少与工艺相关的环境污染和控制能源消耗（Cainelli et al.，2015）。另一方面，也有学者提出，绿色产品创新是指与产品和环境相适应的创新技术（Chen et al.，2006；Kushwaha and Sharma，2016）。也就是说，对产品设计、质量和环境特征进行修改，以减少产品在整个生命周期中对环境的负面影响（Kammerer，2009）。在此基础上，我们同样认为，主动型绿色产品创新可定义为有利于环境的产品创新（Ali et al.，2021）。人们普遍认为，绿色产品创新会产生环保型产品，从而在从开发到销售的整个产品生命周期里，加大对环境的保护力度（Dangelico，2016）。

6.2.2 企业财务绩效

企业绩效可以有多种形式和表现。其中，财务绩效被广泛应用于企业战略研究中。在这种财务绩效方法中，最关键的维度是对短期财务绩效和长期财务绩效进行划分。短期财务绩效维度主要衡量企业过去和现在的财务状况（Ruggiero and Lehkonen，2017）。当企业想要评估其过去和现在行动的结果时，这个维度非常合适（Grewatsch and Kleindienst，2017）。相比之下，长期财务绩效维度主要关注企业的未来价值，并且通常与股东利益相关（Delmas et al.，2015）。在相关文献里，基于会计的企业财务绩效衡量标准会考虑过去或短期的财务绩效；同时，基于市场的衡量标准反映了企业的未来或长期财务业绩（Platonova et al.，2018；Abubakar，2020）。

许多指标从基于会计指标的角度衡量企业的短期财务绩效。在现有文献里，衡量企业短期财务绩效的常用指标是总资产收益率和股权收益率（Nguyen et al.，2021）。在一定程度上，这些体现了企业当前和短期内的盈利能力（Chen et al.，2016）；股东投资回报率（ROIC）（Farza et al.，2021）、营业利润率（Ghisetti and Rennings，2014）、销售增长率（Okafor et al.，2021）和净利润（Zhang et al.，2019）是其他基于会计的短期企业财务绩效指标。

在之前的研究中，学者们认为基于市场的衡量标准可以捕捉未来或长期的财务绩效，这一点已被广泛接受（Grewatsch and Kleindienst，2017；Platonova et al.，2018；Abubakar，2020）。例如，许多学者使用托宾 Q 值作为企业长期财务绩效的指标（Johl and Toha，2021；Lee et al.，2015）。托宾 Q 值是资产的市场价值与其重置价值的比率。它侧重从风险角度来看企业资产的市场价值是否被高估或低估。此外，一些学者认为市场价值可以通过企业股票的市场价值来衡量。市场价值是反映投资者对未来收益预期的虚拟价值。这些期望来自对企业有形资产和无形资产的评估和感知

(Ganda，2018；Park et al.，2021)。此外，企业长期财务绩效可以用市盈率和市值与账面价值之比来表示（Przychodzen et al.，2018）。

6.2.3 主动型绿色技术创新与企业财务绩效

根据利益相关者理论，企业通常会通过绿色实践来满足利益相关者的期望（Fliaster and Kolloch，2017；Guoyou et al.，2013；Weng et al.，2015）。利益相关者的压力也是主动环保实践的关键决定因素（Alt et al.，2015；Buysse and Verbeke，2003；Darnall et al.，2010；Yang et al.，2019）。例如，社会利益相关者或公共利益团体（如投资者、环保组织、环保主义者客户），强调自愿规范在企业环境实践中的重要性（Gabzdylova et al.，2009；Marshall et al.，2010；Vilchez et al.，2017）。基于利益相关者的期望，学者们普遍认为，企业采用积极、主动的绿色技术创新可以提高财务绩效（Aragón-Correa et al.，2008；Chan et al.，2022；Qing et al.，2022）。此外，根据自然资源基础观（NRBV），竞争优势源于企业的宝贵资源和能力，尤其是参与绿色实践的能力（Menguc，2010；Mishra and Yadav，2021），它可被视为一种独特的关键资源，为企业创造可持续发展价值（Hart，1995；Carballo-Penela and Castromán-Diz，2015；Seroka-Stolka and Fijorek，2020）。例如，主动型绿色技术创新可以帮助企业获得外部资源，如人才、资金和政府支持，这对企业的可持续发展至关重要（O'Donoghue and Torugsa，2016；Zhao et al.，2020）；同时，企业实施主动型绿色技术创新还能提高其社会声誉（Baah et al.，2020a；Shah and Soomro，2021），这也是一种重要的无形资产，有助于企业树立绿色形象（Chen，2008；Do and Nguyen，2020；Qing et al.，2022），从而获得投资者和环保人士的青睐，提高企业的财务绩效（Adomako et al.，2021；Clarkson et al.，2011；Mulaessa and Lin，2021；Lin et al.，2019a）。因此，基于主动型绿色技术创新的不同维度（Chen et al.，2012；Chen et al.，2016；Kim，2018；Baah et al.，2020b），我们进一步将其划分为主动型绿色工艺创新和主动型绿色产品创新，以研究其对企业短期财务绩效和长期财务绩效的影响（Bhatia，2021；Khan et al.，2021；Li et al.，2016）。

6.2.3.1 主动型绿色工艺创新和企业财务绩效

学者们将自然资源基础观用于研究绿色工艺创新与企业绩效之间的关

系（Ma et al.，2017；Xie et al.，2019a）。他们认为，绿色工艺创新应被视为企业财务增长的“可持续竞争能力”（Chen et al.，2006；Sezen and Çankaya，2013），享有“先发优势”（Chen，2008；Przychodzen et al.，2020），并提升企业绿色形象（Xie et al.，2019b）。这主要是源于：一方面，绿色工艺创新改进现有生产工艺或增加新工艺以降低对环境的不利影响，从而提高企业的环境合规性并带来差异化优势（Cheng et al.，2014）；另一方面，绿色工艺创新既可以是一种附加解决方案，也可以通过替代投入、优化生产或回收产出等方式融入生产流程（Rennings，2000）。特别是主动型绿色工艺创新更倾向于内部来源。它需要对整个运营和管理流程进行系统性改进，这就要求较高水平的资金投入或更高的实施成本。这类创新不仅耗时，而且产生的效果也未必明显（Li et al.，2017b）。然而，从财务角度来看，市场投资者可能会对展现出积极公众形象的企业给予更高的溢价（Konar and Cohen，2001），这类企业也可能能够吸引大量愿意为环保绿色产品支付更多费用的新客户（Tsai et al.，2012）。事实证明，这种做法比其他绿色做法更有效。此外，Xie 等（2015）发现，绿色工艺创新与财务绩效正相关。因此，总体而言，企业主动投资于绿色工艺创新具有良好的商业意义（Li et al.，2017b）。我们认为，企业实施主动型绿色工艺创新实践有利于提高其财务绩效。基于此，我们提出假设 1a、假设 1b。

假设 1a：主动型绿色工艺创新有利于提高企业短期财务绩效。

假设 1b：主动型绿色工艺创新有利于提高企业长期财务绩效。

6.2.3.2 主动型绿色产品创新和企业财务绩效

近年来，绿色产品创新已被视为实现企业业绩增长和环境可持续发展的关键因素之一（Dangelico and Pujari，2010；Amores-Salvadó，2014；Ali et al.，2021）。绿色产品创新通过技术组件或环保材料改进产品（Pujari，2006；Albino et al.，2009；Cheng et al.，2014），旨在降低产品生命周期中对环境的影响（Christensen，2011），投资绿色产品创新有助于企业能够开发新的市场机遇，并通过新的绿色产品取得成功，以满足市场或客户的环保需求（Chiou et al.，2011；Dangelico and Pontrandolfo，2015）。因此，积极、主动地开展绿色产品创新，对于培育企业的绿色能力、强塑造业的绿色形象以及提高企业的财务绩效，均发挥着至关重要的作用（Chen et al.，2006；Kam-Sing，2012；Lin et al.，2013）。

此外，相关文献表明，绿色产品创新对企业的盈利能力和市场价值具有积极影响（Dangelico et al.，2017）。这些影响体现在多个方面，如节约成本（Chan et al.，2016）、增加销售额（Lin et al.，2013）、提高营业利润率（OM）（Ghisetti et al.，2014）、提高利润水平（Zhang et al.，2019）、提高投资回报率（Farza et al.，2021），以及实现更高的总资产回报率（de Azevedo Rezende et al.，2019）、股本回报率（Chen et al.，2021）、市值（Martínez-Ferrero et al.，2015）、市盈率（Przychodzen et al.，2018）和托宾Q值（Lee et al.，2015）。因此，我们认为，积极实施主动型绿色产品创新将取得更好的短期财务绩效和长期财务绩效。基于此，我们提出假设2a、假设2b。

假设2a：主动型绿色产品创新有利于提高企业短期财务绩效。

假设2b：主动型绿色产品创新有利于提高企业长期财务绩效。

6.2.4 吸收能力的调节作用

根据吸收能力理论，吸收能力是指企业认识到新信息的价值、吸收新信息并将其用于商业目的的能力（Cohen and Levinthal，1990），因此，吸收能力能够使知识转化为新产品、服务或流程，从而支持创新（Harrington and Guimaraes，2005），而发展和保持吸收能力对企业的长期成功至关重要（Lane et al.，2006）。吸收能力通常与创新相关（Song et al.，2020；Xie et al.，2015）。它使企业能够在绿色技术创新过程中，向合作伙伴学习，获取外部信息，并将这些信息转化和整合到现有知识库中（Aboelmaged and Hashem，2019；Zhou et al.，2021）。这表明吸收能力能够推动企业绿色技术创新的有效转化（Leal-Rodríguez，2014）。

此外，从自然资源基础观来看，如果企业拥有并利用既有价值又稀缺的资源和吸收能力，就可以提高其绩效（Tseng，2011）。因为吸收能力可以帮助企业提高创新的速度、频率，扩大创新的规模，并增加其产生的新知识（del Río Gonzá lez，2005），从而补足企业在绿色技术创新过程中所需的额外知识（Pinkse et al.，2010；Albort-Morant et al.，2018），让企业具有独特的竞争优势并获得更好的财务业绩。显然，吸收能力在绿色技术创新与企业财务绩效的关系中起着一定的作用（Xue et al.，2019）。以往的研究表明，吸收能力强的企业在转移创新知识和技术方面的效果更好。

随着时间的推移，吸收能力会刺激创新，从而成为一种财务优势资源（Kostopoulos et al.，2011），强化绿色技术创新与财务绩效之间的关联（Xie et al.，2015）。因此，我们引入吸收能力作为主动型绿色技术创新与企业财务绩效之间关系的调节因子。我们假设吸收能力将对主动型绿色技术创新与企业财务绩效之间的关系起到积极的调节作用，现提出假设 3a、假设 3b、假设 3c、假设 3d。

假设 3a：吸收能力正向调节主动绿色工艺创新与短期企业财务绩效之间的关系。

假设 3b：吸收能力正向调节主动绿色工艺创新与长期企业财务绩效之间的关系。

假设 3c：吸收能力正向调节主动绿色产品创新与短期企业财务绩效之间的关系。

假设 3d：吸收能力正向调节主动绿色产品创新与企业长期财务绩效之间的关系。

我们将假设构建为一个概念模型，如图 6-1 所示。

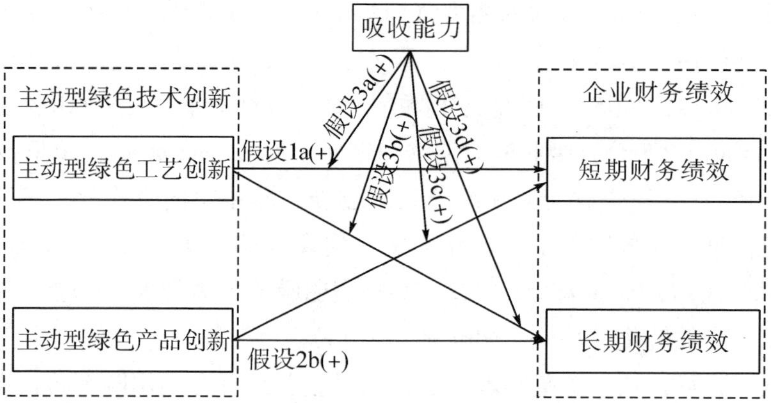

图 6-1　理论模型

（资料来源：作者自制）

6.3 研究方法

6.3.1 样本选择和数据来源

6.3.1.1 样本选择

我们的研究重点是主动型绿色技术创新对中国上市半导体概念股企业财务绩效的影响。在证券市场上，半导体概念股是以节能环保为题材上市的半导体。首先，根据《国民经济行业分类》（GB/T 4754-2017）中不同分类的业务描述，锁定 C 类制造业，包含所有半导体概念股企业。其次，通过在中国上海证券交易所和深圳证券交易所手动搜索概念股板块“半导体概念股”，接着将结果与现有的中国半导体行业协会（CSIA）会员名录相结合，获得了 210 家半导体概念股上市公司；然后排除 2010—2020 年数据缺失的公司。最后，在本书中，我们获得了 126 只中国上市半导体概念股的样本，并检查了包含与这些股票相关信息的动态面板数据。

6.3.1.2 数据来源

主动型绿色技术创新数据（包括主动型绿色工艺创新和主动型绿色产品创新）来自中国证券市场会计研究（CSMAR）和 WIND 数据库。此外，企业财务绩效、吸收能力以及控制变量数据均来自 CSMAR 数据库。

6.3.2 变量测度

6.3.2.1 解释变量：主动型绿色工艺创新和主动型绿色产品创新

绿色产品创新和绿色工艺创新被认为是评价主动型环境管理研究的良好代用指标（Judge and Douglas，1998），如已有学者将绿色技术创新分为绿色工艺创新和绿色产品创新（Chen et al.，2006；Li et al.，2017b）。因此，根据相关文献，我们的研究同样将主动型绿色技术创新分为主动型绿色工艺创新和主动型绿色产品创新。对于主动型绿色工艺创新的变量测度，我们选取了环保投资量表（EPIS）（Chariri et al.，2018；Chen et al.，2006；Johl and Toha，2021），即 EPIS＝环保投资额/资本存量。对于主动型绿色产品创新的变量测度，我们选取了绿色专利总数（GPT）（Chariri et al.，2018；Chen et al.，2006；Tariq et al.，2019），即 GPT＝绿色专利申请量+绿色专利授权量。

6.3.2.2 被解释变量：企业短期财务绩效和长期财务绩效

以往文献中报告的不确定结论可能归因于对财务绩效采用了不同的衡量方法（Przychodzen and Przychodzen，2015）。选择合适的财务衡量标准会影响绿色技术创新与企业财务绩效之间的关系，因为每种衡量标准都有特定的优缺点。此外，由于绿色技术创新产生的效应可能存在一定的滞后性，我们与现有文献（Farza. et al.，2021）保持一致，使用短期和长期两个维度的指标来代表企业财务绩效。

（1）企业短期财务绩效的测度。现有研究中比较常用的衡量企业短期财务绩效的指标是ROA（Russo and Fouts，1997；Lin et al.，2020；Aguilera-Caracuel and Ortiz-de Mandojana，2013；Przychodzen et al.，2018；Tariq et al.，2019；Trumpp and Guenther，2017；de Azevedo Rezende et al.，2019）、ROE（Lin et al.，2019a；Okafor et al.，2021；Nguyen et al.，2021；Chen and Ma，2021）。它们基于会计数据进行衡量，反映了企业的短期盈利能力。与之前的文献一致，我们运用基础的会计计量指标ROA和ROE来衡量企业的短期财务绩效。这些指标分别表示净收入与总资产的比率和净收入与股东权益的比率，有助于考察绿色技术创新与企业财务绩效之间的关系。

（2）企业长期财务绩效的测量。企业长期财务绩效是根据其市场价值确定的（Delmas et al.，2015），市场价值表明投资者对企业未来经营业绩的预期。因此，一些学者提出以市场为基础的衡量指标来把握未来或长期财务绩效（Platonova et al.，2018；Ali et al.，2020；Abubakar，2020），如托宾Q值（Chen et al.，2021；Lee et al.，2015；Hou et al.，2019；Johl and Toha，2021；Yan and Zhang，2021）、市场价值（Przychodzen et al.，2018；Martínez-Ferrero and Frias-Aceituno，2015；Park et al.，2021；Farza et al.，2021；Ganda，2018）、股东回报率（Trumpp and Guenther，2017）、市净率（P/B）（Przychodzen et al.，2018）、市盈率、每股价格或股价升值（Orlitzky，2005）。与之前的文献一致，我们选择了基于市场的指标来衡量企业的长期财务绩效，即托宾Q值、市场价值和市盈率。

①托宾Q值。我们使用托宾Q值来衡量企业长期财务绩效，原因如下：一是托宾Q值既能捕捉到客户满意度提高带来的有利影响，也能捕捉

到协调成本提高带来的不利影响。作为一种前瞻性和风险调整后的衡量指标，我们使用托宾 Q 值能够评估其对企业业绩的影响。二是托宾 Q 值 不容易受到税法或法规解释自由度的影响（Anderson et al.，2004；Fang et al.，2008）。我们用市值/总资产来衡量托宾 Q 值，市值=（总股本-境内上市外资股 B 股）×今日收盘价的 A 股现值+境内上市外资股 B 股现值×今日收盘价的 B 股现值+当期末负债总额，总资产为账面价值。

②市场价值。市场价值可以用公司股票的市场价值来衡量。它反映了投资者对公司未来收益的预期，包括公司的有形资产和无形资产。在本研究中，市场价值的计算公式为（总股本-境内上市外资股 B 股）×A 股按今日收盘价计算的现值+境内上市外资股 B 股按今日收盘价计算的现值×B 股按今日收盘价计算的现值+总负债的期末现值。

③市盈率。市盈率将公司股价与其创造财富的能力联系起来（Przychodzen et al.，2018）。投资者主要用它来比较不同股票的价值。因此，它衡量了投资者对公司近期业绩和未来的预期。我们用市盈率来衡量企业的长期财务表现，其计算公式为每股市价/每股收益。

（3）调节变量：吸收能力。在吸收能力理论中，Cohen 和 Levinthal（1990）认为，其核心是企业的研发投资。企业对研发活动的投资越多，就越能充分认识到新的外部信息的价值（Chun et al.，2015）。我们引入了吸收能力作为调节变量，根据现有文献，研发支出和专利数据是衡量吸收能力最广泛的指标（Patterson and Ambrosini，2015；Wu et al.，2020b；Papazoglou and Spanos，2021）。同样，Xie 等（2015）使用研发总支出作为吸收能力的替代指标。因此，在本研究中，我们使用研发强度作为吸收能力的替代变量，用研发费用除以净销售额的比率来衡量。

（4）控制变量。除上述变量外，我们还控制了五个可能影响企业财务绩效的变量。

①企业规模（Size）。企业规模是影响其财务绩效的一个潜在因素（Russo and Fouts，1997；Lee et al.，2015）。为了控制任何潜在影响，我们加入了企业规模的衡量指标，即企业总资产的对数（ln TA）。

②企业年龄（Age）。我们用企业成立的年数来衡量企业的年龄（Cheng et al.，2014）

③财务杠杆（LEV）。以往的研究广泛使用了这一指标（Trumpp and

Guenther，2017），它代表了债务或违规风险（Surroca et al.，2010）。因此，我们采用总负债/总资产的比率来衡量财务杠杆。

④资本强度（CAP INT）。资本强度会影响企业的财务绩效，因此被纳入模型中（Wu et al.，2020a）。我们采用资本强度=总资产/营业收入的方式来进行衡量。

⑤股权集中度（Top1）。与 Chen 和 Ma（2021）一致，我们通过计算第一大股东/总股本的持股数量来衡量股权集中度。表 6-1 列出了所有变量的定义。

6.3.3 实证模型构建

6.3.3.1 基准模型

为了检验主动型绿色技术创新在企业层面对企业财务绩效的影响，我们以 2010—2020 年的 126 家半导体行业上市公司为面板样本进行了计量分析。由于样本数据具有横截面、短时间段的特点，并考虑到本期企业财务绩效很可能受到上期企业财务绩效的影响，我们在样本数据中加入了企业财务绩效的滞后项。此外，滞后因变量允许动态过程，这对于恢复其他参数的有效性以及一致的估计可能至关重要。因此，我们采用一阶差分 GMM 方法来检验主动型绿色技术创新对企业财务绩效的影响。该方法可以有效控制模型中的异方差和潜在的内生性问题。它可以直接利用 Sargan 检验和 AR 检验来确定动态面板工具变量估计值的有效性。鉴于此，我们构建了以下一阶差分 GMM 方法进行实证检验：

（1）构建方程式（6-1）和方程式（6-2）反映主动型绿色技术创新对企业短期财务绩效的直接影响。

$$\Delta ROA_{i,t} = \alpha \Delta ROA_{i,t-1} + \beta_1 \Delta EPIS_{i,t} + \beta_2 \Delta GPT_{i,t} + \beta_3 \Delta LEV_{i,t} + \beta_4 \Delta Size_{i,t} + \beta_5 \Delta Age_{i,t} + \beta_6 \Delta CAPINT_{i,t} + \beta_7 \Delta Top1_{i,t} + \Delta Year_i + \Delta \varepsilon_{i,t} \quad (6-1)$$

$$\Delta ROE_{i,t} = \alpha \Delta ROE_{i,t-1} + \beta_1 \Delta EPIS_{i,t} + \beta_2 \Delta GPT_{i,t} + \beta_3 \Delta LEV_{i,t} + \beta_4 \Delta Size_{i,t} + \beta_5 \Delta Age_{i,t} + \beta_6 \Delta CAPINT_{i,t} + \beta_7 \Delta Top1_{i,t} + \Delta Year_i + \Delta \varepsilon_{i,t} \quad (6-2)$$

表 6-1　变量的定义

变量	名称	测量	符号	定义	来源	参考文献
解释变量	主动型绿色工艺创新	环保投资规模	EPIS	环保投资金额/股本	CSMAR 和 WIND 数据库	Chariri et al., 2018; Johl and Toha, 2021
	主动型绿色产品创新	绿色专利总数	GPT	绿色专利申请数 + 绿色专利授权数		Tariq et al., 2019
被解释变量	企业短期财务绩效	总资产回报率	ROA	净利润/总资产平均余额	CSMAR 数据库	Russo and Fouts, 1997; Aguilera-Caracuel and Ortiz-de Mandojana, 2013
		股本收益率	ROE	净利润/股东权益平均余额		Przychodzen et al., 2015; Lin et al., 2020
被解释变量	企业长期财务绩效	托宾 Q 值	Tobin's Q	市场价值/总资产	CSMAR 数据库	Lee et al., 2015; Hou, 2019; Johl and Toha, 2021; Yan and Zhang, 2021
		市场价值	MV	总权益×今日收盘价股份+当期负债总额期末值		Przychodzen et al., 2018; Martínez-Ferrero and Frias-Aceituno, 2015
		市盈率	PE	每股市场价格/每股收益		Przychodzen et al., 2018; Park et al., 2021
调节变量	企业吸收能力	研发强度	R&D INT	研发费用/净销售额		Xie et al., 2015; Patterson and Ambrosini, 2015; Wu et al., 2020a; Papazoglou and Spanos, 2021
控制变量	企业规模		Size	总资产的对数	CSMAR 数据库	Russo and Fouts, 1997; Lee et al., 2015
	企业年龄		Age	企业成立以来的年数		Cheng et al., 2014
	财务杠杆		LEV	负债总额/总资产		Trumpp and Guenther, 2017; Surroca et al., 2010
	资本密集度		CAP INT	总资产/营业收入		Wu et al., 2020a
	所有权集中度		Top1	Top1＝第一大股东持股数量/股份总数		Chen and Ma, 2021

（2）构建方程式（6-3）、方程式（6-4）、方程式（6-5）表示主动型绿色技术创新对企业长期财务绩效的直接影响。

$$\Delta PE_{i,t} = \alpha \Delta PE_{i,t-1} + \beta_1 \Delta EPIS_{i,t} + \beta_2 \Delta GPT_{i,t} + \beta_3 \Delta LEV_{i,t} + \beta_4 \Delta Size_{i,t} + \beta_5 \Delta Age_{i,t} + \beta_6 \Delta CAPINT_{i,t} + \beta_7 \Delta Top1_{i,t} + \Delta Year_i + \Delta \varepsilon_{i,t} \quad (6-3)$$

$$\Delta MV_{i,t} = \alpha \Delta MV_{i,t-1} + \beta_1 \Delta EPIS_{i,t} + \beta_2 \Delta GPT_{i,t} + \beta_3 \Delta LEV_{i,t} + \beta_4 \Delta Size_{i,t} + \beta_5 \Delta Age_{i,t} + \beta_6 \Delta CAPINT_{i,t} + \beta_7 \Delta Top1_{i,t} + \Delta Year_i + \Delta \varepsilon_{i,t} \quad (6-4)$$

$$\Delta Tobinsq_{i,t} = \alpha \Delta Tobinsq_{i,t-1} + \beta_1 \Delta EPIS_{i,t} + \beta_2 \Delta GPT_{i,t} + \beta_3 \Delta LEV_{i,t} + \beta_4 \Delta Size_{i,t} + \beta_5 \Delta Age_{i,t} + \beta_6 \Delta CAPINT_{i,t} + \beta_7 \Delta Top1_{i,t} + \Delta Year_i + \Delta \varepsilon_{i,t} \quad (6-5)$$

上述公式中，$\Delta ROA_{i,t}$ 和 $\Delta ROE_{i,t}$ 都反映了个体公司 i 在 t 期的短期公司财务绩效的一阶差分值；$\Delta ROA_{i,t-1}$ 和 $\Delta ROE_{i,t-1}$ 都反映了短期公司财务绩效的一阶差分的滞后项；$\Delta PE_{i,t}$，$\Delta MV_{i,t}$，$\Delta Tobinsq_{i,t}$ 都反映了企业长期财务绩效的第一次差分向量；$\Delta PE_{i,t-1}$、$\Delta MV_{i,t-1}$ 和$\Delta Tobinsq_{i,t-1}$ 都反映了滞后的长期公司财务绩效的一阶差分的滞后项；$\Delta EPIS_{i,t}$ 和 $\Delta GPT_{i,t}$ 分别表示个体企业 i 在第 t 期实施主动型绿色工艺创新和主动型绿色产品创新的一阶差分。$\Delta LEV_{i,t}$、$\Delta Size_{i,t}$、$\Delta Age_{i,t}$、$\Delta CAPINT_{i,t}$、$\Delta Top1_{i,t}$ 为控制变量，分别表示财务杠杆、企业规模、企业年龄、资本密集度和 Top1 股东持股比例的一阶差分值。$\Delta Year_i$ 表示虚拟年份的一阶差分值，$\Delta \varepsilon_{i,t}$ 是特定时间截距和扰动项的一阶差分，它们在不同行业和不同时间段呈现出独立且同分布的特征。

6.3.3.2 吸收能力的调节效应模型

为了更进一步地检验主动型绿色技术创新与企业财务绩效之间关系的影响因素，我们建立了方程式（6-6）至方程式（6-10）来研究企业的吸收能力对主动型绿色技术创新与企业财务绩效之间关系的调节作用。

（1）方程式（6-6）和方程式（6-7）分别表示吸收能力对主动绿色技术创新和企业短期财务绩效的调节作用。

$$\Delta ROA_{i,t} = \alpha \Delta ROA_{i,t-1} + \beta_1 \Delta EPIS_{i,t} + \beta_2 \Delta GPT_{i,t} + \beta_3 \Delta R\&DINT_{i,t} \times \Delta EPIS_{i,t} + \beta_4 \Delta R\&DINT_{i,t} \times \Delta GPT_{i,t} + \beta_5 \Delta LEV_{i,t} + \beta_6 \Delta Size_{i,t} + \beta_7 \Delta Age_{i,t} + \beta_8 \Delta CAPINT_{i,t} + \beta_9 \Delta Top1_{i,t} + \Delta Year_i + \Delta \varepsilon_{i,t} \quad (6-6)$$

$$\Delta ROE_{i,t} = \alpha\Delta ROE_{i,t-1} + \beta_1\Delta EPIS_{i,t} + \beta_2\Delta GPT_{i,t} + \beta_3 \Delta R\&DINT_{i,t} \times \Delta EPIS_{i,t} + \beta_4 \Delta R\&DINT_{i,t} \times \Delta GPT_{i,t} + \beta_5\Delta LEV_{i,t} + \beta_6\Delta Size_{i,t} + \beta_7\Delta Age_{i,t} + \beta_8\Delta CAPINT_{i,t} + \beta_9\Delta Top1_{i,t} + \Delta Year_i + \Delta\varepsilon_{i,t} \quad (6-7)$$

（2）方程式（6-8）至方程式（6-10）分别表示吸收能力对主动绿色技术创新和企业长期财务绩效的调节作用。

$$\Delta PE_{i,t} = \alpha\Delta PE_{i,t-1} + \beta_1\Delta EPIS_{i,t} + \beta_2\Delta GPT_{i,t} + \beta_3 \Delta R\&DINT_{i,t} \times \Delta EPIS_{i,t} + \beta_4 \Delta R\&DINT_{i,t} \times \Delta GPT_{i,t} + \beta_5\Delta LEV_{i,t} + \beta_6\Delta Size_{i,t} + \beta_7\Delta Age_{i,t} + \beta_8\Delta CAP\ INT_{i,t} + \beta_9\Delta Top1_{i,t} + \Delta Year_i + \Delta\varepsilon_{i,t} \quad (6-8)$$

$$\Delta MV_{i,t} = \alpha\Delta MV_{i,t-1} + \beta_1\Delta EPIS_{i,t} + \beta_2\Delta GPT_{i,t} + \beta_3 \Delta R\&DINT_{i,t} \times \Delta EPIS_{i,t} + \beta_4 \Delta R\&DINT_{i,t} \times \Delta GPT_{i,t} + \beta_5\Delta LEV_{i,t} + \beta_6\Delta Size_{i,t} + \beta_7\Delta Age_{i,t} + \beta_8\Delta CAPINT_{i,t} + \beta_9\Delta Top1_{i,t} + \Delta Year_i + \Delta\varepsilon_{i,t} \quad (6-9)$$

$$\Delta Tobinsq_{i,t} = \alpha\Delta Tobinsq_{i,t-1} + \beta_1\Delta EPIS_{i,t} + \beta_2\Delta GPT_{i,t} + \beta_3 \Delta R\&DINT_{i,t} \times \Delta EPIS_{i,t} + \beta_4 \Delta R\&DINT_{i,t} \times \Delta GPT_{i,t} + \beta_5\Delta LEV_{i,t} + \beta_6\Delta Size_{i,t} + \beta_7\Delta Age_{i,t} + \beta_8\Delta CAPINT_{i,t} + \beta_9\Delta Top1_{i,t} + \Delta Year_i + \Delta\varepsilon_{i,t} \quad (6-10)$$

其中，$\Delta R\&DINT_{i,t} \times \Delta EPIS_{i,t}$ 和 $\Delta R\&DINT_{i,t} \times \Delta GPT_{i,t}$ 分别代表吸收能力和主动型绿色工艺创新的交互项以及吸收能力和主动型绿色产品创新的交互项的一阶差分向量。

6.4 结果分析与讨论

6.4.1 描述性统计结果

表 6-2 列出了所有变量的描述性统计结果。结果显示，ROA 和 ROE 的均值分别为 0.51 和 0.077，表明企业短期财务绩效较低，因为比率越高表明盈利能力越强。托宾 Q 值、市盈率、市净率的均值分别为 3.114、22.872、101.591。通常情况下，这些值越大，表明企业的盈利能力越强。这说明样本企业的长期财务表现良好，投资者看好其未来的市场投资价值。主动型绿色工艺创新（EPIS）变量的均值为 0.042，这意味着样本企

业的环保投资占股本的平均比例仅为 4.2%，说明企业在主动进行绿色工艺创新的积极性不高。主动型绿色产品创新（GPT）的均值为 1.887，由此可见样本企业的平均绿色专利总数为 1.887，表明企业在主动进行绿色产品创新方面的产出水平较高。研究与开发强度的均值为 0.069，即表明样本企业研究与开发费用与净销售额的平均比率为 6.9%，从中可看出其吸收能力较低。

表 6-2　描述性统计

Variables	Obs	Mean	Std. Dev.	Min	Max
ROA	1 491	0.51	0.061	−0.169	0.261
ROE	1 491	0.077	0.108	−0.47	0.428
PE	1 474	101.591	168.503	−97.377	1 208.302
MV	1 476	22.872	1.085	20.711	26.652
Tobin's Q	1 476	3.114	2.296	0.925	14.321
EPIS	1 156	0.042	0.054	0	0.274
GPT	1 449	1.887	1.591	0	6.675
R&D INT	1 682	0.069	0.066	0.001	0.376
LEV	1 491	0.367	0.201	0.033	0.861
Size	1 491	21.905	1.241	19.727	26.483
Age	1 474	2.73	0.397	1.386	3.466
CAP INT	1 491	2.674	2.262	0.339	15.15
Top1	1 474	0.325	0.151	0.088	0.73

资料来源：作者自制。

6.4.2　相关系数矩阵

研究结果的相关系数矩阵如表 6-3 所示。相关性研究表明，主动型绿色技术创新与企业的短期财务绩效和长期财务绩效显著相关。此外，主动型绿色技术创新还与吸收能力相关。

表 6-3　相关系数矩阵

	1	2	3	4	5	6	7	8	9	10	11	12	13
1. ROA	1												
2. ROE	0.908***	1											
3. PE	-0.315***	-0.307***	1										
4. MV	0.034	0.117***	-0.055**	1									
5. Tobin's Q	0.339***	0.223***	0.173***	0.086***	1								
6. R&D INT	-0.035	-0.094***	0.181***	0.016	0.311***	1							
7. EPIS	0.219***	0.122***	0.097***	-0.353***	0.381***	0.097***	1						
8. GPT	-0.071***	0.015	-0.069***	0.615***	-0.206***	0.038	-0.341***	1					
9. LEV	-0.369***	-0.164***	-0.024	0.347***	-0.347***	-0.294***	-0.285***	0.330***	1				
10. Size	-0.161***	-0.026	-0.122***	0.871***	-0.371***	-0.144***	-0.508***	0.662***	0.503***	1			
11. Age	-0.167***	-0.126***	0.037	0.214***	-0.076***	-0.102***	-0.030	0.067**	0.231***	0.252***	1		
12. CAP INT	-0.174***	-0.181***	0.215***	-0.014	0.050*	0.404***	0.024	-0.113***	-0.179***	-0.024	0.014	1	
13. Top1	0.120***	0.189***	-0.102***	0.078***	-0.076***	-0.199***	-0.037	-0.069***	0.117***	0.111***	-0.046*	-0.038	1

注：***、**、*分别表示 p 值在 1%、5%、10%的水平下显著。

6.4.3 多重共线性检验

为避免共线性，需要进行多重共线性检验。多重共线性一般通过计算方差膨胀因子（VIF）来检测，VIF 是自变量之间存在多重共线性时的方差与不存在多重共线性时的方差之比。经验判断法表明，VIF 越大，协方差越严重。当 0 < VIF < 10 时，不存在多重共线性；当 10≤VIF<100 时，存在强多重共线性；当 VIF ≥ 100 时，存在严重多重共线性。本项研究模型的多重共线性检验结果如表 6-4 所示。从表 6-4 可以看出，所有参数的 VIF 均小于 10。因此，本项研究中选择的变量不存在共线性。

表 6-4　方差膨胀因子

Variables	VIF	1/VIF
GPT	2. 105	0. 475
EPIS	1. 474	0. 678
LEV	1. 645	0. 608
Size	3. 511	0. 285
Age	1. 208	0. 828
CAP INT	1. 132	0. 883
Top1	1. 103	0. 906
Mean VIF	1. 684	0. 594

资料来源：作者自制。

6.4.4 基准回归分析

我们报告了半导体企业主动型绿色技术创新的差分 GMM 估计对企业财务绩效的直接影响，如表 6-5 所示。模型 1 和模型 2 显示了方程式（6-1）和方程式（6-2）的结果，用于验证假设 1a 和假设 2a。模型 3、模型 4 和模型 5 分别表示方程式（6-3）、方程式（6-4）和方程式（6-5）的结果，验证了假设 1b 和假设 2b。

表 6-5 的结果显示，半导体企业实施主动型绿色工艺创新对其短期财务绩效和长期财务绩效有积极影响，分别支持假设 1a 和假设 1b。具体而言，在模型 1（$\beta_1=0.037\ 5$，$p<0.05$）和模型 2（$\beta_1=0.028\ 9$，$p<0.05$）中，EPIS 的回归系数显著为正，这意味着当企业的环境投资规模增加 1%时，其 ROA 和 ROE 分别增加 3. 75%和 2. 89%。这说明，半导体企业实施主动

型绿色工艺创新有利于提高企业短期财务绩效。同时，EPIS 的回归系数在模型 3（$\beta_1=0.6020$，$p<0.01$）、模型 4（$\beta_1=95.9727$，$p<0.01$）和模型 5（$\beta_1=5.1475$，$p<0.01$）中均显著为正。这意味着，当企业的环保投资规模增加 1%时，其市盈率、市净率和托宾 Q 值分别增加 60.2%、95.972 7 和 5.147 5。这说明，半导体企业实施主动型绿色工艺创新也有利于提升企业的长期财务绩效。由此可见，实施主动型绿色工艺创新的企业可以在短期内实现盈利。从长期来看，这种盈利能力会表现得更强，并能在未来为投资者获得更好的投资回报。这可能是因为，虽然绿色工艺创新需要一定规模的环保投资，但它可以改进现有生产工艺或增加新工艺，从而减少有害物质的排放，实现差异化竞争并在社会上树立良好的企业公民形象使半导体企业更容易受到消费者的青睐。这反过来又能帮助半导体企业获得更好的投资回报，从而证明企业实施主动型绿色工艺创新不仅能够创造环境效益，还能收获卓越的财务业绩。因此，我们认为企业应积极、主动地开展绿色工艺创新，以此提高自身价值。

此外，表 6-5 中的结果还显示，半导体企业的主动型绿色产品创新与企业短期财务绩效显著负相关。因此，假设 2a 不被支持。具体而言，在模型 1（$\beta_2=-0.0071$，$p<0.01$）和模型 2（$\beta_2=-0.0140$，$p<0.01$）中，绿色产品创新（GPT）的回归系数明显为负，当半导体企业进行绿色产品创新时，衡量其短期财务绩效的 ROA 和 ROE 分别下降了 0.71% 和 1.4%。这表明，当半导体企业实施主动型绿色产品创新时，并不能在短期内获利。然而，在模型 3（$\beta_2=0.0204$，$p<0.01$）、模型 4（$\beta_2=12.0647$，$p<0.01$）和模型 5（$\beta_2=0.0095$，$p<0.05$）中，GPT 的回归系数显著为正，为假设 2b 提供了支持。这表明，当半导体企业进行主动型绿色产品创新时，GPT 增加 1%，其市盈率、市净率和托宾 Q 值分别增加 2.04%、12.064 7 和 0.009 5。这说明，半导体企业积极、主动地开展绿色产品创新有利于提升企业的长期财务绩效。这可能是因为，主动型绿色产品创新需要一个漫长的过程才能产生相应的财务效益。因此，我们认为半导体企业仍然值得实施主动型绿色产品创新。此外，企业的投资者应关注长期盈利能力，比如通过积极、主动地实施绿色产品创新，提高其在利益相关者中的声誉并维护资本（Xie et al., 2019a），这也能提高其长期财务绩效。

表 6-5　基准回归结果

Variables	Model 1	Model 2	Model 3	Model 4	Model 5
	ROA	ROE	PE	MV	Tobin's Q
L. ROA	−0.276 8***				
	(0.00)				
L. ROE		−0.401 7***			
		(0.00)			
L. PE			0.093 8***		
			(0.00)		
L. MV				0.356 6***	
				(0.00)	
L. Tobin's Q					0.340 1***
					(0.00)
EPIS	0.037 5**	0.028 9**	0.602 0***	95.972 7***	5.147 5***
	(0.02)	(0.01)	(0.00)	(0.00)	(0.00)
GPT	−0.007 1***	−0.014 0***	0.020 4***	12.064 7***	0.009 5**
	(0.00)	(0.00)	(0.00)	(0.00)	(0.01)
LEV	−0.050 5**	−0.105 8**	0.008 0**	63.687 2***	−0.894 0***
	(0.01)	(0.01)	(0.03)	(0.00)	(0.00)
Size	0.013 9***	0.035 4***	0.595 1**	−79.425 4***	−0.615 4**
	(0.00)	(0.00)	(0.01)	(0.00)	(0.04)
Age	−0.112 2***	−0.190 0***	−0.019 0	85.869 9**	−0.495 7**
	(0.02)	(0.01)	(0.10)	(0.02)	(0.03)
CAP INT	−0.007 4***	−0.014 4***	−0.007 8***	10.160 9***	−0.135 6**
	(0.00)	(0.00)	(0.00)	(0.00)	(0.02)
Top1	−0.059 3***	0.000 7**	−0.067 6*	−339.604 1***	−0.801 5***
	(0.00)	(0.01)	(0.09)	(0.00)	(0.00)
Constant	0.115 0*	−0.085 7*	7.404 0***	1 601.407 6***	18.247 5***
	(0.08)	(0.06)	(0.00)	(0.00)	(0.00)
AR (2)	0.227	0.115	0.849	0.403	0.702
Sargan	0.676	0.481	0.476	0.163	0.421
Observations	636	636	636	636	636
Number of stkcd	126	126	126	126	126
Wald test	2 894	6.103×10^6	2.340×10^7	24 209	1.001×10^6

注：***、**、* 分别表示 p 值在 1%、5%、10%的水平下显著；括号内为标准误。

6.4.5 稳健性检验

为了避免出现回归结果的可能性，我们将固定效应估计应用于静态面板模型进行稳健性测试，并构建了半导体企业实施主动型绿色技术创新对企业财务绩效影响的静态面板模型，如方程式（6-11）和方程式（6-12）所示。

$$S_{\text{term}}\text{CFP}_{i,\ t} = \lambda + \gamma_1 \text{EPIS}_{i,\ t} + \gamma_2 \text{GPT}_{i,\ t} + \gamma_3 \text{LEV}_{i,\ t} + \gamma_4 \text{Size}_{i,\ t} + \gamma_5 \text{Age}_{i,\ t} + \gamma_6 \text{CAPINT}_{i,\ t} + \gamma_7 \text{Top1}_{i,\ t} + \gamma_8 \textstyle\sum \text{Year} + \varepsilon_{i,\ t} \quad (6\text{-}11)$$

$$L_{\text{term}}\text{CFP}_{i,\ t} = \lambda + \gamma_1 \text{EPIS}_{i,\ t} + \gamma_2 \text{GPT}_{i,\ t} + \gamma_3 \text{LEV}_{i,\ t} + \gamma_4 \text{Size}_{i,\ t} + \gamma_5 \text{Age}_{i,\ t} + \gamma_6 \text{CAP INT}_{i,\ t} + \gamma_7 \text{Top1}_{i,\ t} + \gamma_8 \textstyle\sum \text{Year} + \varepsilon_{i,\ t} \quad (6\text{-}12)$$

其中，t 表示年份，i 表示固定效应个体，因变量 S_term CFP 包括两个度量（ROA、ROE），L_term CFP 包括三个度量（PE、MV、托宾 Q 值），$\text{EPIS}_{i,\ t}$ 和 $\text{GPT}_{i,\ t}$ 是第 t 年的个体 i 的主动型绿色工艺创新和主动型绿色产品创新的代理变量，财务杠杆（LEV）、企业规模（Size）、企业年龄（Age）、资本密集度（CAP INT）以及第一大股东持股（Top1）是控制变量。Year 是年份的虚拟变量，$\varepsilon_{i,\ t}$ 是扰动项。表 6-6 中的结果显示，静态估计结果与之前的动态估计结果一致，进一步证实了半导体企业实施主动型绿色技术创新对企业短期财务绩效和长期财务绩效有着显著的影响，也表明我们的测试结果是稳健的。

表 6-6　稳健性检验结果

Variables	Model 6	Model 7	Model 8	Model 9	Model 10
	ROA	ROE	PE	MV	Tobin's Q
EPIS	0.056 1 **	0.089 6 **	1.156 4 ***	214.666 1 **	6.798 1 ***
	(0.04)	(0.05)	(0.28)	(132.39)	(1.69)
GPT	-0.004 1 ***	-0.006 6 ***	0.011 2 ***	10.870 7 ***	0.004 9 **
	(0.00)	(0.00)	(0.00)	(4.08)	(0.02)
LEV	-0.099 7 ***	-0.141 4 ***	-0.172 1	-78.546 0	-1.392 9 **
	(0.01)	(0.03)	(0.16)	(53.63)	(0.64)
Size	0.016 0 **	0.034 7 **	0.741 2 ***	-38.176 9 *	-0.401 5 ***
	(0.01)	(0.01)	(0.06)	(21.98)	(0.15)

表6-6(续)

Variables	Model 6	Model 7	Model 8	Model 9	Model 10
	ROA	ROE	PE	MV	Tobin's Q
Age	−0.091 6 ***	−0.124 5 *	−0.171 6	89.916 5 **	−0.926 4
	(0.03)	(0.06)	(0.20)	(43.69)	(0.77)
CAP INT	−0.009 9 ***	−0.017 6 ***	−0.052 8 ***	10.207 1 *	−0.230 9 ***
	(0.00)	(0.00)	(0.02)	(5.61)	(0.07)
Top1	0.070 3 **	0.160 0 ***	0.086 9	−114.191 0 *	0.105 7
	(0.03)	(0.05)	(0.17)	(67.62)	(0.58)
Constant	0.015 3	−0.255 0	7.506 5 ***	681.239 0	15.992 4 ***
	(0.19)	(0.32)	(1.57)	(433.21)	(5.06)
Observations	829	829	829	829	829
R-squared	0.204	0.132	0.760	0.076 1	0.427
Number of stkcd	126	126	126	126	126
Industry	YES	YES	YES	YES	YES
Year	YES	YES	YES	YES	YES
F	11 993	55 482	12 642	3 917	2 599

注：***、**、*分别表示p值在1%、5%、10%的水平下显著；括号内为标准误。

6.4.6 企业吸收能力的调节效应结果

我们在表6-7中报告了吸收能力对主动型绿色技术创新与企业财务绩效之间关系的调节结果。模型11和模型12分别展示了方程式（6-6）和方程式（6-7）的结果，并验证了假设3a和假设3c。模型13、模型14和模型15分别展示了方程式（6-8）、方程式（6-9）和方程式（6-10）的结果，并验证了假设3b和假设3d。

表6-7中的结果显示，吸收能力强化了主动绿色工艺创新与其短期财务绩效和长期财务绩效之间的关联，支持了假设3a和假设3b。一是在模型11（$\beta_1=0.7866$，$p<0.05$）和模型12（$\beta_1=0.6571$，$p<0.1$）中，吸收能力（研发强度）和主动型绿色工艺创新（环境保护投资额）的乘积项回归系数呈现出显著的正向调节作用。当半导体企业的吸收能力增加1%时，会使企业的ROA和ROE分别增加78.66%和65.71%。这表明，半导体企业的吸收能力对主动型绿色工艺创新与其短期财务绩效之间的关系起着正向调节作用。二是在模型13（$\beta_1=2.5569$，$p<0.1$）、模型14（$\beta_1=$

329.404 7，$p<0.01$）和模型 15（$\beta_1=29.464\ 1$，$p<0.05$）中，当企业的吸收能力增加 1%时，会调节其市盈率、市净率和托宾 Q 值，它们分别增加 255.69%、329.404 7 和 29.464 1。这证实了半导体企业的吸收能力对主动型绿色工艺创新与长期财务绩效之间的关系起着正向调节作用。这一结果与 Zhou 等（2021）的研究结果相符，他们也认为吸收能力是影响主动型绿色工艺创新与企业托宾 Q 值的重要因素。因此，综合来看，我们认为较强的吸收能力能够对半导体企业开展主动型绿色工艺创新起到调节作用，从而助力企业获得良好的短期财务绩效和长期财务绩效。

此外，表 6-7 中的研究结果显示，吸收能力对主动型绿色产品创新与企业财务绩效之间的关系有显著影响。但是，其对短期企业财务绩效的调节作用为负效应，而对长期企业财务绩效的调节作用则显著为正效应，这些结果支持假设 3d，但未支持假设 3c。在模型 11（$\beta_2=-0.000\ 8$，$p<0.01$）和模型 12（$\beta_2=-0.002\ 0$，$p<0.01$）中，吸收能力（研发强度）和主动型绿色产品创新（GPT）产品项的回归系数具有明显的负向调节作用。这意味着，当企业的吸收能力提高 1%时，会对其 ROA 和 ROE 产生调节作用，致使 ROA 和 ROE 分别降低 0.08% 和 0.2%。这表明，在主动型绿色产品创新过程中，半导体企业吸收能力的调节作用并不能在短期内带来良好的财务绩效。然而，在模型 13（$\beta_2=0.006\ 0$，$p<0.01$）、模型 14（$\beta_2=3.516\ 1$，$p<0.05$）、模型 15（$\beta_2=0.025\ 5$，$p<0.01$）中，当半导体企业的吸收能力提高 1%时，其市盈率、市净率和托宾 Q 值分别提高了 0.006、3.516 1 和 0.025 5。这证明，从长远来看，这种正向调节效应可以带来半导体企业未来财务绩效的增长（Xue et al.，2019），这可能是由于吸收能力使企业难以在短期内推进绿色产品创新（Xie et al.，2019a）。通常，绿色产品创新要求企业具备较高的知识和技术转让能力，这需要一个持续和长期的过程，然后企业才能有效、成功地将技术和研发活动转化为绿色产品或新产品，以满足消费者对环保产品日益增长的需求。这样，企业就能更好地从积极的绿色产品创新中获利（Xue et al.，2019）。这表明，尽管吸收能力在短期内无法正向调节主动型绿色产品创新与企业财务绩效之间的关系，但从长期来看，它可以成为一个正向调节因子，帮助企业更好地开发绿色产品。

表 6-7　企业吸收能力的调节效应结果

Variables	Model 11	Model 12	Model 13	Model 14	Model 15
	ROA	ROE	PE	MV	Tobin's Q
L. ROA	0. 241 2***				
	(0. 00)				
L. ROE		0. 122 5***			
		(0. 00)			
L. PE			0. 113 0***		
			(0. 00)		
L. MV				0. 402 3***	
				(0. 00)	
L. Tobin'sQ					0. 293 5***
					(0. 00)
EPIS	-0. 012 8**	-0. 009 0**	0. 405 3***	-320. 424 3***	3. 050 6***
	(0. 03)	(0. 02)	(0. 00)	(0. 00)	(0. 00)
GPT	-0. 008 2***	-0. 014 0***	-0. 021 8***	13. 575 6***	-0. 005 9**
	(0. 00)	(0. 00)	(0. 00)	(0. 00)	(0. 01)
R&DINT	-0. 317 7**	-0. 510 5**	-1. 053 8*	277. 592 7***	-2. 910 9**
	(0. 04)	(0. 04)	(0. 08)	(0. 00)	(0. 04)
R&D INT×EPIS	0. 786 6**	0. 657 1*	2. 556 9*	329. 404 7***	29. 464 1**
	(0. 02)	(0. 05)	(0. 06)	(0. 00)	(0. 02)
R&D INT×GPT	-0. 000 8***	-0. 002 0***	0. 006 0***	3. 516 1**	0. 025 5***
	(0. 00)	(0. 00)	(0. 00)	(0. 03)	(0. 00)
LEV	-0. 062 4**	-0. 124 4**	0. 009 9	58. 944 3***	-0. 834 4***
	(0. 01)	(0. 01)	(0. 16)	(0. 00)	(0. 00)
Size	0. 015 1***	0. 030 6***	0. 600 4**	-84. 116 9***	-0. 544 3**
	(0. 00)	(0. 00)	(0. 01)	(0. 00)	(0. 03)
Age	-0. 148 7**	-0. 218 0**	-0. 178 4*	137. 307 4***	-1. 110 6***
	(0. 02)	(0. 02)	(0. 09)	(0. 00)	(0. 00)
CAP INT	-0. 005 8***	-0. 013 1***	-0. 021 6***	15. 837 3***	-0. 232 5**
	(0. 00)	(0. 00)	(0. 00)	(0. 00)	(0. 01)
Top1	-0. 057 1**	-0. 021 5	-0. 238 0*	-278. 706 1***	-1. 312 0***
	(0. 03)	(0. 01)	(0. 08)	(0. 00)	(0. 00)
Constant	0. 225 2*	0. 157 9*	8. 000 4***	1 502. 712 6***	19. 061 9***
	(0. 09)	(0. 07)	(0. 00)	(0. 00)	(0. 00)

表6-7(续)

Variables	Model 11	Model 12	Model 13	Model 14	Model 15
	ROA	ROE	PE	MV	Tobin's Q
AR (2)	0. 202	0. 113	0. 620	0. 357	0. 648
Sargan	0. 360	0. 459	0. 483	0. 071	0. 452
Observations	632	632	632	632	632
Number of stkcd	126	126	126	126	126
Waldtest	1 661	1. 180×10^7	1. 750×10^7	20 607	1. 550×10^7

注：***、**、* 分别表示 p 值在 1%、5%、10%的水平下显著；括号内为标准误。

此外，为了更直观形象地阐释和理解调节效应，我们借鉴 Dawson (2014) 的方法绘制了调节效应图。一方面，图 6-2 和图 6-3 更清晰地呈现出吸收能力对主动型绿色工艺创新与企业短期财务绩效之间关系所起到的调节作用。具体而言，图 6-2 显示，高水平的吸收能力对主动型绿色工艺创新与 ROA 之间的关系有正向影响，但在低水平的吸收能力下，主动型绿色工艺创新与 ROA 之间的关系存在负向影响。图 6-3 显示，吸收能力对主动型绿色工艺创新与 ROE 之间的关系也有同样的调节作用。因此，本研究结果表明，吸收能力越强，对主动绿色工艺创新与企业短期财务绩效之间关系的正向调节作用就越大。

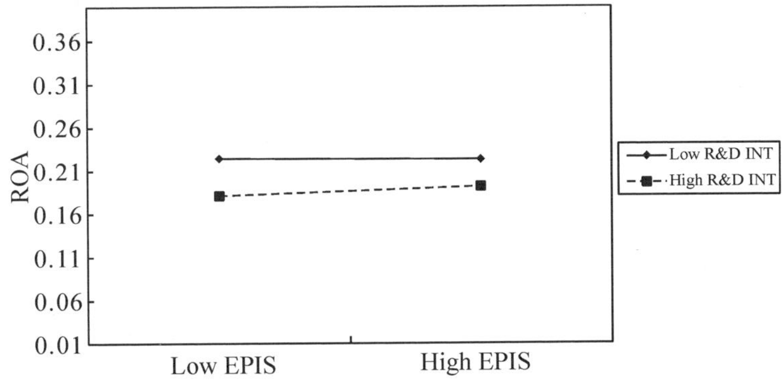

图 6-2　吸收能力对主动型绿色工艺创新与 ROA 关系的调节效应

（资料来源：作者自制）

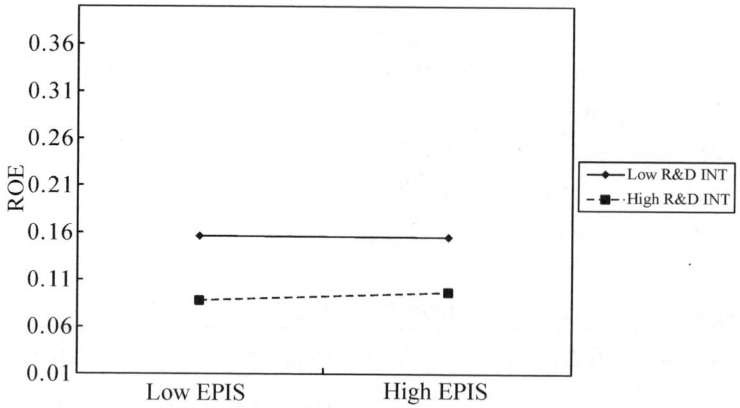

图 6-3　吸收能力对主动型绿色工艺创新与 ROE 关系的调节效应

（资料来源：作者自制）

此外，图 6-4、图 6-5 和图 6-6 也更清楚地呈现出吸收能力对主动绿色工艺创新与企业长期财务绩效之间关系的调节作用。它们表明，低吸收能力与高吸收能力对它们之间的关系具有相同的调节作用。具体而言，图 6-4 显示，低吸收能力和高吸收能力都会对主动型绿色工艺创新与市值之间的关系产生消极影响。但是图 6-5 和图 6-6 显示，低吸收能力和高吸收能力都会对主动型绿色工艺创新与市盈率和托宾 Q 值之间的关系产生积极影响。尽管如此，我们认为，综合来看，这些发现表明，半导体企业如果逐步加大对主动型绿色工艺创新研发的投资，从长远来看，将有助于提高其财务绩效。

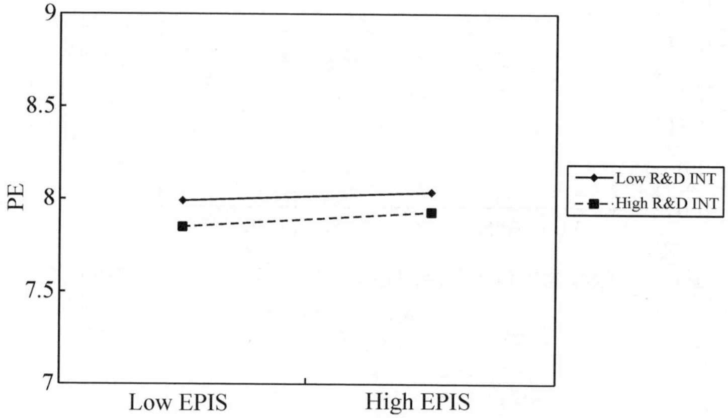

图 6-4　吸收能力对主动型绿色工艺创新与市盈率关系的调节效应

（资料来源：作者自制）

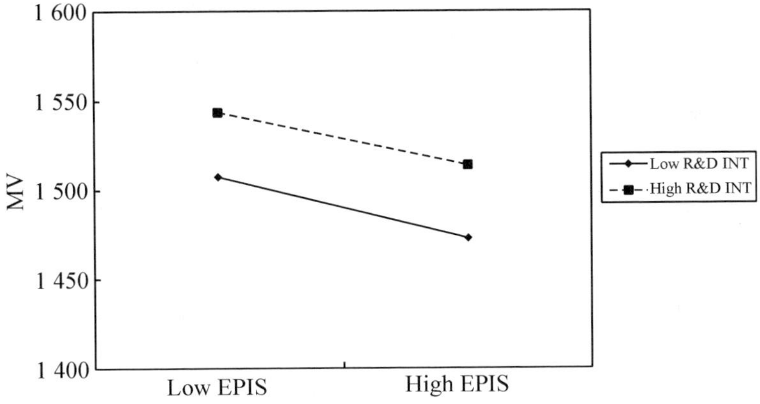

图 6-5　吸收能力对主动型绿色工艺创新与市值关系的调节效应

（资料来源：作者自制）

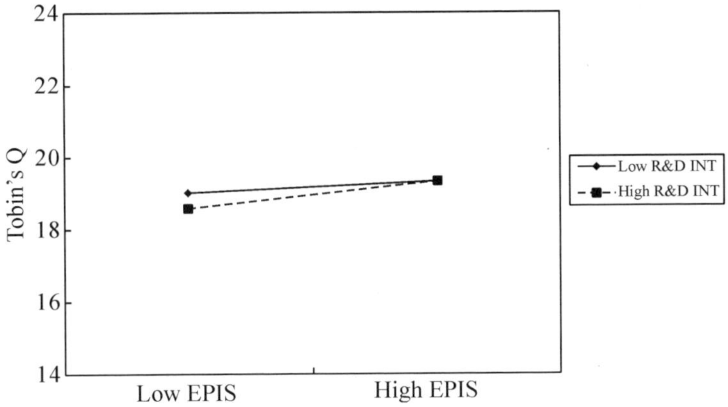

图 6-6　吸收能力对主动型绿色工艺创新与托宾 Q 值关系的调节作用

（资料来源：作者自制）

图 6-7 和图 6-8 则更清楚地显示了吸收能力对主动型绿色产品创新与企业短期财务绩效之间关系的调节作用。结果表明，低吸收能力和高吸收能力对主动型绿色产品创新与 ROA 和 ROE 的关系都有负向调节作用。换言之，在短期内，半导体企业吸收能力的强弱并不能帮助企业提高主动型绿色产品创新所带来的财务绩效。

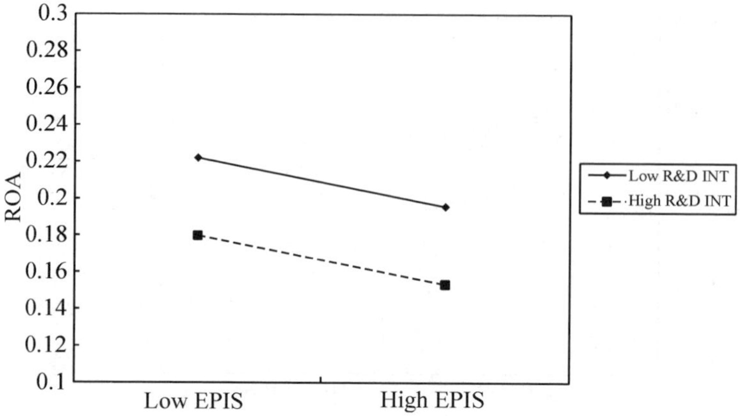

图 6-7　吸收能力对主动型绿色产品创新与 ROA 关系的调节效应

（资料来源：作者自制）

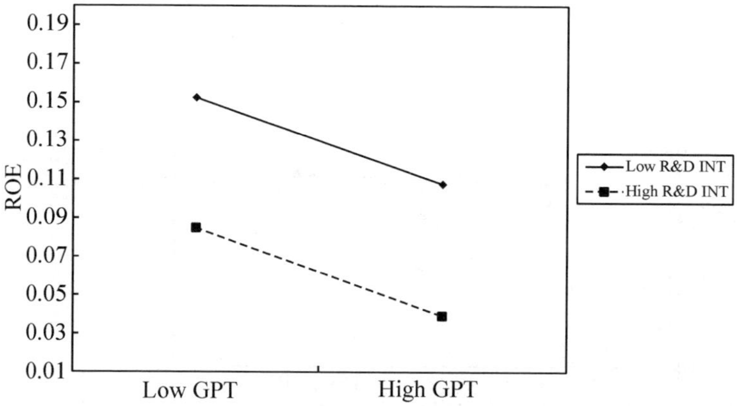

图 6-8　吸收能力对主动型绿色产品创新与 ROE 关系的调节效应

（资料来源：作者自制）

图 6-9、图 6-10 和图 6-11 更清楚地呈现出吸收能力对主动型绿色产品创新和企业长期财务绩效的调节作用。结果表明，低吸收能力和高吸收能力在两者的关系中具有相同的调节作用，即低吸收能力和高吸收能力在一定程度上都会对主动型绿色产品创新与市盈率和托宾 Q 值的关系产生较小斜率的负面影响。因此，总体而言，我们认为吸收能力对主动型绿色产品创新与企业长期财务绩效之间的关系具有积极的调节作用。

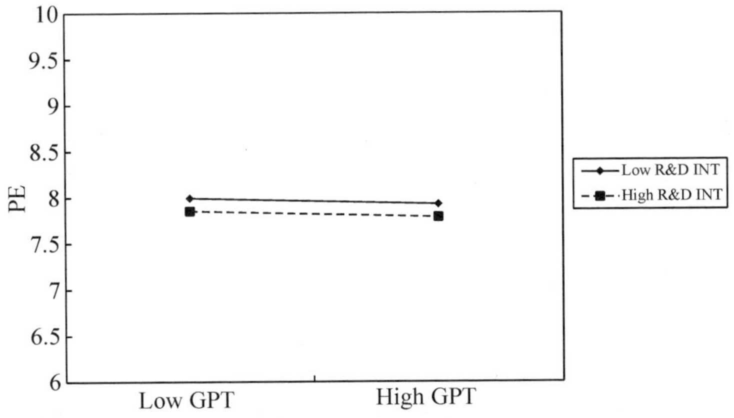

图 6-9　吸收能力对主动型绿色产品创新与 PE 关系的调节作用

（资料来源：作者自制）

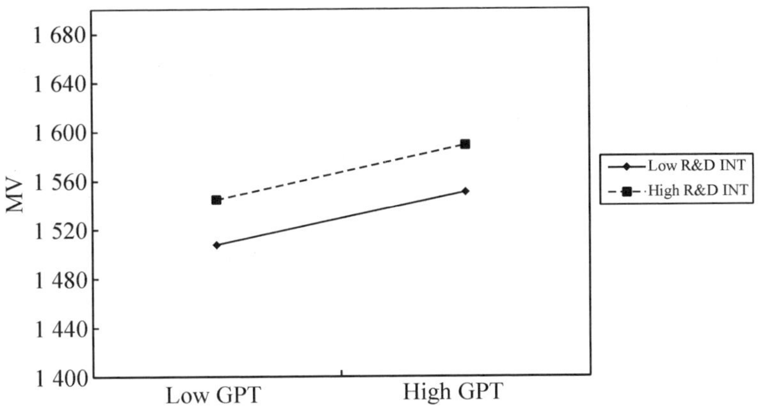

图 6-10　吸收能力对主动型绿色产品创新与 MV 关系的调节作用

（资料来源：作者自制）

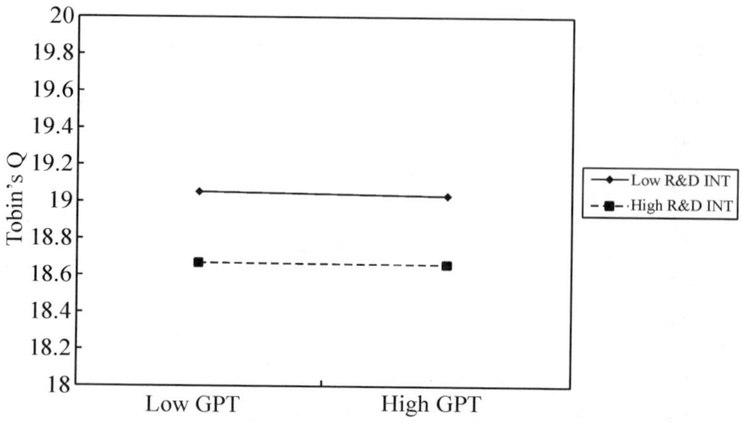

图 6-11　吸收能力对主动型绿色产品创新与 Tobin's Q 关系的调节作用

（资料来源：作者自制）

6.4.7　进一步分析

企业特征会影响绿色技术创新与企业财务绩效之间的关系（Dixon-Fowler et al.，2013），如企业规模，它是影响创新的决定性因素（Chun et al.，2015；Woo et al.，2014）。先前的一些研究已经指出了大型企业和中小型企业之间的战略差异，探讨了不同规模的企业是否从环境创新中受益更多或更少（Clemens，2005）。鉴于此，我们进一步从企业规模异质性角度补充主动型绿色技术创新对企业财务绩效影响的分析。我们以企业规模的第二个四分位数（数据集的中位数）作为切点，将数据分成两半，50%的测量值位于中位数以下（称为中小型企业），50% 位于中位数以上（称为大型企业）。

表 6-8 中的结果显示，中小型半导体企业实施主动型绿色技术创新（包括主动型绿色工艺创新和主动型绿色产品创新）对企业财务绩效具有显著的影响。一方面，结果显示 ROA 和 ROE 的相关系数分别为 0.076 0（$p<0.01$）和 0.120 3（$p<0.01$），PE、MV 和托宾 Q 值的相关系数分别为 174.464 7（$p<0.01$）、0.234 0（$p<0.01$）和 2.253 6（$p<0.01$），说明企业实施主动型绿色工艺创新对企业短期财务绩效和长期财务绩效产生了显著的积极影响；另一方面，实施主动型绿色产品创新对企业短期财务绩效产生了显著的负面影响，如 ROA 和 ROE 的相关系数分别为-0.002 9（$p<0.01$）和-0.005 3（$p<0.01$）。有趣的是，企业实施主动型绿色产品创新

对企业长期财务绩效具有显著的正向影响，如 PE、MV 和托宾 Q 值的相关系数分别为 6.205 6（$p<0.01$）、0.034 6（$p<0.01$）和 0.051 8（$p<0.01$）。然而，大型半导体企业实施主动型绿色工艺创新，对企业短期财务绩效没有影响，但却会对企业长期财务绩效产生显著的负面影响。恰恰相反，实施主动型绿色产品创新在短期内会产生显著的负面影响，然而，这并不影响他们的长期财务业绩。因此，综合来看，中小型半导体企业实施主动型绿色技术创新在财务绩效上比大型半导体企业更有优势。换句话说，中小型半导体企业可以通过实施主动型绿色技术创新来实现更高水平的财务绩效。这一发现与 Lin 等（2019b）的观点一致。他们的结论是，企业规模越大，绿色技术创新战略对财务绩效的负面影响就越大。这一结果也与 Aragón-Correa 等（2008）的观点一致，他们认为中小型企业凭借其独特的战略特征可以创造卓越的财务绩效。这个结果可能是由三个原因造成的：一是中小型企业的组织结构更加灵活，并且更加独立于机构官僚机构（Leal-Rodríguez et al.，2015），这种灵活性被认为是相对于大型企业的竞争优势的重要资源（Appiah - Adu and Singh，1998；Fiegenbaum and Karnani，1991）。为了增加市场份额，中小型企业可以迅速抓住机会增加创新资源，从而提高财务绩效（Lin et al.，2019b）。二是虽然中小型企业不太可能像大型企业那样采取尽可能多的环境实践，但中小型企业可能对投资者和环保客户等利益相关者的压力更加敏感（Darnall et al.，2010），他们会以更为积极的态度回应利益相关者的关切，以赢得青睐，从而带来良好的社会声誉，赢得市场份额，提高其财务业绩。三是从资源获取的角度来看，虽然大型企业在创新资源方面比中小型企业具有明显优势，但机构的成本（如资本的低效利用）反而可能会降低其战略收益（Lin et al.，2019b）。

表 6-8　不同规模企业的异质性

Variables	Large-Scale					Small and Medium-Scale				
	ROA	ROE	PE	MV	Tobin's Q	ROA	ROE	PE	MV	Tobin's Q
L. ROA	0. 065 3***					0. 488 8***				
	(0. 01)					(0. 02)				
L. ROE		-0. 065 4***					0. 319 1***			
		(0. 01)					(0. 01)			
L. PE			0. 485 0***					-0. 040 2***		
			(0. 00)					(0. 00)		
L. MV				0. 032 7***					0. 050 6***	
				(0. 01)					(0. 01)	
L. Tobin's Q					0. 211 5***					0. 243 5***
					(0. 02)					(0. 01)
PG	-0. 000 5	-0. 000 3	-3. 403 0	0. 002 0	-0. 013 1	-0. 004 1***	-0. 010 2***	-14. 568 2***	-0. 013 2***	-0. 063 5***
	(0. 00)	(0. 00)	(0. 43)	(0. 00)	(0. 01)	(0. 00)	(0. 00)	(0. 49)	(0. 00)	(0. 02)
EPI	0. 013 4	0. 076 1	-564. 089 0***	-0. 485 6***	-0. 531 4*	0. 076 0***	0. 120 3***	174. 464 7***	0. 234 0***	2. 253 6***
	(0. 02)	(0. 13)	(37. 76)	(0. 18)	(2. 42)	(0. 01)	(0. 02)	(17. 92)	(0. 06)	(0. 39)
GPT	-0. 009 2***	-0. 014 3***	24. 198 6	0. 005 2	0. 029 3	-0. 002 9***	-0. 005 3***	6. 205 6***	0. 034 6***	0. 051 8***
	(0. 00)	(0. 00)	(2. 32)	(0. 01)	(0. 02)	(0. 00)	(0. 00)	(0. 74)	(0. 01)	(0. 01)
LEV	-0. 080 8***	-0. 153 0***	108. 115 9***	-0. 177 1***	-1. 736 5***	-0. 118 7***	-0. 140 1***	-133. 417 0***	0. 108 0**	-0. 135 9
	(0. 01)	(0. 02)	(7. 37)	(0. 05)	(0. 25)	(0. 01)	(0. 02)	(9. 63)	(0. 04)	(0. 30)

表6-8(续)

Variables	Large-Scale					Small and Medium-Scale				
	ROA	ROE	PE	MV	Tobin's Q	ROA	ROE	PE	MV	Tobin's Q
Size	-0.005 4*	0.027 7***	-36.600 9***	0.494 7***	-0.897 7***	0.054 4***	0.061 7***	-153.586 5***	0.736 4***	-1.737 2***
	(0.00)	(0.00)	(3.59)	(0.02)	(0.09)	(0.00)	(0.00)	(4.79)	(0.02)	(0.14)
Age	-0.170 3***	-0.315 2***	63.507 1*	-0.620 1***	-0.463 4	-0.179 1***	-0.204 2***	-26.212 9*	-0.155 4	-1.427 8
	(0.02)	(0.06)	(34.50)	(0.14)	(0.35)	(0.02)	(0.04)	(14.63)	(0.21)	(1.33)
CAP INT	-0.004 5***	-0.014 5***	5.481 1***	-0.005 0	-0.038 0*	-0.011 6***	-0.017 1***	17.095 0***	-0.045 5***	-0.249 8***
	(0.00)	(0.00)	(1.39)	(0.00)	(0.02)	(0.00)	(0.00)	(0.99)	(0.00)	(0.02)
Top1	-0.136 3***	-0.101 7***	-12.891 3	-0.668 2***	-1.959 7**	0.205 8***	0.363 9***	-290.610 9***	1.272 8***	2.436 6***
	(0.01)	(0.04)	(22.10)	(0.12)	(0.77)	(0.03)	(0.03)	(9.38)	(0.16)	(0.72)
Constant	0.799 3***	0.550 5***	613.441 5***	13.158 9***	26.612 3***	-0.608 1***	-0.706 8***	512.595 3***	5.795 1***	46.022 2***
	(0.08)	(0.19)	(90.92)	(0.22)	(2.32)	(0.14)	(0.13)	(103.70)	(1.21)	(5.63)
AR (2)	0.174	0.148	0.897	0.767	0.237	0.412	0.726	0.764	0.343	0.950
Sargan	0.680	0.997	0.615	1.000	0.997	0.747	0.996	0.357	0.993	0.998
Observations	375	375	375	375	375	261	261	261	261	261
stkcd	77	77	77	77	77	83	83	83	83	83
Wald test	58 638	22 491	1.040×10^8	191 517	40 564	7.114×10^6	2.180×10^7	4.200×10^8	3.680×10^7	2.483×10^6

注：***、**、*分别表示 p 值在 1%、5%、10%的水平下显著；括号内为标准误。

6.4.8 假设验证总结

表 6-9 为本研究中假设验证的总结，提供了半导体企业实施主动型绿色技术创新对其短期财务绩效和长期财务绩效影响的实证证据。总体而言，假设 1a、假设 1b、假设 2b、假设 3a、假设 3b 和假设 3d 得到支持，然而，假设 2a 和假设 3c 并未得到支持。

表 6-9 假设验证的总结

假设	系数	结果
假设 1a：(+) 企业主动型绿色工艺创新有利于提高企业短期财务绩效	ROA（0.037 5**） ROE（0.028 9**）	成立
假设 1b：(+) 企业主动型绿色工艺创新有利于提高企业长期财务绩效	PE（0.602 0***） MV（95.272 7***） Tobin's Q（5.147 5***）	成立
假设 2a：(+) 企业主动型绿色产品创新有利于提高企业短期财务绩效	ROA（-0.007 1***） ROE（-0.014 0***）	不成立
假设 2b：(+) 企业主动型绿色产品创新有利于提高企业长期财务绩效	PE（0.020 4***） MV（12.046 7***） Tobin's Q（0.009 5**）	成立
假设 3a：(+) 吸收能力正向调节主动型绿色工艺创新与企业短期财务绩效之间的关系	ROA（0.786 6**） ROE（0.657 1***）	成立
假设 3b：(+) 吸收能力正向调节主动型绿色工艺创新与企业长期财务绩效之间的关系	PE（2.556 9***） MV（329.404 7***） Tobin's Q（29.464 1**）	成立
假设 3c：(+) 吸收能力正向调节主动型绿色产品创新与企业短期财务绩效之间的关系	ROA（-0.000 8***） ROE（-0.002 0***）	不成立
假设 3d：(+) 吸收能力正向调节主动型绿色产品创新与企业长期财务绩效之间的关系	PE（0.006 0***） MV（3.516 1**） Tobin's Q（0.025 5***）	成立

注：***、** 分别表示 p 值在 1%、5%的水平下显著。

6.5 研究结论

6.5.1 主要发现

近年来，绿色发展是否真的具有价值，一直是商界和学术界争论的核心议题。本章研究结果阐明了这一争论，即企业采取主动型绿色技术创新可以提高企业的财务业绩。在本章研究中，我们使用差分 GMM 方法分析了 126 只中国上市半导体概念股的动态面板数据，并试图阐明在动态的发展过程中企业主动型绿色工艺创新和绿色产品创新以及企业短期财务绩效和长期财务绩效之间的关系。此外，我们还研究了吸收能力在调节这些关系中的作用。我们的主要发现和结论如下：

（1）本章的实证结果表明，企业采取主动型绿色技术创新付出的代价是非常值得的。我们发现，企业主动实施绿色工艺创新有利于提高企业的短期财务绩效和长期财务绩效。这些发现与之前研究绿色技术创新与企业绩效之间关系的文献一致（Chen et al.，2006；Tariq et al.，2019；Xie et al.，2019a），我们的研究结果反映出企业实施主动型绿色工艺创新是可以在短期内盈利的。而且，从长远来看，这种盈利能力会表现得更好，并且能够在未来为投资者带来更好的投资回报。这可能是因为，虽然绿色工艺创新需要更高的环境保护投资规模，但它可以改进现有的生产工艺或增加新的生产工艺以减少有害排放。一个企业能够实现差异化竞争，并在社会上树立良好的企业公民形象，便更容易受到消费者的青睐。这反过来又能够帮助企业获得更好的投资回报，从而证明追求主动型绿色工艺创新可以创造出环境效益和卓越的财务业绩。因此，企业应积极、主动地进行绿色工艺创新，以提升自身价值。

（2）本章的实证结果进一步表明，企业实施主动型绿色产品创新虽然不一定有利于提高企业的短期财务绩效，但有利于提高企业的长期绩效。换句话说，虽然实施主动型绿色产品创新短期内对企业财务绩效略有不利，但从长期视角来看却有利于企业绩效的提升。这为长期以来围绕绿色技术创新与企业财务绩效之间联系的争论，提供了新的思路。我们的这一研究结果与 Lu 等（2018）的结果一致。然而，与 Amores-Saladó 等（2014）的观点相反，他们认为环境产品创新对企业绩效没有统计学上的显著影响。我们发现，其具有统计意义上显著的影响，并对短期企业财务绩效产生负面影响。这可能是因为，企业实施主动型绿色产品创新需要一个漫长的过程才能产生相应的经济效益。因此，我们认为，企业积极、主动地实施绿色产品创新是值得的，投资者应着眼于长期盈利能力，通过积极实施绿色产品创新来提高财务绩效。这为关于绿色技术创新与企业财务绩效之间联系的长期争论提供了新的视角。

（3）本章的研究结果还发现吸收能力显著地调节主动型绿色技术创新与企业财务绩效之间的关系，这表明吸收能力在他们的关系中起着至关重要的作用。一方面，吸收能力正向调节企业主动型绿色工艺创新与其短期财务绩效和长期财务绩效之间的关系。这与 Xie 等（2015）的研究结果一致，他们认为，吸收能力对绿色工艺创新中的清洁技术与财务绩效之间的关系具有积极的调节作用。因此，对于主动实施绿色工艺创新的企业来说，更强的吸收能力可以为其带来短期和长期的丰厚利润。另一方面，吸收能力对主动型绿色产品创新与短期企业财务绩效之间的关系产生负向调节。然而，尽管如此，我们观察到吸收能力（研发强度）和主动绿色产品创新乘积项的相关系数的负面影响很小，这种负面调节效应不会对半导体企业的短期财务业绩产生重大影响，甚至可以认为是可以忽略不计的。更有趣的是，它积极调节了企业主动型绿色产品创新与其企业长期财务绩效之间的关系，这可能是因为吸收能力的局限，使得短期内难以推进绿色产品创新（Xie et al., 2015）。绿色产品创新要求企业具备较高的知识和技术转移能力。然而，在通常情况下，这通常涉及一个持续和长期的过程，然后企业才能有效和成功地将技术和研发活动转化为绿色产品或新产品，以满足消费者对环保产品日益增长的需求。企业主动实施绿色产品创新，能够借此更有效地获取收益（Xue et al., 2019）。这表明，尽管吸收能力在短期内未能对主动型绿色产品创新与企业财务绩效之间的关系产生正向调节作用，但从长期来看，它能够发挥正向调节功效，帮助企业更有效地开发绿色产品。因此，我们鼓励企业重视提高自身的吸收能力，主动进行绿色产品创新，如此方能为企业创造显著的未来效益。

（4）通过实施主动型绿色技术创新，中小型企业比大型企业能够更好地提高财务绩效。我们对企业规模异质性的补充分析表明，主动型绿色技术创新（包括主动型绿色工艺创新和主动型绿色产品创新）对中小型半导体企业的财务绩效具有显著的影响。具体而言，一方面，企业主动型绿色工艺创新为其短期财务绩效和长期财务绩效带来显著而积极的影响；另一方面，企业主动型绿色产品创新对其短期财务绩效产生显著的负面影响，但对其长期财务绩效产生显著的积极影响。有趣的是，大型半导体企业实施主动型绿色工艺创新和主动型绿色产品创新会分别对其短期财务绩效和长期财务绩效却产生了截然相反的影响。更具体地说，主动型绿色工艺创新对其短期财务绩效没有影响，但对其长期财务绩效会产生显著的负面影响。恰恰相反，主动型绿色产品创新在短期内会产生显著的负面影响，但这并不影响他们的长期财务业绩。

6.5.2 理论贡献

我们的研究从以下三个角度对有关该主题的文献做出了贡献。

（1）尽管一些学者已经开始关注绿色技术创新的这些维度，但他们的研究仍然极其有限。本章研究侧重更细微的视角，进一步将主动型绿色技术创新分为主动型绿色工艺创新和主动型绿色产品创新。这种分类在之前的研究中也可以说没有得到充分利用（Xie et al.，2019a；Awan et al.，2021；Wang et al.，2021），这意味着进一步缩小了现有文献的差距。

（2）财务角度是影响企业及其管理者对环境问题态度和行动的关键因素（Calza et al.，2017）。本章研究同样通过关注多维财务视角（短期财务绩效和长期财务绩效），深化了学术界对主动型绿色技术创新与财务绩效之间关系的理解。以往研究大多数仅关注主动型绿色技术创新和短期财务绩效（de Azevedo Rezende et al.，2019；Nguyen et al.，2021；Przychodzen and Przychodzen，2015；Wu et al.，2020a），然而，很少有学者全面考虑长期财务绩效来检验它们之间的关系（Okafor et al.，2021；Ruggiero and Lehkonen，2017）。有鉴于此，我们将短期财务绩效和长期财务绩效结合起来，并将其引入同一项研究中，分别考察主动型绿色技术创新对它们的影响。

（3）本研究提供了利用多理论基础更好地理解主动型绿色技术创新对企业短期财务绩效和长期财务绩效影响的新视角。它结合利益相关者理论、自然资源基础观和吸收能力理论来解释主动型绿色技术创新对企业财务绩效的影响。在同一研究中，采用较为宽泛的理论基础这种情况并不常见。据我们所知，尽管这些理论一直是该主题文献的焦点，但它们的使用方式却是分散而混乱的（Aguilera-Caracuel and Ortiz-de-Mandojana，2013；Farza et al.，2021；Ren et al.，2022；Saleem et al.，2021；Weng et al.，2015）。

6.5.3 管理启示

从我们的研究中可以得出一些管理启示。一是企业应该更主动地在绿色工艺创新上实现更卓越的投资，因为对于企业的短期财务绩效来说，它往往比产品创新更有优势，事实上，许多利益相关者更感兴趣的是及时的利润回报（Chariri et al.，2018）。二是企业应该以长远的眼光来投资这些技术，并考虑主动型绿色产品创新。正如我们的研究结果所示，从长远角度来看，它可以为企业带来更高的未来市场价值。企业致力于开发环保产品和服务，以契合消费者日益增长的环境保护意识，这对于企业成功实现可持续发展至关重要。三是企业应利用其内部吸收能力，在积极、主动地进行绿色技术创新中提高财务绩效。由于吸收能力在主动型绿色技术创新与企业财务绩效的关系中起着正向调节作用，因此，它是增强企业竞争力的重要资源，有助于企业以更积极主动的姿态开展绿色技术创新而获取可持续价值。因此，企业应努力向员工传达绿色技术的价值，增强员工的绿色技术意识。尤其是对于研发部门的员工来说，需要持续有效地学习绿色技术，以促进企业更有效地实现主动型绿色工艺创新和绿色产品创新的目标，因为他们最终会发现，付出这些代价是值得的。

此外，我们的研究结果还为国家或政府提供了具有参考价值的管理思路。一是我们建议政府借助完善环境政策来加以引导。例如，对于转向积极、主动的绿色研发的企业，政府可以提供更优质的绿色信贷，以增加对这些好孩子的支持，从而降低他们的环境成本。二是在对企业规模异质性效应的补充分析中，我们发现中小型企业比大型企业更有潜力参与主动型绿色技术创新。因此，政府还可以给予中小型企业更多的绿色补贴和环境税收优惠，如退税、税率优惠等。减轻这一群体的环境负担，激励他们以更加积极、主动的态度投身绿色技术创新，从而享受绿色投入带来的回报。

6.5.4 研究局限性及未来研究方向

本章的研究也存在一些不可忽视的局限性，这些限制可能为未来的研究提供额外的机会。一是某些潜在因素可能会改变主动型绿色技术创新与企业财务绩效之间的关系，包括股东结构异质性和投资者风险维度。我们目前的工作无法充分考虑这些因素，未来的研究应该考虑引入这些变量。二是我们的研究数据是在中国半导体上市公司的背景下获得的，不同国家可能会进行不同的主动型绿色技术创新实践，这些实践可能会带来不同的结果。未来的研究应该在其他新兴经济体进行，以确定主动型绿色技术创新与企业财务绩效之间的关系。三是我们的研究模型中的因果关系的方向是可以逆转的。例如，本研究使用企业财务绩效作为自变量，因此，在未来的研究中，可以从相反的方向对这种关系展开探索。四是我们目前的研究仅侧重主动型创新，未来的研究可以根据其来源，将绿色技术创新分为主动型绿色技术创新和反应型绿色技术创新，并将其纳入统一框架中进行研究，以进行进一步的比较探索。

7 两种类型绿色技术创新对企业财务绩效的影响——基于媒体关注视角

绿色发展的前提通常是对社会有益，但什么样的绿色发展更值得付出，其财务影响仍不确定。为了弥补这一不足，本章将两种类型（反应型和主动型）的绿色技术创新（GTI）纳入同一框架，基于2011—2021年在中国上海证券交易所和深圳证券交易所上市的半导体上市公司的数据，采用广义矩估计方法（SYS-GMM）来研究其对企业财务绩效（CFP）的影响，并予以比较分析。我们的研究结果表明，主动型绿色技术创新是对企业财务绩效产生积极影响的强大驱动力，可将其定位为具有吸引力和经济效益的投资。反之，反应型绿色技术创新则会对企业的财务业绩产生负面影响，从而引发对企业长期生存能力的质疑。此外，我们的研究还超越了这一核心关系，通过关注报刊媒体和网络媒体，探讨了媒体报道对绿色技术创新与企业财务绩效动态的调节作用。有趣的是，我们发现报刊媒体放大了绿色技术创新与企业财务绩效之间的有利联系，彰显出其在塑造观念和促进利益相关者参与方面所发挥的作用。令人惊讶的是，网络媒体削弱了这一联系，凸显了网络平台与企业财务绩效之间复杂的相互作用。此外，本章研究还强调了这样一个事实：绿色技术创新和媒体报道对企业财务绩效的影响，在较小的企业中表现得尤为显著，从而为不同规模的企业提供了具有针对性的战略启示。这些细致入微的研究结果极大地促进了我们对绿色技术创新的采用以及媒体在非正式环境监管中的作用的理解，最终为半导体企业和投资者在绿色发展环境中前行提供了极具价值的指导。

7.1 引言

对环境的日益关注使碳峰值和碳中和成为全球讨论的焦点，并引发了对经济和生态可持续性的关注（Huang et al.，2021）。例如，联合国认识到绿色经济发展和可持续增长的必要性，共同呼吁各国应对环境挑战（He et al.，2022a）。低碳和可持续发展运动将企业置于关键位置。企业是实现“碳达峰”和“碳中和”宏伟目标的关键，因为它们对环境退化有重大贡献（Wang et al.，2021）。这一角色将企业置于公众监督之下，并鼓励企业采用“绿色”创新（Zhang et al.，2022）。

在这种背景下，制度理论、合法性和利益相关者理论的视角对于理解企业行为、社会期望和财务结果之间复杂的相互作用非常有价值（Deegan，2019；Kuruppu et al.，2019）。制度理论和合法性理论认为，组织通过遵守现行规范和价值观来寻求社会合法性，以符合监管的要求，并在其环境中将自己打造为负责任和受人尊敬的实体（Buchanan，2018）。在环境可持续发展的背景下，企业采用绿色技术创新已成为对日益重视的生态责任的战略回应。因此，本章通过整合制度理论和合法性理论，探讨组织如何在追求经济效率和竞争优势的同时满足碳减排和环境保护的需求。这些理论视角能够使我们在同一框架下分析反应型绿色技术创新和主动型绿色技术创新的采用，因为深思熟虑地选择组织可以提升其合法性程度、降低风险并实现长期财务可行性（Adomako and Nguyen，2023）。此外，利益相关者理论强调了将组织目标与利益相关者利益协调和沟通的重要性（Godos-Díez et al.，2020）。根据利益相关者理论，组织受到具有不同利益的各种群体（利益相关者）的影响，包括传统上被视为主要利益相关者的所有者、雇员、供应商和客户（Clarkson，1995）以及其他利益群体（Freeman et al.，2010），如公共机构、环保组织和媒体。特别是，媒体在企业对自然环境问题的承诺中发挥着重要作用（Tolmie et al.，2020）。例如，积极的媒体报道可以使企业的绿色技术举措合法化，从而吸引投资并提高财务业绩（Berkan et al.，2021）。然而，如果利益相关者认为这些举措不足或不真诚，可能会导致媒体负面报道或阻碍投资，并对财务业绩产生不利影响（Agarwal et al.，2015）。因此，在利益相关者理论框架内，审视媒体报道能够及时借助外部利益相关者群体的看法和话语来增强合法性。因此，本章研究将制度、合法性和利益相关者理论的理论基础与绿色技术采用、媒体影响力和财务绩效的现实影响联系起来，这有助于我们全面了解企业如何应对可持续发展问题。

采用绿色技术创新对节约资源、减少污染和缓解气候风险至关重要（Li et al.，2021）。绿色技术创新使企业有能力采用清洁生产方法，从而最大限度地降低环境成本，实现经济效益和环境保护的“双赢”（Xie et al.，2016；Huang and Li，2017）。以前的文献表明，为满足各利益相关方的不同环境需求，越来越多的企业参与不同的绿色技术创新活动，包括被动措施（末端污染控制）和主动措施（如环保投资和环保产品开发）（Baah et al.，2020b）。一些企业采用绿色技术进行产后污染控制，以满足（而非超越）法规的要求，这被视为“反应型绿色技术创新”行为（Chen et al.，2016）。还有一些企业自愿采用技术创新，从一开始就从根本上减少浪费、污染和能耗，这被称为“主动型绿色技术创新”（Russo and Fouts，1997）。然而，关于反应型绿色技术创新和主动型绿色技术创新对企业财务绩效影响的研究结果并不一致，也没有定论。一些研究表明，主动型绿色技术创新对企业财务绩效有积极影响（Chan et al.，2022），而另一些研究则认为它有消极影响（Baah et al.，2020a）。同样，关于反应型绿色技术创新对企业财务绩效的影响，也有相互矛盾的证据。特别是该采取主动型绿色技术创新还是该采取反应型绿色技术创新，哪种类型更值得付出代价，存在分歧（Endrikat et al.，2014；Baah et al.，2020b；Dixon-Fowler et al.，2013；Ji et al.，2019）。因此，将反应型绿色技术创新和主动型绿色技术创新纳入同一框架，并对其企业层面的财务绩效的影响在很大程度上仍未得到探讨。因此，我们的第一个和第二个研究问题如下：

问题 1：采用反应型绿色技术创新是否会提高企业财务绩效？

问题 2：采用主动型绿色技术创新是否能提高企业财务绩效？

此外，在数字时代，企业的环境行为和绿色技术创新活动也吸引了越来越多的媒体关注（Wang et al.，2022）。媒体报道作为“意见领袖”，已成为影响企业进行绿色技术创新、声誉和盈利能力的关键因素（Bednar，2012；Chen et al.，2022），甚至会导致负面的“洗绿”行为（Sun et al.，2019）。然而，有关媒体报道类型对绿色技术创新与企业财务绩效之间的关系尚未得到充分讨论。因此，我们的第三个研究问题如下：

问题3：媒体报道（正面/负面）如何调节反应型绿色技术创新和主动型绿色技术创新与企业财务绩效之间的关系？

为了弥补这些不足，我们使用了2011—2021年在中国上海证券交易所和深圳证券交易所上市的半导体上市公司的数据。我们采用广义矩方法的动态面板数据系统来研究绿色技术创新对企业财务绩效的影响。鉴于媒体报道的“双刃剑”特性，我们打算研究媒体报道如何调节绿色技术创新对企业财务绩效的影响。与我们的第一份数据一致，反应型绿色技术创新大幅降低了企业财务绩效，而主动型绿色技术创新则显著提高了企业财务绩效。此外，报刊媒体和网络媒体报道往往会将绿色技术创新对企业财务绩效的影响降至最低程度。

本研究在理论和实证方面做出了多项贡献：一是基于制度合法性理论，揭示企业为获得合法性和提高财务业绩，如何战略性地运用反应型绿色技术创新和主动型绿色技术创新。二是在同一框架下解释反应型绿色技术创新和主动型绿色技术创新的研究结果强化了绿色技术创新相关的文献。同时通过研究它们对多维度企业财务绩效的不同影响，可以深入了解企业财务绩效动机是如何影响财务结果的。三是通过区分报刊媒体和网络媒体及其调节作用，完善了媒体理论。这阐明了媒体言论如何影响绿色技术创新与财务业绩之间的关系。此外，本研究还提供了新的微观证据，说明反应型绿色技术创新和主动型绿色技术创新如何影响盈利能力、偿付能力、运营和风险，以及如何克服冲突。此外，本研究还揭示了在中国具有战略意义但研究不足的半导体行业部署绿色技术创新的情况（Kong et al.，2016；Sueyoshi and Ryu，2020）。四是本研究还揭示了报刊媒体与网络媒体对绿色技术创新财务效应的调节作用，这些都是现有文献亟须填补的空白。

7.2 理论发展和研究假设

7.2.1 反应型绿色技术创新与企业财务绩效

制度理论认为，组织面临着遵守制度规范的压力，而制度规范越来越强调环境的可持续发展（Berrone et al.，2013），因此，不合规会损害企业的合法性和生存前景（Doran and Ryan，2012）。同样，合法性理论认为，当公众或监管利益相关者施加压力时，企业可以通过实施绿色实践获得社会认可和合法性（Scott，2008），这种外部导向可能会迫使管理者对环境问题采取被动的态度（Saleem et al.，2021）。事实上，被动的环境实践往往占上风，尤其是在发展中国家（Baah et al.，2020b）。然而，以往的研究认为，采用绿色生产模式会给企业造成财务负担，这是由于监管机构和公众对企业投资环保技术施加了压力（Kim and Lee，2012；Baah et al.，2020b）。因此，为了避免商誉和市场份额受损，企业可能会被迫进行绿色技术创新，而不是主动这样做。制裁和诉讼的威胁使企业别无选择，只能遵从，这与 King 和 Lenox（2009）的观点一致，他们认为被动的环保生产会产生财务成本。因此，我们提出假设 1。

假设 1：反应型绿色技术创新不利于提高企业财务绩效。

7.2.2 主动型绿色技术创新与企业财务绩效

根据合法性理论和利益相关者理论，企业采用环境创新和实践是为了获得社会认可和满足利益相关者的期望（Fliaster and Kolloch，2017）。以往的研究表明，利益相关者的压力推动了积极的环保实践（Alt et al.，2015），如社会利益相关者或公共利益团体（如投资者、环保组织和环保主义者客户）强调自愿规范在企业环保实践中的重要性（Vilchez et al.，2017）。学者们一致认为，采用主动型绿色技术创新可以满足利益相关者的需求，从而提高企业财务绩效（Chan et al.，2022；Vargas-Santander et al.，2023）。此外，企业参与绿色实践的能力可以被视为企业创造可持续价值的独特关键资源（Seroka-Stolka and Fijorek，2020）。因此，主动型绿色技术创新可以帮助企业获得对其可持续发展至关重要的外部资源，如人才、资金和政府支持。同时，主动实施绿色技术创新的企业还能提高其社会声誉（Shah and Soomro，2021）。它也是一种重要的无形资产，有助于企业树立绿色形象，从而获得投资者和环保人士的青睐，提高企业的可持续发展能力（Chen et al.，2012；Adomako et al.，2021）。因此，我们提出假设 2。

假设 2：实施主动型绿色技术创新有助于提高企业财务绩效。

7.2.3 媒体报道的调节作用

根据利益相关者理论，组织会受到各种利益群体（利益相关者）的影响，包括所有者、员工、供应商和客户，以及其他利益群体（Freeman et al.，2010），如媒体、公共机构和环保组织。作为利益相关者，媒体可以对企业的环境管理实践施加监管影响，起到非正式“监督者”的作用（Rupley et al.，2012）。具体来说，“聚光灯效应”促使企业承认持续的公众监督，从而促进企业履行责任。面对监督，具有可持续商业实践的企业很可能会与新兴的社会趋势保持一致（Graf-Vlachy et al.，2020）。此外，媒体的监督作用可以解决“松懈”的管理者为了个人利益而忽视责任的问题（Dai et al.，2021）。因此，媒体的聚焦能够阻止那些无视社会福利的决策。此外，媒体报道会影响其声誉（Agarwal et al.，2015），当媒体报道一家企业的环境违法违规行为时，通常会向公众传播负面信号，可能会对企业的声誉造成重大损害。为了降低这种风险，企业领导者可能会实施被动的绿色技术创新作为挽回市场声誉和竞争的短期策略（Li et al.，2017）。然而，从长远来看，企业有可能通过积极、主动的绿色技术创新举措来降低环境合规费用，从而提高其环境绩效（Wang et al.，2022），从而增强企业的长期盈利能力，赢得市场投资者的信心。

此外，学术界还根据传播渠道对传统报刊媒体和网络媒体的报道进行了区分（Wu et al.，2022；Ren et al.，2022）。例如，Zhang 等（2022）认为，报刊媒体和网络媒体对企业行为产生了深刻影响，其中报刊媒体对企业环境治理的影响相对更为显著。随着互联网的不断发展，网络媒体已成为个人收集企业信息的重要来源（Liu and Wang，2022）。鉴于互联网的广泛使用，如今媒体的覆盖范围已经超出了传统报刊媒体。因此，我们认为，传统报刊媒体和网络媒体的报道在绿色技术创新与企业财务绩效的关系中起着调节作用。因此，我们提出假设 3a、假设 3b、假设 3c、假设 3d。

假设 3a：报刊媒体报道对反应型绿色技术创新与企业财务绩效之间的关系起着调节作用。

假设 3b：报刊媒体报道对主动型绿色技术创新与企业财务绩效之间的关系起着积极的调节作用。

假设 3c：网络媒体报道对反应型绿色技术创新与企业财务绩效之间的关系起着积极的调节作用。

假设 3d：网络媒体报道对主动型绿色技术创新与企业财务绩效之间的关系起着积极的调节作用。

我们将以上假设构建为一个概念模型，如图 7-1 所示。

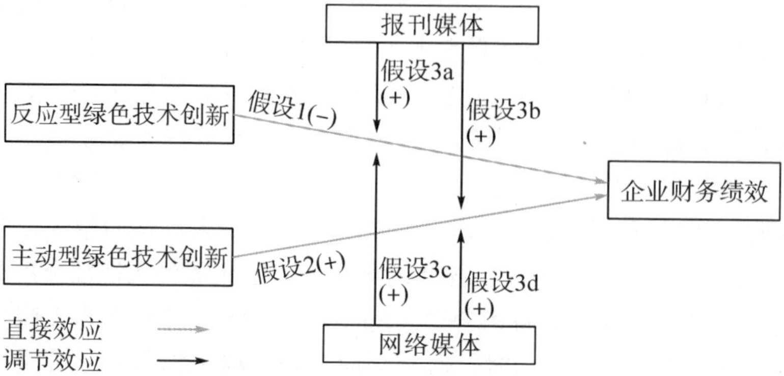

图 7-1　理论模型

（资料来源：作者自制）

7.3　研究方法

7.3.1　样本和数据来源

我们的研究利用了 2011—2021 年在上海和深圳证券交易所上市的中国半导体股票的数据。选择该样本主要是源于：半导体行业作为信息技术时代制造业的基础组成部分，产生了极为棘手且影响重大的环境问题。因此，按照以往研究的方法，对样本进行了如下筛选：一是结合《国民经济行业分类》（GB/T 4754-2017）中的企业分类，根据中国国家产业分类，精确定位所有与半导体概念股相关的、被归入制造业大类（C 类）的企业；二是人工检索中国上海和深圳证券交易所的半导体概念股；三是将检索结果与中国半导体行业协会（CSIA）现有会员名录相结合，剔除数据缺失的企业。这样，我们得到了 141 家采取反应型绿色技术创新的中国上市半导体概念股样本和 127 家主动型绿色技术创新的股票样本。由此得到的样本包括一个从 2011 年到 2021 年的动态面板数据集。

我们研究的数据源于多个方面：一是反应型绿色技术创新的相关数据是根据《上市公司环境信息披露指引（2010 年征求意见稿）》中详细的环境排放清单手工编制的；二是主动型绿色技术创新的相关数据来自中国股

票市场会计研究（CSMAR）和 WIND 两个数据库；三是与企业财务绩效变量相关的信息是从 CSMAR 数据库中提取的，该数据库是中国企业研究中经常使用的资源（Li and Lu，2020）；四是媒体报道数据取自中国研究数据服务平台（CNRDS）开发的中国上市公司财经新闻数据库，该数据库是早期研究中使用的来源（Cheng et al.，2022），该数据库涵盖了 600 多种重要报纸（You et al.，2018）、8 种中国主要财经报纸、500 多种其他值得注意的报纸和出版物以及 400 多家大型网站、特定行业网站和本地网站的新闻数据。

7.3.2 变量测度

7.3.2.1 被解释变量

在本节中，我们将按照（Bărbuţă-Mişu et al.，2019）的研究方法，从四个不同的维度划分我们在研究中用于衡量企业财务绩效（CFP）的关键被解释变量。一是盈利能力是企业财务绩效的一个基本方面。为衡量盈利能力，我们采用了广受认可的资产回报率（ROA）指标（Russo and Fouts，1997；Rezende et al.，2019）。ROA 的计算方法是净收入与平均总资产的比率。二是运营能力。这种能力加强了企业的资产管理，提高了资产使用效率。一般而言，运营能力评估考虑的因素包括存货周转率、应收账款周转率和固定资产周转率（Pan et al.，2016；Yan et al.，2022）。有鉴于此，我们用存货周转率（计算方法是运营成本除以平均存货占用率）来衡量运营效率。三是偿债能力。企业的偿债能力是衡量其经济实力和财务状况的重要指标。我们通过考察债务资产比来评估企业的偿付能力，其计算方法是总负债除以总资产（Gryglewicz，2011）。四是抗风险能力，它代表企业抵御各种经营不确定性所带来不利影响的能力。与之前的研究（Lei et al.，2018；Sarkar，2020）相符，我们将财务杠杆程度（DFL）作为衡量企业抗风险能力的指标。

7.3.2.2 解释变量

在本章中，我们借鉴已有的方法和先前的研究成果，详细阐述关键自变量的选择和测量，包括反应型绿色技术创新和主动型绿色技术创新。

（1）关于反应型绿色技术创新的测量。我们根据以往的文献（Wu et

al.，2020b），选择了环境污染治理（EPG）作为反应型绿色技术创新的衡量变量，并将其命名为 reactive_GTI。该指标源于《上市公司环境信息披露指引》（2010 年征求意见稿）中列出的环境绩效和治理披露要素的详尽清单。具体来说，环境污染治理衡量包括以下关键要素：一是减少废气排放，二是减少废水排放，三是减少烟尘和粉尘，四是固体废弃物处置和利用，五是噪声、光和辐射治理，六是实施清洁生产。正如 Wu 等（2020a）和 Li 等（2021）所指出的，每个要素都会对企业的环境污染治理分数有所贡献。在我们的研究中，我们将当年每个要素的得分相加，计算出环境污染治理的总分。这种评分方法为每个项目分配一分，从而得出反映企业环境污染治理的累计分数。最后，我们将累计的环境污染治理分数加 1，然后取对数。

（2）关于主动型绿色技术创新的测度。学术界通常根据专利申请和授权的数量来代表技术创新（Lee，2011），因此，我们将绿色专利作为主动型绿色技术创新举措的可靠、客观指标（Amore and Bennedsen，2016）。根据已有的研究实践（Kim et al.，2021；Liao，2020），我们采用国际专利分类（IPC）代码来识别绿色专利，每项专利都与一个或多个 IPC 代码相关联，表明其技术领域。我们使用这些 IPC 代码对专利进行人工审查，同时与 IPC 绿色目录进行交叉比对，通过这种严格的流程确定的绿色专利代表着重大的技术进步（Tan et al.，2020）。与之前的研究结果一致（Tariq et al.，2019），我们对主动型绿色技术创新的指标基于绿色专利的总数，包括绿色专利申请和已授权的绿色专利，并命名为 proactive_GTI。

7.3.2.3 调节变量——媒体报道

与 Wu 等（2022）采用的研究方法一致，我们使用 Janis-Fadner 系数来衡量媒体报道中的报刊媒体和网络媒体数据的调节作用。Janis 和 Fadner（1965）提出了 Janis-Fadner 系数作为内容分析指标，同时，Clarkson（2011）也使用 Janis-Fadner 系数评估了舆论监督对企业环境合法性的压力。Janis-Fadner 系数的取值范围在-1～1，取值为 1 表示正面报道较多，取值接近-1，表示正面报道较少。用于计算 Janis-Fadner 指数的公式如下：

$$\text{J}-\text{F Coefficient}=\begin{cases}\dfrac{e^2-ec}{t^2},\ if\ e>c\\ \dfrac{ec-c^2}{t^2},\ if\ e<c\\ 0,\ if\ e=c\end{cases} \tag{7-1}$$

在上述公式中，e 表示媒体对企业环境行为的正面报道，c 表示媒体对企业环境行为的负面报道，t 表示正面报道和负面报道的总和。

7.3.2.4 控制变量

本研究包含四个影响绿色技术创新与企业财务绩效之间关系的控制变量。一是企业规模。根据 Lee 和 Min（2015）的建议，企业规模用总资产的自然对数（lnTA）来衡量。二是企业年龄。根据 Cheng 等（2014）的建议，企业年龄表示自企业成立以来的年限。三是根据 Wu 等（2020a）的研究，资本密集度（CI）是影响企业财务绩效的一个已知因素，它被定义为总资产与营业收入的比率。四是按照 Chen 和 Ma（2021）的方法，将第一大股东的持股比例包括在内，并计算为第一大股东所持股份占总股份的比例。这些控制变量提升了我们分析的全面程度，在对潜在外部因素加以控制的同时，确保我们能更深入细致地洞悉绿色技术创新与企业财务绩效之间的相互作用。表 7-1 全面概述了所有定义的变量，包括其测量值和相应的定义。

表 7-1 变量定义和测量

变量		名称	符号	测量	定义
被解释变量	企业财务绩效	盈利能力	ROA	总资产收益率	净利润/总资产平均余额
		运营能力	IT	存货周转率	营业成本/存货平均占用额
		偿债能力	Debt	资产负债率	负债总额/资产总额
		抗风险能力	DFL	财务杠杆系数	(净利润+所得税费用+财务费用)/(净利润+所得税费用)
解释变量	绿色技术创新	反应型绿色技术创新	reactive_GTI	环境污染治理	(每年环境污染治理六项总分+1)取对数
		主动型绿色技术创新	proactive_GTI	绿色专利合计	绿色专利申请数+绿色专利获得数

表7-1(续)

变量		名称	符号	测量	定义
调节变量	媒体关注	报刊媒体关注	Media_print	J-F 系数	见公式(7-1)
		网络媒体关注	Media_new		
控制变量	—	企业规模	Size	总资产对数	上市公司期末总资产取对数
		企业年龄	Age	企业年龄取对数	上市公司所在年度与成立年度的差值取对数
		资本密集度	CI	—	总资产/营业收入
		第一大股东持股比例	Top1	—	第一大股东持股数/股份总数
		年份	Year	年份虚拟变量	如果属于该年份,则为 1;否则为 0

资料来源：作者自制。

7.3.3 实证模型构建

7.3.3.1 基准模型

为了检验本章研究的假设，我们采用了系统广义矩法。这是一种由 Arellano 和 Bover（1995）以及 Blundell 和 Bond（1998）提出的动态面板数据方法。该方法能有效处理动态面板偏差以及自变量与误差项之间的相关性可能导致的内生性等问题（Zaefarian et al.，2017）。SYS-GMM 方法能在回归模型中提供可靠、高效的估计值，即使自变量并非严格意义上的外生变量，即自变量与过去和现在的误差发生相关，尤其是在存在自相关和异方差的情况下。此外，SYS-GMM 方法通过使用非相关变量作为所有滞后因变量和内生变量的工具来处理内生性问题（Roodman，2009b）。该方法假定工具的首次差分与企业特定效应无关，从而能够纳入额外的工具，从而进一步提高了效率（Roodman，2009a）。

本章研究评估了反应型绿色技术创新和主动型绿色技术创新与企业财务绩效（包括盈利能力、运营能力、偿债能力和抗风险能力）之间的关系以及其滞后值，并且包括一组公司层面的控制变量（公司规模、公司年龄、资本密集度、第一大股东持股比例和年份虚拟变量）。这些变量被认为是预定的而非内生的协变量。其方程式如下：

$$CFP_{i,t} = \alpha + \beta CFP_{i,t-1} + \gamma reactive\_GTI_{it} + \sum Controls_{it} + \mu_i + \varphi_t + \varepsilon_{it} \tag{7-2}$$

$$CFP_{i,t} = \alpha + \beta CFP_{i,t-1} + \delta proactive\_GTI_{it} + \sum Controls_{it} + \mu_i + \varphi_t + \varepsilon_{it} \tag{7-3}$$

其中，

- CFP_{it} 囊括了 i 公司在 t 时间的财务绩效指标（总资产收益率、存货周转率、资产负债率和财务杠杆系数），并对每个财务绩效指标都要构建一个不同的模型，从而对四个模型进行检验。
- α 为截距项。
- β，$\gamma and \delta$ 是系数参数。
- $reactive\_GTI_{it}$ 为（每年环境污染治理项目总得分+1）取对数，描述一个环境污染治理项目得 1 分，描述两个项目得 2 分，以此类推；否则得 0 分。
- $proactive\_GTI_{it}$ 为绿色专利申请数+绿色专利获得数。
- $Controls_{it}$ 为第 i 家公司在时间 t 的控制变量（企业规模、企业年龄、资本密集度和第一大股东持股比例）。
- μ_i 测量特定公司（固定效应）。
- φ_t 为时间的哑变量。
- ε_{it} 表示扰动项，反映在不同的企业 i 和不同的时间段 t 存在差异。

为了验证 SYS-GMM 估计的可靠性，我们进行了三个关键的诊断测试。根据 Arellano 和 Bond（1991）的方法，我们进行了第一次检验，以确保误差项不存在序列相关性。结果显示，AR（2）检验的 p 值高于 0.05，支持了扰动项不存在自相关性的原假设。这意味着，我们的模型不存在二阶序列自相关。接下来，我们验证了工具和误差项的独立性。我们采用 Hansen（1982）的过度识别限制检验。之所以选择 Hansen 检验，是因为即使误差项存在异序和/或序列相关性，它也能提供稳健的结果。结果显示 p 值大于 0.05，支持了所有工具变量均有效的初始假设，表明我们选择的工具是合适的。最后，我们进行了 Wald 检验，p 值为 0.000，表明模型具有极好的共同显著性。

7.3.3.2 调节效应模型

我们假设媒体报道在绿色技术创新对企业财务绩效的影响中起调节作用（假设 3a、假设 3b、假设 3c 和假设 3d）。交互项包含在方程式（7-4）和方程式（7-5）中，具体如下：

$$CFP_{i,t} = \alpha + \beta CFP_{i,t-1} + \gamma_1 reactive\_GTI_{it} + \gamma_2 Media\_print + \gamma_3 Media\_new + \gamma_4 (Media\_print \times reactive\_GTI)_{it} + \gamma_5 (Media\_new \times reactive\_GTI)_{it} + \sum Controls_{it} + \mu_i + \varphi_t + \varepsilon_{it} \quad (7-4)$$

$$CFP_{i,t} = \alpha + \beta CFP_{i,t-1} + \delta_1 proactive\_GTI_{it} + \delta_2 Media\_print + \delta_3 Media\_new + \delta_4 (Media\_print \times proactive\_GTI)_{it} + \delta_5 (Media\_new \times proactive\_GTI)_{it} + \sum Controls_{it} + \mu_i + \varphi_t + \varepsilon_{it} \quad (7-5)$$

其中，

- Print_Media 为第 i 公司在 t 时间的报刊媒体数据中的 Janis-Fadner 系数。
- New_Media 为第 i 公司在 t 时间的网络媒体数据中的 Janis-Fadner 系数。
- Print_Media×reactive_GTI 和 New_Media×reactive_GTI 分别为反应型绿色技术创新与报刊媒体报道和网络媒体报道的交乘项。
- Print_Media×proactive_GTI 和 New_Media×proactive_GTI 分别为主动型绿色技术创新与报刊媒体报道和网络媒体报道的交乘项。

7.4 结果与讨论

7.4.1 描述性统计

表 7-2 报告了描述性统计。总资产收益率、存货周转率和资产负债率的平均值分别为 0.048、4.760 和 0.375，这表明样本企业的盈利能力、运营能力和偿债能力平均为 4.8%、476% 和 37.5%；而财务杠杆率的最小值

为 0. 019、最大值为 7. 230，这表明样本公司的风险存在差异。反应型绿色技术创新和主动型绿色技术创新的标准差分别为 1. 794 和 1. 575。这表明，与主动型绿色技术创新相比，反应型绿色技术创新的样本公司更有可能具有明显的倾向性。同样，报刊媒体（Media_print）和网络媒体（Media_new）的标准差分别为 0. 435 和 0. 224，这表明，相较于网络媒体，样本企业在报刊媒体关注方面的分布更为离散。此外，在控制变量中，Top1 的标准差最小，表明第一股东持股比例的离散趋势最弱。

表 7-2　描述性统计

变量	观测值	均值	标准差	最小值	最大值
ROA	1 565	0. 048	0. 058	-0. 169	0. 245
IT	1 565	4. 760	4. 168	0. 175	25. 982
Debt	1 565	0. 375	0. 196	0. 038	0. 859
DFL	1 565	1. 359	0. 982	0. 019	7. 230
reactive_GTI	1 565	1. 328	1. 794	0. 000	6. 000
proactive_GTI	1 565	1. 862	1. 575	0. 000	6. 675
Media_print	1 565	0. 381	0. 435	-1. 000	1. 000
Media_new	1 565	0. 175	0. 224	-0. 512	0. 691
Size	1 565	21. 975	1. 258	19. 206	26. 547
Age	1 565	2. 771	0. 397	1. 386	3. 555
CI	1 565	2. 677	2. 258	0. 354	15. 150
Top1	1 565	0. 319	0. 150	0. 086	0. 719

资料来源：作者自制。

7. 4. 2　相关性

表 7-3 列出了各变量的皮尔逊相关系数。结果表明，反应型绿色技术创新和主动型绿色技术创新与企业财务绩效显著相关。此外，这两种形式的绿色技术创新还与媒体报道相关。

表 7-3 相关矩阵分析

Variables	ROA	IT	Debt	DFL	reactive_GTI	proactive_GTI	Media_print	Media_new	Size	Age	CI	Top1
ROA	1.000											
IT	-0.016	1.000										
Debt	-0.370***	0.159***	1.000									
DFL	-0.303***	0.006	0.405***	1.000								
reactive_GTI	-0.067***	0.154***	0.168***	0.032	1.000							
proactive_GTI	-0.043*	0.017	0.322***	0.083***	0.165***	1.000						
Media_print	-0.009	-0.008	0.031	-0.012	0.167***	0.124***	1.000					
Media_new	0.213***	-0.040	-0.066***	-0.093***	0.030	0.158***	0.245***	1.000				
Size	-0.057**	0.025	0.458***	0.137***	0.299***	0.610***	0.153***	0.122***	1.000			
Age	-0.093***	0.141***	0.215***	0.061**	0.242***	0.060**	0.137***	-0.062**	0.193***	1.000		
CI	-0.149***	-0.396***	-0.178***	-0.061**	-0.169***	-0.121***	-0.057**	-0.053**	-0.041	0.013	1.000	
Top1	0.099***	0.069***	0.106***	-0.083***	-0.110***	-0.062**	-0.091***	-0.018	0.092***	-0.054**	-0.018	1.000

注：***、** 和 * 分别表示在 1%、5% 和 10%的水平上的显著性。

7.4.3 多重共线性检验

如表 7-4 所示，我们的数据显示出较低的 VIF 值，表明我们的模型不存在多重共线性问题。因此，我们可以继续进行回归分析。

表 7-4 方差膨胀因子（VIF）分析

Variables	VIF	1/VIF
reactive_GTI	1.200	0.833
proactive_GTI	1.670	0.598 8
Size	1.140	0.877
Age	1.090	0.917
CI	1.030	0.971
Top1	1.030	0.971
Mean VIF	1.100	0.909

资料来源：作者自制。

7.4.4 基准回归分析

假设 1 认为反应型绿色技术创新会对企业的财务业绩造成损害。表 7-5 显示的结果表明，第 1~4 列中的反应型绿色技术创新（reactive_GTI）系数一直为负，且在统计上具有显著性。这有力地支持了假设 1。模型 1（γmodel 1=-0.001 58，$p<0.01$）、模型 2（γmodel 2=-0.103，$p<0.01$）、模型 3（γmodel 3=-0.001 02，$p<0.05$）和模型 4（γmodel 4=-0.028 1，$p<0.01$）表明，实施反应型绿色技术创新后，资产回报率、存货周转率、资产负债率和财务杠杆率分别平均下降了 0.158%、10.3%、0.102% 和 2.81%。这些结果表明，采用反应型绿色技术创新的企业盈利能力、运营效率和偿债能力显著下降，风险增加，表明反应型绿色技术创新会对企业财务绩效造成损害。这支持了 Liu 和 Wang（2022）以及 Baah 等（2020a）的结论，他们认为反应型绿色技术创新对企业财务绩效有负面影响。这与 Ji 等（2019）的研究结果形成了鲜明对比，后者认为反应型绿色技术创新在短期内是有利可图的。我们假设，这种差异可能源于企业执行反应型绿色技术创新的额外成本，主要涉及事后环境污染管理。

表 7-5 反应型绿色技术创新对企业财务绩效的直接影响

Variables	ROA	IT	Debt	DFL
	(1)	(2)	(3)	(4)
reactive_GTI	−0.001 58***	−0.103***	−0.001 02**	−0.028 1***
	(−10.57)	(−24.77)	(−1.997)	(−23.84)
L. ROA	0.505***			
	(130.8)			
L. IT		0.825***		
		(187.1)		
L. Debt			0.689***	
			(76.29)	
L. DFL				0.487***
				(103.4)
Size	0.000 721	−0.027 4*	0.031 9***	0.120***
	(1.640)	(−1.943)	(15.75)	(43.75)
Age	−0.003 24***	0.590***	0.012 0***	0.127***
	(−4.876)	(19.18)	(4.926)	(8.825)
CI	−0.006 10***	−0.215***	−0.003 86***	−0.022 8***
	(−79.53)	(−46.94)	(−8.741)	(−22.82)
Top1	0.051 0***	0.152	0.156***	−0.522***
	(23.37)	(1.520)	(24.61)	(−21.32)
Constant	0.021 4**	0.458	−0.649***	−2.060***
	(2.009)	(1.346)	(−14.30)	(−26.02)
YEAR	YES	YES	YES	YES
Observations	1 387	1 387	1 387	1 387
Wald chi^2 (p-value)	0.000	0.000	0.000	0.000
AR (1) test (p-value)	0.000	0.000	0.000	0.002
AR (2) test (p-value)	0.268	0.104	0.152	0.267
Hansen	136.2	147.3	140.1	144.6
Hansen (p-value)	0.665	0.408	0.576	0.469

注：***、** 和 * 分别表示在 1%、5% 和 10%的水平上的显著性；括号内为 t 值和标准误差。

如表 7-6 所示，在所有列中，反应型绿色技术创新的回归系数均为统计意义上的显著正值。因此，这有力地支持了假设 2。从模型 1（系数 = 0.002 3，$p<0.05$）、模型 2（系数 = 0.141，$p<0.01$）、模型 3（系数 = 0.005 75，$p<0.01$）和模型 4（系数 = 0.058 2，$p<0.01$）中这些系数的大

小可以看出，企业实施主动型绿色技术创新平均提高了盈利能力（0.23%）、运营能力（14.1%）、偿债能力（0.575%）和抗风险能力（5.82%）。这些结果表明，主动型绿色技术创新对关键财务绩效指标具有显著的积极影响，主动采取绿色技术创新举措的企业显示出整体财务业绩的提高。这些研究结果表明，企业可以战略性地利用主动型绿色技术创新来提高环境的可持续发展能力和财务业绩，从而为将可持续发展实践纳入企业战略提供了令人信服的理由（Adomako et al.，2021；Vasileiou et al.，2022）。这些研究结果与 Chen 等（2006）、Tariq 等（2019）的研究结果一致，表明主动型绿色技术创新可以创造利润，并在未来产生卓越的投资回报。尽管需要大量投资，但主动型绿色技术创新可以改进现有生产工艺，推出环保产品，从而减少有害排放。因此，企业可以在竞争中脱颖而出，树立积极的企业形象，从而增加客户支持，提高投资回报。

表 7-6　主动型绿色技术创新对企业财务绩效的直接影响

Variables	ROA (1)	IT (2)	Debt (3)	DFL (4)
proactive_GTI	0.002 30** (2.095)	0.141*** (5.830)	0.005 75*** (4.765)	0.058 2*** (17.60)
L. ROA	0.339*** (10.22)			
L. IT		0.785*** (85.16)		
L. Debt			0.757*** (50.36)	
L. DFL				0.453*** (160.5)
Size	−0.010 6*** (−5.322)	−0.149*** (−4.366)	0.011 0*** (3.274)	0.059 8*** (19.32)
Age	0.008 07 (1.019)	0.591*** (12.00)	0.004 21 (1.000)	0.088 2*** (9.281)
CI	−0.005 94*** (−13.56)	−0.210*** (−20.91)	−0.002 50*** (−3.225)	−0.013 1*** (−16.09)
Top1	0.078 2*** (4.118)	−0.123 (−0.521)	0.078 6*** (4.826)	−0.623*** (−18.67)
Constant	0.237*** (5.922)	2.840*** (3.872)	−0.180** (−2.452)	−0.722*** (−11.64)
YEAR	YES	YES	YES	YES
Observations	1 387	1 387	1 387	1 387

表7-6(续)

Variables	ROA (1)	IT (2)	Debt (3)	DFL (4)
Wald chi^2 (p-value)	0.000	0.000	0.000	0.000
AR (1) test (p-value)	0.000	0.001	0.000	0.002
AR (2) test (p-value)	0.461	0.104	0.165	0.278
Hansen	69.22	123.2	119.0	139.8
Hansen (p-value)	0.571	0.263	0.355	0.584

注：***、** 分别表示在 1%、5% 的水平上的显著性；括号内为 t 值和标准误差。

7.4.5 媒体报道的调节作用

接下来，我们深入研究媒体报道（Media_print 和 Media_new）与反应型和主动型绿色技术创新之间的互动关系，探讨它们对绿色技术创新和企业财务绩效之间关系的影响，从而验证假设 3a、假设 3b、假设 3c 和假设 3d。表 7-7 中的结果显示，报刊媒体报道（假设 3a 和假设 3c）会放大这种核心关系，交互项"reactive_GTI×Media_print"的系数在第（1）列至第（4）列中都显示出积极的统计意义上的显著影响。因此，H3a 得到了支持。具体而言，在第 1 列（γ_4 model 1=0.003 87，$p<0.01$）、第 2 列（γ_4 model 2=0.287，$p<0.01$）、第 3 列（γ_4 model 3=0.007 08，$p<0.05$），以及第 4 列（γ_4 model 4=0.093 8，$p<0.05$）中，表明报刊媒体报道强化了对企业盈利能力、运营能力、偿债能力和抗风险能力的调节作用。这些结果表明，报刊媒体报道力度越大，反应型绿色技术创新对企业财务绩效产生的负面影响就越弱。此外，表 7-7 显示，交互项"proactive_GTI×Media_print"系数在第（5）列至第（8）列中均为负，这意味着假设 3c 不被支持。具体而言，第 5 列（γ_5model 1=-0.002 41，$p<0.05$）、第 6 列（γ_5model 2=-0.099，$p<0.01$）、第 7 列（γ_5model 3=-0.011 7，$p<0.01$）和第 8 列（γ_5model 4=-0.109，$p<0.01$）表明，报刊媒体的报道对主动型绿色技术创新与企业的盈利能力、运营能力、偿债能力和抗风险能力之间的关系具有负向调节作用。换句话说，报刊媒体报道的增加削弱了主动型绿色技术创新对企业财务绩效的积极影响。这些研究结果表明，媒体，尤其是报刊媒体，在企业不同类型绿色技术创新——反应型和主动型与企业财务绩效之间的关系方面发挥着重要作用。了解这种以媒体为中介的影响有助于企业对其环保举措和公共关系努力进行战略管理（Chen et al.，2022），从而有可能降低负面媒体报道所带来的不利影响，同时利用正面媒体关注对财务业绩的益处。

表 7-7　报刊媒体报道的调节作用

Variables	ROA	IT	Debt	DFL	ROA	IT	Debt	DFL
	(1)	(2)	(3)	(4)	(5)	(6)	(7)	(8)
reactive_GTI	-0.001 64***	-0.086 4***	-0.002 00*	-0.015 3*				
	(-9.202)	(-3.549)	(-1.786)	(-1.689)				
reactive_GTI * Media_print	0.003 87***	0.287***	0.007 08**	0.093 8**				
	(7.645)	(6.180)	(2.024)	(2.455)				
proactive_GTI					0.002 29***	0.158***	0.006 97***	0.025 5***
					(3.942)	(12.84)	(5.289)	(7.234)
proactive_GTI * Media_print					-0.002 41**	-0.099 0***	-0.011 7***	-0.109***
					(-1.974)	(-3.793)	(-3.142)	(-22.52)
Media_print	-0.013 7***	-0.286***	-0.010 9**	-0.369***	-0.007 98***	-0.215***	-0.012 1**	-0.006 48
	(-14.68)	(-4.530)	(-2.393)	(-3.660)	(-7.722)	(-13.47)	(-2.065)	(-1.175)
L. ROA	0.513***				0.418***			
	(73.40)				(23.07)			
L. IT		0.812***				0.794***		
		(81.93)				(160.9)		
L. Debt			0.689***				0.759***	
			(37.01)				(52.30)	
L. DFL				0.531***				0.445***
				(7.078)				(93.11)

表7-7（续）

Variables	ROA	IT	Debt	DFL	ROA	IT	Debt	DFL
	(1)	(2)	(3)	(4)	(5)	(6)	(7)	(8)
Size	0.001 37***	0.027 8	0.035 4***	0.013 8	-0.009 74***	-0.151***	0.012 0***	0.053 6***
	(2.891)	(1.000)	(11.41)	(0.327)	(-6.883)	(-11.31)	(3.479)	(8.466)
Age	-0.003 98***	0.575***	0.009 75**	0.316*	0.024 3***	0.640***	0.002 69	-0.124***
	(-5.758)	(12.97)	(1.985)	(1.684)	(4.833)	(16.84)	(0.611)	(-3.937)
CI	-0.005 98***	-0.216***	-0.004 31***	-0.055 7**	-0.004 55***	-0.205***	-0.002 67***	-0.027 2***
	(-62.59)	(-18.97)	(-4.927)	(-2.251)	(-17.51)	(-28.46)	(-3.276)	(-9.619)
Top1	0.045 2***	-0.037 9	0.219***	-0.661**	0.062 1***	-0.043 9	0.073 6***	-0.897***
	(17.41)	(-0.147)	(9.348)	(-2.240)	(6.581)	(-0.319)	(4.294)	(-14.83)
Constant	0.003 54	-0.678	-0.737***	-0.079 2	0.156***	2.832***	-0.200***	0.245
	(0.330)	(-1.135)	(-10.92)	(-0.077 8)	(6.150)	(8.742)	(-2.700)	(1.124)
YEAR	YES	YES	YES	YES	YES	YES	YES	YES
Observations	1 387	1 387	1 387	1 387	1 387	1 387	1 387	1 387
Wald chi^2 (p-value)	0.000	0.000	0.000	0.000	0.000	0.000	0.000	0.000
AR (1) test (p-value)	0.000	0.000	0.000	0.002	0.000	0.000	0.000	0.002
AR (2) test (p-value)	0.321	0.102	0.137	0.285	0.399	0.110	0.194	0.287
Hansen	132.8	113.3	103.2	33.78	105.4	145.6	117.0	149.7
Hansen (p-value)	0.699	0.447	0.711	0.976	0.580	0.400	0.354	0.446

注：***、** 和 * 分别表示在 1%、5% 和 10%的水平上的显著性；括号内为 t 值和标准误差。

此外，根据假设 3b 和假设 3d，网络媒体报道会加强媒体报道以及绿色技术创新与企业财务绩效之间的联系。从表 7-8 中可以看出，交互项“reactive_GTI×Media_new”的系数与第（1）列、第（2）列和第（4）列的因变量之间存在正向显著关联，然而，第（3）列没有显示出这种显著性。尽管如此，第（1）列、第（2）列、第（4）列中系数的大小表明，网络媒体报道有助于降低反应型绿色技术创新对企业盈利能力、运营能力、偿债能力和抗风险能力的负面影响。具体而言，其系数分别为 δ_4model 1=0.005 82（$p<0.01$），δ_4model 2=0.408（$p<0.01$），δ_4model 4=0.118（$p<0.01$）。因此，综合来看，这一结果支持了假设 3b。此外，表 7-8 显示，交互项“proactive_GTI×Media_new”的系数在第（6）列和第（8）列中负向显著，而在第（5）列和第（7）列中不显著。因此，不支持假设 3d。具体而言，从第（6）列（δ_5model 2=−0.753，$p<0.01$）和第（8）列（δ_5model 4=−0.258，$p<0.01$）中的系数大小可以看出，网络媒体报道对主动型绿色技术创新对企业运营能力和抗风险能力的积极影响起着负向调节作用。这些发现对于希望采用主动型绿色技术创新来提高绩效的组织具有重要意义。虽然主动型绿色技术创新仍能对运营能力和风险产生积极影响，但结果表明，当网络媒体关注度较低时，这种影响可能会减弱。企业应谨慎地平衡对主动型绿色技术创新的投资和网络媒体的影响，旨在达成最佳绩效成果。

综上所述，媒体报道作为一种非正式的监督机制，可以影响反应型绿色技术创新和主动型绿色技术创新与企业财务绩效之间的关系。具体而言，报刊媒体和网络媒体报道均会正向调节被动型绿色技术创新对企业财务绩效的影响，这与 Ren 等（2022）和 Zhang 等（2022）的研究结果一致。有趣的是，网络媒体报道对反应型绿色技术创新和主动型绿色技术创新与企业财务绩效的关系产生了负面影响，这与 Wu 等（2022）和 Liang 等（2022）的观点一致。

表 7-8　网络媒体报道的调节作用

Variables	ROA	IT	Debt	DFL	ROA	IT	Debt	DFL
	(1)	(2)	(3)	(4)	(5)	(6)	(7)	(8)
reactive_GTI	-0.000 561***	-0.121***	-0.000 297	-0.039 5***				
	(-2.839)	(-26.04)	(-0.149)	(-28.05)				
reactive_GTI * Media_new	0.005 82***	0.408***	0.008 89	0.118***				
	(5.947)	(10.54)	(0.602)	(10.36)				
proactive_GTI					0.001 87	0.143***	0.005 91***	0.065 7***
					(1.220)	(11.79)	(4.549)	(25.18)
proactive_GTI * Media_new					-0.002 94	-0.753***	-0.004 30	-0.258***
					(-0.731)	(-22.25)	(-0.668)	(-29.34)
Media_new	0.014 3***	-1.198***	0.016 7	-0.229***	0.032 5***	-0.655***	-0.007 83	-0.101***
	(8.838)	(-18.35)	(0.619)	(-9.444)	(8.457)	(-13.59)	(-0.897)	(-4.679)
L. ROA	0.343***				0.266***			
	(43.20)				(8.671)			
L. IT		0.819***				0.810***		
		(136.9)				(155.0)		
L. Debt			0.617***				0.755***	
			(12.43)				(51.02)	
L. DFL				0.503***				0.452***
				(143.4)				(147.3)

表7-8(续)

Variables	ROA	IT	Debt	DFL	ROA	IT	Debt	DFL
	(1)	(2)	(3)	(4)	(5)	(6)	(7)	(8)
Size	−0.005 50***	0.061 7***	0.029 7***	0.106***	−0.012 4***	−0.095 6***	0.011 2***	0.061 5***
	(−7.863)	(3.780)	(3.255)	(24.60)	(−5.083)	(−6.278)	(3.396)	(9.745)
Age	−0.006 48***	0.560***	−0.030 3	0.107***	0.013 9	0.674***	0.003 36	0.142***
	(−7.591)	(18.64)	(−0.944)	(10.67)	(1.419)	(29.84)	(0.719)	(10.09)
CI	−0.005 95***	−0.233***	−0.003 49**	−0.013 9***	−0.003 89***	−0.241***	−0.002 58***	−0.015 6***
	(−36.85)	(−32.98)	(−2.037)	(−14.06)	(−4.654)	(−51.03)	(−3.315)	(−14.16)
Top1	0.061 6***	0.257***	−0.017 8	−0.683***	0.003 84	0.134	0.077 0***	−0.615***
	(13.85)	(2.792)	(−0.316)	(−26.06)	(0.376)	(1.410)	(4.645)	(−16.88)
Constant	0.157***	−1.502***	−0.404**	−1.626***	0.273***	1.444***	−0.180**	−0.910***
	(9.819)	(−4.093)	(−2.147)	(−22.92)	(4.954)	(4.895)	(−2.485)	(−9.029)
YEAR	YES	YES	YES	YES	YES	YES	YES	YES
Observations	1 387	1 387	1 387	1 387	1 387	1 387	1 387	1 387
Wald chi^2 (p-value)	0.000	0.000	0.000	0.000	0.000	0.000	0.000	0.000
AR (1) test (p-value)	0.000	0.000	0.000	0.002	0.000	0.000	0.000	0.002
AR (2) test (p-value)	0.402	0.091 0	0.149	0.265	0.460	0.120	0.165	0.286
Hansen	141.8	145.8	45.81	142.5	76.02	140.8	117.8	144.5
Hansen (p-value)	0.629	0.397	0.714	0.612	0.413	0.514	0.334	0.425

注：***、** 分别表示在 1%、5% 的水平上的显著性；括号内为 t 值和标准误差。

7.4.6 稳健性检验

我们进行了若干稳健性检验，以确保估计结果的可信度。这些检验采用了自变量和因变量的替代测量方法。

（1）我们验证了反应型绿色技术创新替代测量的稳健性。根据 Xie 等（2016）、Berrone 和 Gomez-Mejia（2009）的研究，我们使用污染减排强度，即二氧化硫减排量/（二氧化硫排放量+二氧化硫减排量）来衡量反应型绿色技术创新，并将其称为 reactive GTI_2。数据源于上市公司年报、企业社会责任报告、公司网站和环保部门网站。表 7-9 显示了稳健性检验的过程和结果。经分析发现，我们的主要研究结果没有变化，这表明该结果具有稳健性。

表 7-9 反应型绿色技术创新的替换变量进行稳健性测试结果

Variables	(1)	(2)	(3)	(4)
	ROA	IT	Debt	DFL
reactive GTI_2	-0. 000 123 ***	-0. 020 3 ***	-0. 000 359 ***	-0. 004 11 ***
	(-5. 439)	(-28. 41)	(-3. 639)	(-27. 17)
L. ROA	0. 568 ***			
	(131. 2)			
L. IT		0. 753 ***		
		(160. 5)		
L. Debt			0. 650 ***	
			(69. 72)	
L. DFL				0. 586 ***
				(208. 2)
Size	0. 001 18 ***	0. 131 ***	0. 040 0 ***	0. 098 0 ***
	(3. 115)	(12. 02)	(22. 18)	(43. 30)
Age	-0. 005 24 ***	0. 575 ***	0. 011 6 **	0. 106 ***
	(-6. 538)	(21. 08)	(2. 505)	(14. 66)
CI	-0. 004 84 ***	-0. 165 ***	-0. 003 09 ***	-0. 011 9 ***
	(-32. 37)	(-40. 27)	(-12. 94)	(-14. 77)
Top1	0. 022 2 ***	0. 913 ***	0. 195 ***	-0. 231 ***
	(9. 878)	(8. 992)	(30. 13)	(-9. 887)

表7-9(续)

Variables	(1)	(2)	(3)	(4)
	ROA	IT	Debt	DFL
Constant	0.021 3**	-3.331***	-0.828***	-1.797***
	(2.568)	(-13.21)	(-21.45)	(-45.21)
YEAR	YES	YES	YES	YES
Observations	1 263	1 263	1 263	1 263
Wald chi^2 (p-value)	0.000	0.000	0.000	0.000
AR (1) test (p-value)	0.000	0.003	0.000	0.007
AR (2) test (p-value)	0.461	0.074	0.274	0.304
Hansen	133.0	134.0	125.4	127.0
Hansen (p-value)	0.753	0.733	0.879	0.857

注：***、** 分别表示在 1%、5%的水平上的显著性；括号内为 t 值和标准误差。

（2）根据 Tang 等（2022）的研究，我们采用了主动型绿色技术创新的替代变量——环保投资（EPI）指标，即 proactive GTI_2。EPI＝环保投资额/资本存量，数据来自 CSMAR 和 WIND 数据库。表 7-10 显示，各模型之间不存在自相关性，这意味着模型具有较高的联合显著性。除此之外，无论因变量如何，我们都发现了与本书所述一致的结果。因此，回归结果具有稳健性。

表 7-10　主动型绿色技术创新替代方案的稳健性测试结果

Variables	(1)	(2)	(3)	(4)
	ROA	IT	Debt	DFL
proactive GTI_2	0.017 5**	2.445***	0.258***	0.827***
	(2.274)	(10.25)	(12.86)	(10.87)
L. ROA	0.535***			
	(71.24)			
L. IT		0.733***		
		(134.6)		
L. Debt			0.750***	
			(63.09)	
L. DFL				0.431***
				(79.65)

表7-10(续)

Variables	(1)	(2)	(3)	(4)
	ROA	IT	Debt	DFL
Size	-0.000 371	0.156***	0.021 5***	0.087 3***
	(-0.609)	(7.559)	(6.695)	(11.05)
Age	-0.011 4***	0.462***	0.011 3***	0.113***
	(-10.01)	(12.37)	(3.994)	(6.025)
CI	-0.006 32***	-0.210***	-0.002 93***	-0.038 2***
	(-50.67)	(-44.52)	(-8.010)	(-29.42)
Top1	0.006 09	1.030***	0.225***	-0.595***
	(1.564)	(7.141)	(23.33)	(-11.53)
Constant	0.059 6***	-3.721***	-0.474***	-1.224***
	(4.063)	(-8.769)	(-6.526)	(-8.156)
YEAR	YES	YES	YES	YES
Observations	1 101	1 101	1 101	1 101
Wald chi^2 (p-value)	0.000	0.000	0.000	0.000
AR (1) test (p-value)	0.000	0.003	0.000	0.010
AR (2) test (p-value)	0.224	0.279	0.605	0.336
Hansen	110.9	113.8	121.3	112.3
Hansen (p-value)	0.982	0.970	0.916	0.976

注：***、**分别表示在1%、5%的水平上的显著性；括号内为t值和标准误差。

（3）我们检验了企业财务绩效替代方案结果的稳健性。我们使用托宾Q值作为衡量企业财务绩效的指标来验证反应型绿色技术创新和主动型绿色技术创新对企业财务绩效的影响。表7-11中的结果显示，第（1）列中反应型绿色技术创新对企业财务绩效的回归系数显著为负，第（2）列中主动型绿色技术创新对企业财务绩效的回归系数显著为正。因此，主要结果没有变化，表明估计结果具有稳健性。

表7-11　对企业财务绩效替代方案的稳健性测试结果

Variables	Tobins' Q	
	(1)	(2)
reactive_GTI	-0.127***	
	(-6.512)	

表7-11(续)

Variables	Tobins' Q	
	(1)	(2)
proactive_GTI		0.131***
		(13.71)
L. Tobins' Q	0.535***	0.549***
	(48.56)	(95.20)
Size	-0.373***	-0.547***
	(-14.35)	(-42.88)
Age	-0.061 7*	-0.141***
	(-1.797)	(-8.711)
CI	-0.088 0***	-0.057 3***
	(-11.14)	(-16.50)
Top1	-0.164	-0.113
	(-0.907)	(-1.183)
Constant	10.56***	14.09***
	(17.09)	(47.24)
YEAR	YES	YES
Observations	1, 386	1, 386
Wald chi^2 (p-value)	0.000	0.000
AR (1) test (p-value)	0.000	0.000
AR (2) test (p-value)	0.312	0.254
Hansen	130.4	150.3
Hansen (p-value)	0.140	0.342

注：***、* 分别表示在 1%、10%的水平上的显著性；括号内为 t 值和标准误差。

7.5 研究结论

本章研究旨在同一框架下发现不同形式的绿色技术创新（反应型和主动型）对企业财务绩效的影响，尤其关注媒体报道的调节作用。研究采用 SYS-GMM 估计技术，对 2011—2021 年中国半导体行业上市公司的相关数据进行了评估。研究的主要结论如下：

（1）存在强有力且一致的证据显示，反应型绿色技术创新对企业财务绩效有负面影响，而主动型绿色技术创新对企业财务绩效有正面影响。因此，我们的研究结果揭示了与反应型绿色技术创新相比，企业采取主动型绿色技术创新更能提高企业财务绩效，这也说明企业实施主动型绿色技术创新是更值得的。

（2）研究结果表明，不同类型的媒体报道（报刊媒体或网络媒体）作为非正式的环境监测机制，在相当程度上缓和了这些关系。具体而言，报刊媒体和网络媒体报道对反应型绿色技术创新与企业财务绩效的关系具有正向调节作用，而对主动型绿色技术创新与企业财务绩效的关系具有负向调节作用。

7.5.1 理论贡献

（1）以前的研究很少通过在同一研究中根据环境态度对其进行分类来检验绿色技术创新（Jiang et al.，2018；Johl and Toha，2021；Liston-Heyes and Vazquez Brust，2016；O'Donohue and Torugsa，2016；Ryszko，2016）。本章研究通过在同一项研究中引入多种绿色技术创新（反应型绿色技术创新和主动型绿色技术创新），为现有文献做出了贡献。实证结果表明，反应型绿色技术创新和主动型绿色技术创新对企业财务绩效的影响是不同的，此研究结果为绿色技术创新与企业财务绩效之间的关系提供了更具典型示范意义的细致入微的见解，也为研究企业绿色技术创新背后的动机以及这些动机如何影响企业的财务结果提供了新的视角，在一定程度上填补了先前研究的空白。

（2）本章的研究突破了对以前仅仅针对企业财务绩效中盈利能力这单一维度分析的局限，而是从包括运营能力、偿付能力和抗风险能力在内的多维度财务指标展开研究，从而极大地拓宽了企业财务绩效研究的范围。这一系列更广泛的结果提供了对绿色技术创新如何以多种方式对企业财务产生影响的更细致、更全面的理论理解。

（3）在理论上，本章的研究将非正式机构，特别是媒体报道，纳入连接绿色技术创新和企业财务绩效的框架中，开辟了新的领域。对报刊媒体和网络媒体的进一步区分为我们提供了新的理论视角，使我们了解到影响企业绿色技术创新能否改善企业财务绩效的边界条件和关键偶然因素，进而拓展了关于媒体在环境战略和市场中作用的理论视角。

（4）本章的研究将绿色技术创新与企业财务绩效的关系置于研究不足

的中国半导体行业这一新兴经济体的现实环境中，从而增加了一个重要的学术背景，这些发现为在这一具有重要战略意义的行业和背景下建立绿色转型理论奠定了初步基础。

7.5.2 管理启示

通过从管理角度分析本研究的结果，我们从企业与政府视角概括出两个主要管理启示。

（1）与反应型绿色技术创新相比，企业应更倾向于主动地进行企业绿色技术创新。这种方法与提高企业财务绩效和满足利益相关者的期望相一致。事实上，有证据表明，企业主动地实施绿色技术创新对企业财务绩效有更实质性和持续性的积极影响。因此，我们建议企业可以通过主动开发生态友好型产品或服务，以满足消费者日益增长的环境关切。此外，在当前媒体无孔不入的背景下，企业面临更广泛的监督，更有可能遭遇社会批评，尤其是涉及环境问题的批评。因此，企业管理层不宜回避聚光灯，而应认可媒体在促进透明度和问责制方面所发挥的作用，这种认可可以提高企业进行绿色技术创新的有效性，树立更积极的企业形象，促进企业可持续发展。但是，媒体也必须负责任地报道有关环境问题的准确、真实的信息。

（2）政府可以从这些结果中吸取经验教训，尤其是在中国这样的新兴市场。研究表明，反应型绿色技术创新无助于提高企业效益。因此，政府若鼓励企业向积极、主动的绿色技术创新转变，将会更有成效。这种转变可以通过解决环境和福利问题带来巨大的社会效益。此外，媒体在这一过程中的作用至关重要。政府应认识到并利用媒体在促进绿色治理和引导企业从反应型转向主动型的绿色技术创新方面的影响力。作为非正式的环境监管主体，媒体可以弥补正式生态保护机制的不足，有效地推动企业实现绿色发展，尤其是在政府政策出现失灵的情况下。

7.5.3 研究局限性及未来研究方向

虽然这项研究提供了极具价值的见解，但也存在一定的局限性。一是虽然我们研究了媒体报道的调节作用，但其他因素，如女性首席执行官的特点或投资者的风险状况，也可能影响绿色技术创新与企业财务绩效的关系。未来的研究应该考虑这些因素以及其他潜在的调节变量。二是我们的研究没有区分媒体报道的类型（正面、负面或中性）及其对绿色技术创新与企业财务绩效关系的不同潜在影响。未来的研究应考察媒体报道对这种关系的影响。三是我们的研究仅限于中国的半导体行业，不同国家和行业的绿色技术创新实践及其影响存在很大差异。未来的研究应将范围扩大到其他新兴经济体，以便更全面地了解绿色技术创新的作用和影响。

8　企业绿色技术创新的驱动因素
——基于内部控制视角

随着人们对企业绿色技术创新的日益关注，企业的内部行为如何影响其在促进经济可持续发展和履行社会责任方面所做的贡献也越来越受到人们的关注。以往的研究通常探讨内部控制对企业投资决策的影响，但很少关注内部控制对企业绿色技术创新的影响。为此，我们采用 2014—2019 年中国沪、深两市 A 股上市公司的数据，探讨了内部控制、环保投资和绿色技术创新之间的关系。回归结果表明，内部控制与企业绿色技术创新之间存在显著的正相关关系。内部控制的改善对企业积极采用环保投资有显著的正向影响。在内部控制影响绿色技术创新的过程中，环保投资起到了部分中介作用。这意味着，内部控制对绿色技术创新的影响除直接影响外，还通过环保投资间接影响绿色技术创新。此外，通过进一步研究，我们发现上述影响关系在重污染企业和非重污染企业、国有企业和非国有企业中均显著存在，但在重污染企业和非国有企业中更为显著。最后，本研究回应了关于内部控制是抑制还是促进企业技术创新的争论。我们主张今后从不同国家的问责制度和企业决策习惯的差异角度对这一问题进行进一步研究。

8.1　引言

随着经济的快速发展，自然环境承受的负担越来越重。环境污染已成为各国必须面对的严峻挑战。为推动绿色发展，许多国家都在加快建立绿色生产、绿色消费的法律制度和政策导向，完善绿色、低碳、循环发展的经济体系。这意味着，重视环境保护，走绿色发展之路，已成为各类企业实现长期可持续发展的必然途径。绿色技术创新是促进可持续发展的现实着力点，可以实现经济增长与环境保护的双赢（Magat，1978）。然而，企业在绿色技术创新中面临着短期成本和长期收益的双重压力，整体创新动力不足。一方面，开展绿色技术创新需要企业在短期内投入高额的研发资金，承受创新周期的不稳定性和风险的不确定性，削弱了绿色技术创新的动力（Zhang et al.，2016）；另一方面，推广绿色技术创新是对企业未来的提前规划，可以带来长期效益，但效益的滞后性使得大多数企业缺乏长期投入绿色技术创新的决心（Gray，1987）。因此，如何有效推动企业绿色技术创新已成为学术界和实务界都十分重视的问题。

关于绿色技术创新的影响因素，现有研究主要从政府和社会等外部因素入手，探讨如何增强企业推动绿色技术创新的动力，如环境监管（Horbach，2008；Lin et al.，2014）、利益相关者（Horbach et al.，2012；Kammerer et al.，2009）、政府监管（Berrone et al.，2013）。遗憾的是，很少有研究从内部控制的角度探讨如何激励企业绿色技术创新。内部控制作为一种重要的内部机制安排，是企业提高决策效率、控制创新风险的手段之一（Schroeder and Shepardson，2016），它对企业决定实施绿色技术创新的程度有着重要影响。作为企业开展绿色活动的重要决策，环境投资也是绿色技术创新研究领域关注的焦点。然而，目前的研究未能基于环境投资的中介作用来考察内部控制与绿色技术创新之间的关系。根据资源基础理论，环境投资是促进企业绿色技术创新的资源基础和动力（Lee et al.，2015；Huang et al.，2019）。内部控制可以从决策合理性和执行有效性两方面促进环境投资。一方面，在企业进行环境投资决策时，内部控制可以通过适当的决策机制减少管理层的自利行为，降低代理成本，确保环境投资决策的合理性；另一方面，内部控制可以通过项目审批、资金审核、结果评估等环节，加强对环境投资过程的监督，确保环境投资决策的有效实施。因此，内部控制能否优化环境投资，从而促进绿色技术创新？基于此，我们选取了2014—2019年沪、深A股上市公司的数据，构建了“内部控制—环境投资—绿色技术创新”的研究框架。通过实证分析，厘清了内部控制与绿色技术创新之间的关系，进一步揭示了在环境投资的中介作用下，内部控制对绿色技术创新影响的内在机理。

本研究的潜在贡献如下：一是如前所述，在绿色技术创新的影响因素方面，以往的研究较少关注企业内部因素，而更多关注企业外部制度因素，尤其是那些评价绿色技术创新效率的宏观研究（Zhang et al.，2020；Fan et al.，2021）。本研究从微观层面考察企业内部控制对绿色技术创新的影响，为研究绿色技术创新的影响因素提供新的视角和证据。二是绿色技术创新具有风险高、周期长、双重外部性等特点，其发展过程往往需要较大的物质支持（Xiang et al.，2022），有必要关注企业在这一阶段的资本布局。因此，本研究考察了环保投资的中介效应，有助于深入理解内部控制与绿色技术创新之间的关系。三是由于行业的环境敏感性（Helfaya and Whittington，2019）和企业的所有制性质（He et al.，2021）可能会影响企业的经营模式，本研究进一步探讨了在不同的环境敏感性和所有制性质条件下，企业内部控制对绿色技术创新影响的差异，从而为不同类型的企业根据实际情况提高绿色技术创新能力提供参考。

8.2 理论基础与研究假设

8.2.1 内部控制与企业绿色技术创新

绿色技术创新概念的出现有赖于传统创新理论的发展。技术进步和市场需求促进企业创新（Pavitt，1984），而绿色技术创新则是企业创新与环境保护相结合的产物，实现技术创新的环境友好型转化（Karakaya et al.，2014）。对现有创新理论的研究，有助于我们更好地理解什么是绿色技术创新（Freeman，1996）。当然，绿色技术创新与传统的创新概念存在差异。Rennings（1998）指出，绿色技术创新除像传统创新那样带来经济效益外，还可以兼顾环境效益和社会效益。Eiadat 等（2008）从战略管理的角度解释了绿色技术创新的含义。他们认为，企业发展绿色技术创新是出于履行社会责任的需要，在环境监管压力日益增大的情况下，寻求保持或提高经营业绩，实现长期可持续发展。因此，战略管理等内部因素是绿色技术创新的关键驱动力。Braum 和 Wield（1994）最早使用“绿色”一词来修饰“创新”。他们认为，绿色技术创新旨在提高能源效率，减少环境污染。此后，许多学者认为，绿色技术创新是指在减少或避免环境污染过程中开发的一系列新产品、技术、服务和管理方法（Xiang et al.，2022）。结合这些观点，本研究将绿色技术创新定义为：以生态环境保护为目标，将履行环境保护责任纳入企业战略管理目标，防止污染和减少资源浪费的一系列生产管理或技术更新过程。

内部控制是所有权与经营权分离的现代企业的重要内在制度安排，最初目的是减少管理层舞弊的机会（Ashbaugh-Skaife et al.，2007）。高水平的内部控制可以有效指导企业的战略管理、信息交流和业务流程，同时遏制企业经营和创新活动中的系统性风险。它有助于减少因代理问题导致的创新决策失误，防止因信息不对称问题导致的创新投资不足或过度投资，避免因创新风险的影响而给成熟企业带来损失（Li and Shi，2019；Ashbaugh-Skaife et al.，2007）。目前，学术界对内部控制是促进创新还是抑制创新存在争议。一些较早的文献认为，内部控制可能会抑制创新。例如，Bargeron 等（2010）发现，随着内部控制质量的提高，美国上市公司减少了研发投入，提高了流动资产比率。Kang 等（2010）发现，在萨班斯法案实施后，职业经理人显著提高了投资项目的贴现率。这一现象在治理良好、信用评级高的企业中更为普遍。然而，近年来的研究，尤其是以中国企业为样本的研究，倾向于得出内部控制等内部因素促进创新的结论（Li and Shi，2019）。例如，Wang 等（2021）将企业社会责任（CSR）作为中介变量，验证了内部控制有效性对中国 A 股上市公司技术创新的积极影响。

因此，我们认为加强内部控制有助于推动绿色技术创新。一是高质量的内部控制可以优化组织结构，使董事会与经理层之间权责分明，大股东与小股东之间相互制衡，提高企业绿色技术创新决策过程的合理性。这种制度安排一方面迫使董事会加强对经理层的监督，防止经理层因自利行为或规避风险而轻易拒绝符合股东利益的绿色技术创新项目（Bertrand and Mullainathan，2003）；另一方面，可以使企业通过风险评估机制、协商机制、监督机制等控制措施对绿色技术创新项目进行科学决策，避免因大股东的主观意愿而对项目投资不足或投资过多，减轻代理问题带来的决策失误。二是有效的内部控制可以解决企业与外部投资者和债权人之间的信息不对称问题。通过高质量的信息沟通和披露，外部投资者可以更准确地判断绿色项目的盈利能力，提高其投资的积极性，降低项目的权益资本成本。债权人也可以减少对绿色项目的风险评估，降低项目的债务资本成本，从而解决因融资成本过高而引发的项目投资不足问题。三是绿色技术创新存在两个过程的风险，这导致了绿色技术创新的不确定性。企业做出绿色技术创新决策，并不意味着就能取得最终的创新成果（Eiadat et al.，2008）。高质量的内部控制可以通过全面预算、控制活动、授权、审批等一系列控制措施来防范创新活动过程中的风险，最大限度地保障企业绿色技术创新目标的实现。综上所述，有效的内部控制可以通过各种控制要素的协同作用，减轻代理问题、信息不对称、创新风险等对绿色技术创新产生的负面影响，积极推动企业实现绿色技术创新。基于此，本书提出研究假设 1。

假设 1：内部控制对绿色技术创新有积极影响。

8.2.2 内部控制与环境投资

与企业的其他投资决策不同，环保投资具有很强的外部性。现有研究大多从环境法规等外部制度层面探讨其对环保投资的影响，认为企业的环保投资动机主要源于行政权力的强制力（Leiter et al.，2011）。换句话说，为了防范环境风险，避免因环境违法行为而受到利益相关者的惩罚，企业必然会增加环保投资（Alrazi et al.，2015）。因此，学者们更多地关注外部影响因素，而较少关注企业内部因素对环保投资的影响。当然，也有学者从内部治理的角度进行了探讨。企业作为社会中极其重要的一员，不仅要关注自身的经济利益，还要积极履行社会责任。然而，企业社会责任的履行往往受到企业内部治理模式的制约。例如，Yang 等（2019）的研究发现，现金流权与控股股东控制权的分离程度、董事会规模、独立董事比例、董事薪酬、冗余资源、生产率等涉及内部治理和运营特征的要素均与环境投资显著正相关。这可能是由于虽然环保投资能同时给企业带来经济效益、环境效益和社会效益，但结果往往是环境效益和社会效益远高于经济效益。管理层为了追求短期利益最大化，往往会选择利己行为，做出非理性的投资决策。此时，企业的内部控制就变得尤为重要。

外部制度压力影响企业的内部规范和行为，内部规范和行为又以溢出效应的形式作用于外部。环境责任是社会责任的重要组成部分（Zhang et al.，2020），内部控制的溢出效应也会影响企业的环境责任，即内部控制会促使企业履行环境责任。环保投资本身既是一种利他行为，也是企业履行环境责任的必要途径。也就是说，高水平的内部控制可以促使企业更加积极主动地履行环境责任，加大环保投资力度。Yang 等（2020）以中国 A 股重污染企业为样本，发现内部控制质量对企业环保投资规模有积极影响。他们认为，内部控制可以防止大股东与管理层合谋降低外部成本，促使管理者在环保项目上投入更多资源，以满足利益相关者对企业环境责任规范化的期望。具体而言，内部控制在环保投资中发挥的功能与决策合理性和执行有效性密切相关。其中，决策合理性取决于环保投资项目的决策过程是否合理，而执行的有效性则取决于环保投资项目能否得以精准执行。

在环境投资的决策阶段，一方面，可以从源头上设计高质量的内部控制，保证决策过程的合理性，解决代理问题，降低信息不对称程度，避免管理层的机会主义行为；另一方面，内部控制可以提高环境投资的资源投入效率。良好的内部控制可以显著减少企业的低效投资，提高资源投入效率。企业在做出环保投资决策后，协调资源的投入与分配是企业后续决策的重要环节。此时，内部控制可以通过目标管理、全面预算、效益分析等控制方法合理确定资源配置方式，提高环保投资的投入效率。在合理决策的基础上，对环保投资项目实施过程中的资金和风险进行有效控制，是保证这一投资决策准确实施的关键。内部控制可以从过程控制和风险管理两个方面为项目的有效实施提供保障。无论是环保设施的采购、环保技术的研发，还是环保意识的培训，这些资金的使用如果没有监督，极有可能造成资金的挪用，削减环保投资的最终效益。因此，高质量的内部控制可以加强对实施过程的控制，对资金的使用进行优化。此外，内部控制还能从操作层面上规范环保投资项目实施过程中可能出现的关键风险点，降低违约风险，提高环保投资绩效。基于此，本书提出研究假设 2。

假设 2：内部控制对环境投资有积极影响。

8.2.3 内部控制、环境投资、绿色技术创新

如前文所述，内部控制可能会积极促进企业的环境投资和绿色技术创新。那么，环境投资在内部控制与绿色技术创新的关系中扮演什么角色呢？已有多项研究证明了环境投资对绿色技术创新的影响。例如，Xiang 等（2020）将环境投资作为环境信息披露的一个维度，发现环境投资可以通过拓宽融资渠道、促进产品销售、提高媒体关注度等方式促进中国重污染上市公司的绿色技术创新。Awan 等（2020）以巴基斯坦企业为背景，发现知识获取能力和环境投资分别对买方驱动的知识转移活动对绿色产品创新和绿色工艺创新的影响起到中介作用。还有更多的宏观研究直接将环境投资额占 GDP 或工业总产值的比重作为环境规制的替代变量（Feng and Chen，2018；Luo and Zhang，2021），并以此研究其对绿色技术创新效率

的影响。因此，我们有理由认为，环境投资可能在内部控制与绿色技术创新之间起到中介作用。从内部控制、企业环境投资与绿色技术创新的关系来看，高质量的内部控制以促进企业社会责任和可持续发展为导向，是推动企业履行环境责任的制度基础。内部控制影响企业的环境投资决策过程，环境投资可以为环境技术升级与更新、绿色研发提供资源支持，从而推动企业的绿色技术创新。

一方面，根据信号理论，高质量的内部控制本质上是一种良好的信息传递信号。特别是对于那些积极关注企业的投资者来说，他们可以迅速捕捉到这一良好信号，增加对企业及其环保项目的投资，从而使企业的环保项目获得更多的资金，进一步推动企业绿色技术创新。另一方面，根据资源基础理论，绿色技术创新离不开各种资源的利用和配置。有效的内部控制是企业拥有的优质资源。企业遵循内部控制体系中的风险评估机制、决策机制、授权审批机制等控制程序，会根据企业社会责任和可持续发展的战略目标，做出积极的环保投资决策。同时，在环保投资项目实施过程中，环保培训、资金支持、研发设施投入等又为推动绿色技术创新提供了人力、财力和物力资源。因此，在高质量内部控制背景下，环保投资不仅会受到内部控制良好信号的积极影响，还会为绿色技术创新活动提供各种必要的基础资源，在内部控制与绿色技术创新之间起到一定的中介作用。基于此，本书提出研究假设 3。

假设 3：环境投资在内部控制对绿色技术创新的影响中起中介作用。

本书的理论框架如图 8-1 所示。

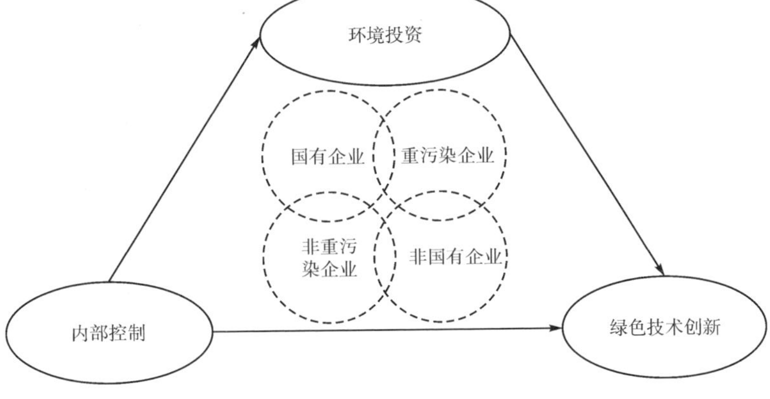

图 8-1　本书的理论框架

8.3 研究设计

8.3.1 样本选择与数据来源

我们借鉴该研究领域的常见做法，使用上市公司公开披露的数据进行研究。由于环境投资额并非中国上市公司必须对外披露的事项，考虑到数据获取的难度，我们仅以披露了2014—2019年环境投资数据的中国沪深A股上市公司为研究对象，并按照以下标准筛选样本：

（1）不包括ST和 *ST上市公司。依据中国相关规定，当上市公司连续两年亏损或每股净资产低于股票面值时，其股票名称将被标记为“ST”，股票价格每日涨跌幅限制为5%，以降低投资风险。如果公司连续三年亏损，其股票名称将被标注为“ *ST”，表示有退市风险。

（2）不包括金融类上市公司。考虑到金融类公司的业务性质和财务指标与其他公司相比有一定的特殊性，将它们放在一起比较可能会产生偏差。

（3）不包括在样本观察期内未披露环境投资数据的上市公司。

（4）不包括样本中数据异常或数据缺失的上市公司。

经过上述排除和筛选，最终获得1 675个样本。数据主要从四个方面获得：一是绿色技术创新数据，源于国家知识产权局（CNIPA）开放平台，通过检索后人工整理获得。二是环境投资数据，源于上市公司年报、可持续发展报告、社会责任报告、环境报告等，这些数据通过人工整理获得。三是内部控制数据，这些数据来自DIBO数据库。四是其他控制变量数据，主要通过CSMAR数据库和WIND数据库搜集。

8.3.2 变量定义

8.3.2.1 被解释变量——绿色技术创新（TGreen）

本研究在中国国家知识产权局的网络平台上检索了上市公司的发明和实用新型专利申请，并利用世界知识产权组织（WIPO）2010年发布的《国际专利绿色分类表》与中国国家知识产权局网络平台检索到的专利信息进行比对，得到上市公司的绿色专利数据。本研究参考了 Tariq 等（2019）的做法，采用上市公司绿色专利申请总量来衡量绿色技术创新。具体而言，将上市公司绿色发明专利和绿色实用新型专利的申请量相加。为了避免数据截断的问题，我们在上述绿色专利申请总量的基础上加 1，取自然对数作为绿色技术创新的衡量指标。

8.3.2.2 解释变量——内部控制水平（ICI）

本研究将内部控制定义为企业高级管理层和全体员工为保障企业资产的安全性、业务流程的合规性、会计信息的真实性和可靠性以及经营活动的效果和效率而实施的过程。借鉴 Wu 和 Zeng 等（2022）的研究，我们采用 DIBO 数据库中的 DIBO 内部控制指数，将其值除以 100 后进行标准化处理。

8.3.2.3 中介变量——环境投资（EPI）

参照 Tang 等（2013）的定义，本研究所指的环保投资是指企业为实现环保目标而投入的用于环保技术升级和环保设施改造的资金，具体包括环保技术开发和升级投资、环保设施建设、维护和改造投资、环保意识培训投资等。在本研究中，环保投资额加 1 并取自然对数，以此来衡量企业的环保投资。

8.3.2.4 控制变量

为了避免结果出现偏差，我们加入了几个控制变量，这些变量对内部控制与绿色技术创新之间关系的影响已被以往的研究证实。例如，学者们在研究中广泛使用的一些控制变量包括企业增长率（Wu et al.，2020）、行业集中度（Russo and Fouts，1997）、现金流（Chen et al.，2020）和杠杆率（Hou et al.，2019）。此外，一些学者在研究中还考虑了企业年龄（Yan and Zhang，2021）、托宾 Q 值（de Azevedo Rezende et al.，2019）和股东集中度（Chen and Ma，2021）。因此，我们选取了资产负债率（Lev）、营业收入增长率（Growth）、产权性质（State）、二职兼任（Dual）、管理层持股（Mast）、独立董事比例（Indir）、企业市场价值（Tobin Q）、固定资产比率（Ppe）、股权集中度（Top10）、现金流（CF）和公司年龄（Age），此外，我们也控制了行业（Ind）和年份（Year）。具体的变量定义如表 8-1 所示。

表 8-1　变量定义

类型	名称	符号	定义
被解释变量	绿色技术创新	TGreen	绿色专利申请总数加 1 后的自然对数
解释变量	内部控制水平	ICI	迪博内部控制指数/100
调节变量	环保投资	EPI	环境投资额加 1，取自然对数
控制变量	杠杆率	Lev	总负债/总资产
	营业收入增长率	Growth	本期营业收入/上期营业收入的变化
	产权性质	State	S 国有企业占 1，非国有企业占 0
	二职兼任	Dual	如果董事长和首席执行官为同一人，则取 1，否则取 0
	管理层持股	Mast	管理层持股比例
	独立董事比例	Indir	独立董事人数/所有董事人数
	企业市场价值	Tobin Q	资产总市值/重置成本
	固定资产比率	Ppe	固定资产/总资产
	股权集中度	Top10	前 10 名股东持股比例之和
	现金流	Flow	运营现金流量净额/总资产
	公司年龄	Age	观察年份减去公司成立年份
	年份	Year	年份虚拟变量
	行业	Ind	根据中国证监会标准设置行业虚拟变量

8.3.3 模型构建

根据研究假设，我们构建了三个回归模型：模型（8-1）检验内部控制与绿色技术创新之间的关系，模型（8-2）检验内部控制与环境投资之间的关系，模型（8-3）检验了环境投资在内部控制和绿色技术创新之间的中介效应。

$$\begin{aligned} \text{TGreen}_{i,t} = & \alpha_0 + \alpha_1 \text{ICI}_{i,t} + \alpha_2 \text{Lev}_{i,t} + \alpha_3 \text{Growth}_{i,t} + \alpha_4 \text{State}_{i,t} + \\ & \alpha_5 \text{Dual}_{i,t} + \alpha_6 \text{Mast}_{i,t} + \alpha_7 \text{Ind}_{i,t} + \alpha_8 \text{Tobin } Q_{i,t} + \\ & \alpha_9 \text{Ppe}_{i,t} + \alpha_{10} \text{Top1 0}_{i,t} + \alpha_{11} \text{Flow}_{i,t} + \alpha_{12} \text{Age}_{i,t} + \\ & \sum \text{Year} + \sum \text{Ind} + \varepsilon_{i,t} \end{aligned} \quad (8-1)$$

$$\begin{aligned}\mathrm{EPI}_{i,t} = {} & \beta_0 + \beta_1 \mathrm{ICI}_{i,t} + \beta_2 \mathrm{Lev}_{i,t} + \beta_3 \mathrm{Growth}_{i,t} + \beta_4 \mathrm{State}_{i,t} + \\ & \beta_5 \mathrm{Dual}_{i,t} + \beta_6 \mathrm{Mast}_{i,t} + \beta_7 \mathrm{Ind}_{i,t} + \beta_8 \mathrm{Tobin}\ Q_{i,t} + \\ & \beta_9 \mathrm{Ppe}_{i,t} + \beta_{10} \mathrm{Top10}_{i,t} + \beta_{11} \mathrm{Flow}_{i,t} + \beta_{12} \mathrm{Age}_{i,t} + \\ & \sum \mathrm{Year} + \sum \mathrm{Ind} + \varepsilon_{i,t} \end{aligned} \tag{8-2}$$

$$\begin{aligned}\mathrm{TGreen}_{i,t} = {} & \gamma_0 + \gamma_1 \mathrm{ICI}_{i,t} + \gamma_2 \mathrm{EPI}_{i,t} + \gamma_3 \mathrm{Lev}_{i,t} + \gamma_4 \mathrm{Growth}_{i,t} + \\ & \gamma_5 \mathrm{State}_{i,t} + \gamma_6 \mathrm{Dual}_{i,t} + \gamma_7 \mathrm{Mast}_{i,t} + \gamma_8 \mathrm{Ind}_{i,t} + \\ & \gamma_9 \mathrm{Tobin}\ Q_{i,t} + \gamma_{10} \mathrm{Ppe}_{i,t} + \gamma_{11} \mathrm{Top10}_{i,t} + \gamma_{12} \mathrm{Flow}_{i,t} + \\ & \gamma_{13} \mathrm{Age}_{i,t} + \sum \mathrm{Yaer} + \sum \mathrm{Ind} + \varepsilon_{i,t} \end{aligned} \tag{8-3}$$

我们采用更常用的逐步检验法来检验中介效应。如果模型（8-1）中解释变量 ICI 的系数 α_1显著且为正，则支持假设 1。如果模型（8-2）中解释变量 ICI 的系数 β_1显著且为正，则支持假设 2。在模型（8-1）和模型（8-2）的结果都成立的前提下，我们可以继续检验模型（8-3）中中介变量 EPI 的系数 γ_2。如果 γ_2不显著，则需要使用 Sobel 检验进一步判断。如果 γ_2显著，我们需要继续分析模型（8-3）中解释变量 ICI 的系数 γ_1。如果 γ_1不显著，说明 EPI 在内部控制对绿色技术创新的影响中起到了完全的中介作用。如果 γ_1显著为正，且 γ_1的值小于 α_1的值，则说明环境投资在内部控制对绿色技术创新的影响中起着部分中介作用。同时，可以用公式“$\beta_1 \times \gamma_2 / (\beta_1 \times \gamma_2 + \gamma_1)$”来衡量中介效应占总效应的比例。

8.4 结果分析

8.4.1 描述性统计

表 8-2 显示了各变量的描述性统计结果。从主要变量的描述性统计结果中可以发现，绿色技术创新（TGreen）的中位数和标准差分别为 0.000 和 1.258，这说明不同样本公司在绿色技术创新方面存在一定的差异，而超过一半的样本没有申请绿色专利，说明申请绿色专利的难度较大，我国上市公司绿色技术创新的整体水平较低。内部控制（ICI）的最小值和最大值分别为 0.000 和 9.084，平均值为 6.325，这说明大多数样本公司比

较重视内部控制制度和运行。环境投资（EPI）的最大值和最小值分别为18.736和0.049，二者的差异显著，标准差为2.419，进一步说明样本企业的环境投资行为差异较大。

表8-2 描述性统计（$n=1675$）

变量	最大值	最小值	平均值	中位数	标准差
TGreen	7.342	0.000	0.825	0.000	1.258
ICI	9.084	0.000	6.325	6.648	1.603
EPI	18.736	0.049	7.755	7.877	2.419
Lev	0.996	0.037	0.466	0.472	0.195
Growth	56.174	−0.862	0.250	0.093	2.175
State	1.000	0.000	0.524	1.000	0.500
Dual	1.000	0.000	0.194	0.000	0.396
Mast	0.811	0.000	0.072	0.000	0.148
Indir	0.800	0.000	0.376	0.364	0.061
TobinQ	9.799	0.082	1.512	1.075	1.389
Ppe	0.800	0.000	0.295	0.278	0.169
Top10	98.588	16.235	60.115	59.593	15.760
Flow	0.406	−0.204	0.065	0.062	0.065
Age	38.000	6.000	18.681	19.000	4.793

此外，环境投资的均值和中位值分别为7.755和7.877，这表明所选样本中大部分企业的环境投资水平未达到平均基准，重污染企业环境投资不足的情况普遍存在。在控制变量中，样本数据离散度最小的是独立董事比例，标准差为0.061；离散度最大的是股权集中度，标准差为15.760，这说明不同样本企业前十大股东的持股比例差距较大。公司资产负债率的均值为0.466，这表明样本公司的平均负债水平适中。收入增长率（Growth）和托宾Q的均值分别为0.250和1.512，在一定程度上反映了样本公司面临的业务发展和投资机会不容乐观。

8.4.2 相关性分析

各变量的相关分析结果见表8-3。可以看出，内部控制（ICI）与绿色技术创新（TGreen）在1%的水平上存在显著的正相关关系，初步证实了内部控制能够对绿色技术创新产生积极影响。内部控制与环境投资在5%的水平上存在显著的正相关关系，表明高质量内部控制能够促进企业的环境投资行为。环境投资与绿色技术创新在1%的水平上显著正相关，这意味着企业通过增加环境投资来获取创新资源，从而进一步推动企业的绿色技术创新。此外，各变量之间的相关系数均未超过0.5，不存在高相关现象，也不存在严重的多重共线性问题。

8.4.3 实证结果分析

8.4.3.1 基准回归分析

表8-4报告了主要回归模型的检验结果。

模型（8-1）是内部控制对绿色技术创新的回归，ICI的回归系数为0.156，且在1%的水平上显著，说明企业内部控制的改善能够推动企业绿色技术创新，假设1得到验证。即企业内部控制运行越有效，开展绿色技术创新的基础环境越好，越有利于绿色技术创新成果的实现。

模型（8-2）是内部控制对环境投资的回归，回归系数为0.113，在1%的水平上显著，说明内部控制的加强能够显著增加企业的环境投资，假设2得到支持。即随着内部控制机制的完善，有助于企业通过合理决策对环保项目进行合理的资金投入。在假设1和假设2都得到支持的情况下，对模型（8-3）中环境投资的中介效应进行检验，结果显示，环境投资对绿色技术创新的回归系数为0.109，在1%的水平上显著，内部控制水平对绿色技术创新的回归系数为0.144，也在1%的水平上显著。

此外，模型（8-3）中ICI的回归系数（0.144）小于模型（8-1）中ICI的回归系数（0.156），这一结果表明环境投资在内部控制对绿色技术创新的影响中起到了部分中介作用，由此假设3成立。因此，内部控制不仅直接影响绿色技术创新，还可以通过环境投资这一中介变量对绿色技术创新起到间接作用，环境投资的中介效应占总效应的比例为7.69%。

表 8-3 相关性分析

变量	1	2	3	4	5	6	7	8	9	10	11	12	13	14
1. TGreen	1													
2. ICI	0.17***	1												
3. EPI	0.18***	0.05**	1											
4. Lev	0.17***	-0.13***	0.24***	1										
5. Growth	-0.03	-0.04	0.01	0.06**	1									
6. State	0.08***	-0.06***	0.22***	0.25***	-0.03	1								
7. Dual	0.03	0.04*	-0.09***	-0.10***	0.02	-0.28***	1							
8. Mast	-0.05**	0.05**	-0.21***	-0.25***	0.01	-0.48***	-0.23***	1						
9. Indir	0.08***	0.04*	-0.01	0.04	0.01	-0.01	0.05**	0.01	1					
10. TobinQ	-0.17***	0.01	-0.38***	-0.38***	-0.02	-0.27***	0.11***	0.28***	0.01	1				
11. Ppe	-0.06**	-0.20***	0.38***	0.11***	0.01	0.21***	-0.08***	-0.17***	-0.09***	-0.21***	1			
12. Top10	0.09***	0.14***	0.14***	0.01	0.07***	0.09***	-0.03	0.03	0.09***	-0.05**	0.01	1		
13. Flow	0.07***	0.09***	0.16***	-0.19***	0.02	-0.02	0.01	0.04*	0.01	0.13***	0.23***	014***	1	
14. Age	-0.02	-0.05**	0.05**	0.04	0.02	0.11***	-0.04*	-0.18***	-0.09***	-0.12***	0.03	-0.18***	-0.01	1

注：***、**、* 分别表示在 1%、5% 和 10%的水平上具有显著性。

表 8-4　基准回归结果

变量	(1)	(2)	(3)
	TGreen	EPI	TGreen
ICI	0. 156*** (6. 49)	0. 113*** (5. 25)	0. 144*** (5. 96)
EPI			0. 109*** (3. 94)
Lev	0. 187*** (6. 43)	0. 096*** (3. 70)	0. 176*** (6. 08)
Growth	−0. 042* (−1. 84)	−0. 005 (−0. 26)	−0. 042* (−1. 82)
State	0. 073** (2. 52)	0. 055** (2. 15)	0. 067** (2. 32)
Dual	0. 057** (2. 39)	−0. 001 (−0. 04)	0. 057** (2. 41)
Mast	−0. 019 (−0. 69)	−0. 068*** (−2. 79)	−0. 011 (−0. 42)
Indir	0. 046** (1. 96)	−0. 006 (−0. 30)	0. 046** (2. 00)
TobinQ	−0. 132*** (−4. 33)	−0. 228*** (−8. 42)	−0. 107*** (−3. 46)
Ppe	−0. 114*** (−4. 11)	0. 294*** (11. 92)	−0. 145*** (−5. 07)
Top10	0. 066*** (2. 66)	0. 096*** (4. 32)	0. 056** (2. 24)
Flow	0. 106*** (4. 30)	0. 115*** (5. 24)	0. 094*** (3. 78)
Age	−0. 021 (−0. 82)	−0. 014 (−0. 62)	−0. 020 (−0. 76)
Year	YES	YES	YES
Ind	YES	YES	YES
R^2	0. 159 9	0. 333 4	0. 167 8

注：***、**、* 分别表示 1%、5% 和 10%的显著水平。

8. 4. 3. 2　按工业的环境敏感性分组回归

企业所处行业的环境敏感性可能会影响企业的绿色技术创新。环境敏感度不同的行业可能对绿色技术创新有不同的期望，从而导致内部控制在促进绿色技术创新方面可能存在差异。基于此，本研究根据样本企业的环境敏感性将其分为重污染行业和非重污染行业，并进行分组回归。该分类依据源于中国生态环境部发布的《上市公司环境信息披露指引》。该指引定义了采矿业、化工行业、火力发电行业等 16 类重污染行业。

表 8-5 中的回归结果显示，内部控制对重污染企业和非重污染企业的绿色技术创新都有显著的正向影响，而环境投资在内部控制影响绿色技术创新的过程中起到了部分中介效应，进一步对上述假设进行了验证。但是，重污染企业内部控制的回归系数大于非重污染企业，即重污染企业内部控制对绿色技术创新的影响更为显著。这可能是由于重污染企业面临着更强烈的绿色技术创新的现实需求。此外，与非重污染企业相比，重污染企业内部控制机制的完善对绿色技术创新决策的影响更为明显。一旦重污染企业强化内控质量，那么其绿色技术创新的增长态势将会更为明显。

表 8-5　按行业环境敏感性分组后的回归结果

变量	重污染（n=947）			非重污染（n=728）		
	(1)	(2)	(3)	(1)	(2)	(3)
	TGreen	EPI	TGreen	TGreen	EPI	TGreen
ICI	0.147*** (4.71)	0.133*** (4.65)	0.120*** (3.86)	0.120*** (3.38)	0.140*** (4.22)	0.103*** (2.90)
EPI			0.204*** (5.79)			0.118*** (2.94)
Lev	0.089** (2.35)	0.119*** (3.45)	0.064* (1.72)	0.247*** (5.72)	0.136*** (3.37)	0.231*** (5.33)
Growth	−0.064** (−2.17)	−0.021 (−0.76)	−0.060** (−2.06)	−0.033 (−0.95)	0.014 (0.43)	−0.034 (−1.01)
State	0.112*** (2.96)	0.042 (1.21)	0.103*** (2.78)	0.031 (0.74)	0.060 (1.50)	0.024 (0.57)
Dual	−0.012 (−0.38)	−0.048* (−1.68)	−0.002 (−0.07)	0.114*** (3.23)	0.052 (1.57)	0.108*** (3.07)
Mast	0.042 (1.16)	−0.050 (−1.51)	0.052 (1.47)	−0.059 (−1.50)	−0.119*** (−3.24)	−0.045 (−1.14)
Indir	0.069** (2.34)	−0.003 (−0.10)	0.070** (2.39)	−0.002 (−0.05)	0.020 (0.62)	−0.004 (−0.12)

表8-5(续)

变量	重污染（n=947）			非重污染（n=728）		
	(1)	(2)	(3)	(1)	(2)	(3)
	TGreen	EPI	TGreen	TGreen	EPI	TGreen
TobinQ	-0.146***	-0.291***	-0.087**	-0.079*	-0.172***	-0.059
	(-3.79)	(-8.25)	(-2.21)	(-1.70)	(-3.94)	(-1.25)
Ppe	0.085**	0.223***	0.039	-0.235***	0.270***	-0.267***
	(2.41)	(6.91)	(1.11)	(-5.46)	(6.70)	(-6.04)
Top10	0.209***	0.119***	0.185***	-0.066*	0.084**	-0.076**
	(6.64)	(4.12)	(5.91)	(-1.76)	(2.39)	(-2.02)
Flow	0.107***	0.142***	0.078**	0.095**	0.073**	0.086**
	(3.38)	(4.91)	(2.48)	(2.54)	(2.10)	(2.32)
Age	-0.012	-0.026	-0.007	-0.028	0.001	-0.028
	(-0.36)	(-0.84)	(-0.20)	(-0.75)	(0.04)	(-0.76)
Year	YES	YES	YES	YES	YES	YES
Ind	YES	YES	YES	YES	YES	YES
R^2	0.2116	0.3396	0.2392	0.2362	0.3292	0.2456

注：***、**、* 分别表示 1%、5% 和 10%的显著水平。

8.4.3.3 按所有权性质分组回归

由于企业所有制性质存在差异，这一因素会对绿色技术创新的发展造成影响。基于此，我们进一步探讨了企业所有制性质是否会对内部控制与绿色技术创新之间的关系产生作用。表 8-6 报告了国有企业和非国有企业的分组回归结果。结果显示，国有企业和非国有企业都存在内部控制对绿色技术创新的积极影响。但与国有企业相比，非国有企业内部控制的完善对绿色技术创新的促进作用更为明显。这可能是由于非国有企业拥有更高效的决策机制和灵活的组织结构，内部控制制度的完善对绿色技术创新的激励作用更为显著。此外，在国有企业和非国有企业内部控制影响绿色技术创新的过程中，环保投资起到了部分中介作用，对上述假设进行了进一步的验证。

表 8-6　按所有权性质分组后的回归结果

变量	国有企业（n=878）			非国有企业（n=797）		
	（1）	（2）	（3）	（1）	（2）	（3）
	TGreen	EPI	TGreen	TGreen	EPI	TGreen
ICI	0. 138***	0. 112***	0. 126***	0. 139***	0. 070**	0. 133***
	(4. 07)	(3. 63)	(3. 71)	(3. 94)	(2. 21)	(3. 76)
EPI			0. 107***			0. 088**
			(2. 85)			(2. 21)
Lev	0. 090**	0. 063*	0. 083**	0. 273***	0. 115***	0. 263***
	(2. 23)	(1. 72)	(2. 07)	(6. 66)	(3. 11)	(6. 39)
Growth	−0. 046	−0. 026	−0. 043	−0. 037	0. 010	−0. 038
	(−1. 47)	(−0. 91)	(−1. 38)	(−1. 07)	(0. 33)	(−1. 10)
Dual	0. 098***	0. 004	0. 098***	0. 029	−0. 012	0. 031
	(3. 14)	(0. 12)	(3. 14)	(0. 85)	(−0. 37)	(0. 89)
Mast	0. 013	−0. 053*	0. 019	−0. 036	−0. 075**	−0. 029
	(0. 42)	(−1. 83)	(0. 60)	(−0. 98)	(−2. 28)	(−0. 80)
Indir	0. 062*	0. 037	0. 058*	0. 029	−0. 077**	0. 036
	(1. 88)	(1. 23)	(1. 77)	(0. 85)	(−2. 49)	(1. 05)
TobinQ	−0. 181***	−0. 253***	−0. 154***	−0. 061	−0. 204***	−0. 044
	(−4. 39)	(−6. 70)	(−3. 65)	(−1. 39)	(−5. 08)	(−0. 97)
Ppe	−0. 108***	0. 288***	−0. 138***	−0. 124***	0. 278***	−0. 149***
	(−2. 81)	(8. 21)	(−3. 48)	(−3. 24)	(8. 03)	(−3. 73)
Top10	0. 148***	0. 119***	0. 135***	−0. 047	0. 046	−0. 051
	(4. 21)	(3. 71)	(3. 83)	(−1. 27)	(1. 38)	(−1. 38)
Flow	0. 070**	0. 110***	0. 059*	0. 137***	0. 142***	0. 125***
	(2. 07)	(3. 55)	(1. 71)	(3. 73)	(4. 28)	(3. 36)
Age	0. 051	−0. 054	0. 056	−0. 113***	0. 030	−0. 115
	(1. 38)	(−1. 62)	(1. 54)	(−3. 01)	(0. 88)	(−3. 08)
Year	YES	YES	YES	YES	YES	YES
Ind	YES	YES	YES	YES	YES	YES
R^2	0. 206 7	0. 339 4	0. 214 2	0. 146 0	0. 304 5	0. 151 4

注：***、**、* 分别表示 1%、5% 和 10%的显著水平。

8. 4. 3. 4　稳健性检验

为了检验上述回归结果的稳健性，本研究进行了以下检验。

（1）改变绿色技术创新变量，在回归分析中使用上市公司绿色发明专利申请量作为绿色技术创新的替代变量。发明专利是所有专利类型中对创新要求最高的一类，用发明专利申请量代替专利申请总量可以反映绿色技术创新的质量。根据表 8-7 中的稳健性检验结果，在改变绿色技术创新的测量方法后，模型（8-1）、模型（8-2）和模型（8-3）都得到了验证，结论与之前的回归结果一致。

表 8-7　替换变量的稳健性检验

变量	(1)	(2)	(3)
	TGreen	EPI	TGreen
ICI	0.154*** (6.33)	0.113*** (5.25)	0.140*** (5.75)
EPI			0.121*** (4.35)
Lev	0.163*** (5.56)	0.096*** (3.70)	0.151*** (5.17)
Growth	-0.037 (-1.60)	-0.005 (-0.26)	-0.036 (-1.58)
State	0.089*** (3.05)	0.055** (2.15)	0.082*** (2.84)
Dual	0.068*** (2.82)	-0.001 (-0.04)	0.068*** (2.84)
Mast	-0.024 (-0.88)	-0.068*** (-2.79)	-0.016 (-0.58)
Indir	0.054** (2.31)	-0.006 (-0.30)	0.055** (2.35)
TobinQ	-0.130*** (-4.24)	-0.228*** (-8.42)	-0.102*** (-3.29)
Ppe	-0.130*** (-4.65)	0.294*** (11.92)	-0.165*** (-5.71)
Top10	0.069*** (2.76)	0.096*** (4.32)	0.058** (2.30)
Flow	0.107*** (4.30)	0.115*** (5.24)	0.093*** (3.73)
Age	-0.021 (-0.80)	-0.014 (-0.62)	-0.019 (-0.74)
Year	YES	YES	YES
Ind	YES	YES	YES
R^2	0.1463	0.3334	0.1561

注：***、**、* 分别表示 1%、5% 和 10%的显著水平。

（2）采用 Sobel 检验。内部控制对绿色技术创新的总效应包括直接效应和间接效应，间接效应意味着内部控制可以通过增加环境投资来推动绿色技术创新。我们再次使用 Sobel 检验来验证环境投资的中介效应，结果如表 8-8 所示。可以看出，环保投资的间接效应占总效应的 5.25%，且间接效应在 5%的水平上显著，进一步证实了环保投资中介效应的存在。

表 8-8　中介效应的稳健性检验

效应	回归结果
间接效应	0.000 1** （2.02）
直接效应	0.001 2*** （6.61）
总效应	0.001 3*** （6.89）
间接效应与总效应比率	5.25%

注：***、** 分别表示 1%、5%的显著水平。

8.5　结论

8.5.1　主要发现

随着对环境、社会和公司治理的日益重视，内部控制与绿色技术创新之间的关系必将成为当前和未来研究的热点问题。为此，本研究利用 2014—2019 年沪、深两市中国 A 股企业的 1 675 组样本数据，实证研究了内部控制与绿色技术创新之间的关系，并考察了环保投资的中介效应。本研究的主要结果如下：

（1）内部控制对绿色技术创新有显著的正向影响。这一结果表明，基于各控制环节的协同作用，高质量的内部控制可以解决代理问题、信息不对称问题，降低企业的创新风险，有利于提升企业的绿色技术创新能力。

（2）与 Yang 等（2020）的结论相同，内部控制对环保投资有显著的正向影响，证实了充分的内部控制可以激励企业加大环保投资。内部控制对环保投资的影响可以从决策合理性和执行有效性两方面来看。与对绿色技术创新的影响类似，高质量内部控制不仅能促进企业积极开展环保投资项目，还能通过各种控制措施保证项目的有效实施。

（3）环境投资在内部控制影响绿色技术创新的过程中具有部分中介效应，进一步解释了其内在作用机制。这意味着，除内部控制对绿色技术创新的直接影响外，内部控制还通过环境投资的间接影响进一步影响绿色技术创新。

（4）内部控制对绿色技术创新的正向影响和环境投资的中介效应在不同环境敏感性的行业和不同性质的企业所有制中仍然显著，但内部控制对绿色技术创新的影响在重污染企业和民营企业中更为明显，这支持了以往研究的结论（Helfaya and Whittington，2019；He et al.，2021）。

8.5.2 政策启示

本研究的结论可能具有以下启示：一方面，企业应重视经营管理中的内部控制，积极发挥其对绿色技术创新的有益功能。完善内部控制不仅要关注决策过程，还要监督执行过程，从而解决代理问题，降低环境投资风险，优化创新环境，增强企业的绿色技术创新能力。另一方面，绿色技术创新不是孤立发展的，离不开环保投资的支持。企业应重塑环保投资观念，不仅要实现环保投资的经济效益，更要促成环保投资可能衍生出的环境效益和社会效益。企业应积极履行环保责任，在满足利益相关者要求的同时，进一步加强绿色技术创新。

8.5.3 研究局限性及未来研究方向

本研究仍有一些局限性：一是不同国家的问责制度和决策习惯存在很大差异。因此，我们建议今后的研究可以加强对这一现象深层次原因的探索，以化解研究结果中的矛盾。二是我们仅仅探讨了环保投资作为渠道机制。这一方面，实际上，还有其他潜在因素也可能会对绿色技术创新产生间接影响，如通过 ESG 间接作用于绿色技术创新。今后的研究可结合 ESG 的作用机理，扩大研究范围。

9 企业绿色技术创新的驱动因素——基于客户参与视角

随着工业化和经济的快速发展，生态问题的副作用越来越严重，可持续发展范式的重要性开始受到重视。本研究对企业绿色技术创新进行了实证分析，探讨了客户参与对绿色技术创新的影响，并考虑企业边界拓展能力的中介作用。分析结果表明，客户参与对企业绿色技术创新有积极影响，同时，客户参与和边界拓展能力（包括三个从属因素）之间存在正相关关系。此外，企业边界拓展能力与绿色技术创新的关系分析表明，两个变量之间存在正相关关系，企业边界拓展能力在客户参与绿色技术创新关系之间存在部分中介效应。

9.1 引言

21 世纪以来，世界工业化和城市化进程不断加快，尤其是中国的制造业为全球经济的发展和经济财富的积累做出了贡献。然而，城市化和工业化也带来了自然资源枯竭和环境污染问题。改革开放以来，中国在实现工业化和经济快速发展的同时，也面临着各种生态问题。近年来，这些问题的副作用越来越严重。此外，环境问题还引发了社会问题，对各个国家和社会的稳定产生了巨大影响。这种背景促使人们认识到以牺牲环境为代价实现经济发展的模式中存在的问题。考虑到环境问题的严重性，应讨论政府的环境保护政策和企业的限制性政策。同时，有必要对促进企业收益和环境保护可持续发展的环保企业进行研究。

几年前，经济合作与发展组织（OECD）在一份与环境相关的报告中提出了在不增加环境负荷的情况下实现经济增长的因素。据此，只有促进绿色技术创新的公共政策并行不悖，企业的绿色技术创新才能取得成功。换句话说，气候变化和环境问题不能用现有的方法来解决，新产品创新和工艺创新必须并行。企业的一般创新可以对环境改善起到实质性作用，但效果并不显著，存在被消费和绩效增加所造成的污染抵消等局限性。基于DEA 模型，现有研究对生态效益与经济效益之间的关系进行了研究。选取国内 23 家企业 4 年的数据，分析各年企业的技术效率、纯技术效率和规模效率，并进行比较，提出了提高低效率企业生态效益的对策。研究表明，生态效益与经济效益之间存在因果关系。此外，一些学者分析了环保投资对企业绩效的影响。例如，根据他们的分析，长期环保投资额的增加与作为企业绩效的生产和销售额的增加之间存在显著的正相关关系。也就是说，如果长期保持环保投资，生产和销售都会增加。同时，他们的研究表明，短期环境成本对管理效率的提高没有影响。作者验证了减少单位温室气体排放量以及当期和累计环保投资对财务绩效（总资产收益率、销售净收入和总资产周转率）造成的影响。根据作者的分析结果，环保投资较大的企业总资产收益率和销售净收益率都有所上升，但总资产周转率却有所下降，这表明虽然环保投资对资产净收益率或销售净收益率的上升有影响，但资产效率却有所下降（Kim et al.，2020）。作者利用 2010—2020 年 126 只中国上市半导体概念股的动态面板数据集，采用差分 GMM 方法，实证检验了主动绿色工艺创新与企业财务绩效之间的关系。研究发现，主动绿色工艺创新对企业短期财务绩效和长期财务绩效均有显著的正向影响（Qing et al.，2022）。作者以连续进行五年环保投资的企业为对象，对环保投资对企业价值的影响进行了实证分析。研究结果表明，长期环保投资对企业价值有负面影响，说明环保投资可能与企业价值相冲突（Jeon and Kang，2012）。

然而，在中国社会，公众对环境和气候的关注与日俱增，相关的政府法规和支持政策也与日俱增。因此，尽管有必要对以中国企业为对象的生态友好型投资、绿色技术创新和企业绩效之间的关系进行研究，但之前很少有专门针对客户参与对绿色技术创新的影响研究，并考虑企业边界拓展能力的中介作用。

9.2 理论分析与研究假设

9.2.1 客户参与和绿色技术创新

最近，许多企业都在使用各种方法让客户参与创新活动，或诱导客户独立完成创新活动（Cui and Wu，2016）。参与客户创新活动可以让企业与客户分享更多细节，因为企业可以从客户那里获得更多有意义的创新相关想法或知识。以往的研究根据客户参与创新活动的程度，将客户参与分为三种形式（Blazevic and Lievens，2008；Fang，2008；Nambisan，2002）。客户参与的第一种形式是使用客户提供的创新相关信息。在这种形式下，客户的意见和要求会在产品开发过程中得到反映，而不会深入参与创新过程。作为大多数企业在进行新产品创新时实施的一种客户参与形式，Aekyung 工业公司根据客户的环保需求开发并推出了环保型洗涤剂（Han et al.，2012）。客户参与第二种形式是企业让客户参与创新活动，共同进行研发。这种客户参与形式的商业范例是，微软和 SAP 邀请客户（公司）代表，任命他们为新产品发布团队成员，并与他们一起开展新产品开发活动（Nambisan，2002）。客户参与的第三种形式是诱导客户自主创新，并利用自主创新创造创新成果。就具体客户而言，在现实中存在时间成本或客户技术能力的限制等问题（Menguc et al.，2014；Lagrosen，2005），因此是一种比重较小的客户参与形式。这在通用电气塑料公司鼓励客户群体参与，自己提出创新想法的案例，以及宝洁公司决定通过客户实现产品创新的案例（Lau et al.，2010）中都可以找到。

以往的研究提到，即使在生态友好的背景下，客户参与创新活动在实现企业创新目标方面也能发挥重要作用（Grekova et al.，2016；De Marchi，2012）。本研究参考了上述研究案例，借助相关文献对绿色技术创新背景下的客户参与进行了如下定义："客户参与绿色技术创新活动，不断提供新的或改进的生态友好知识或信息的活动"。客户参与可以实现以客户为导向的产品开发，从而实现真正意义上的新产品创新（Menguc et al.，2014；Lin et al.，2013；He et al.，2013）。具体来说，客户对产品的需求非常复杂，只有深入了解他们的需求和愿望，才能实现客户价值。参与创新活动可以对企业的创新和创造起到积极作用，因为企业与客户之间频繁而深入的互动可以让企业深入了解客户的需求。此外，能够提供企业创新所需的市场趋势、技术反馈和客户信息（Menguc et al.，2014），企业就能在这些信息和等式的基础上实现成功创新。此外，先前的研究也表明，企业可以从客户那里获得生态友好型管理活动合作所需的相关信息或知识（Grekova et al.，2016）。因为这些来自客户的知识可以解决生态友好型产品创新过程中利益相关者之间高度相互依赖和不确定性的问题（De Marchi，2012），从而对企业出色的绿色技术创新产生积极的影响。与此同时，通过与客户进行持续的信息交流和相互学习活动，可以推动一系列企业绿色技术创新活动（Meyer and Hohmann，2000）。Grekova 等（2016）在对荷兰食品饮料制造业的研究中也证明，与客户开展环境友好型合作可以提高企业的绩效。因此，本书提出假设 1、假设 2。

假设 1：客户参与将对企业的绿色产品创新产生积极影响。

假设 2：客户参与将对企业的绿色流程创新产生积极影响。

9.2.2 客户参与对边界拓展能力的影响

客户参与这一问题会对企业的边界拓展能力产生影响。当客户参与企业创新时，会出现信息和知识管理问题，包括信息超载（Chen and Chang，2013；Shu et al.，2005；Wynstra et al.，2001；Hoyer et al.，2010；Hoegl and Wagner，2005）。具体来说，由于企业从客户参与创新活动中获得的信息和知识具有复杂性和不明确性，因此企业将其整合并转化为有意义的知识的能力属于企业的创新能力（Hall and Andriani，2003）。这就要求企业有能力有效管理客户参与可能产生的不必要信息和知识（过度信息）（De-Souza et al.，2008）。客户参与是一种不同于企业、目标和信仰的语言，它指的是与外部合作伙伴进行合作创新活动的文化（Lam and Chin，2005；Gulati et al.，2012）。因此，客户参与要求企业具备合作关系管理能力，以解决这些潜在纠纷（Fang et al.，2008；Walter and Ritter，2003）。即使在绿色技术创新的背景下，客户参与也要求企业具备知识管理和关系管理能力。这是因为，客户参与不仅需要对各种信息和知识加以管理，如潜在的环保要求、市场知识、新产品创意等，还要构建并维系与客户的合作关系，这是创造高水平绿色技术创新成果的基础。综上所述，客户参与可以通过诱导绿色技术创新所需的企业知识管理活动和与客户互动的关系管理活动，提高组织的能力。因此，本书提出假设 3、假设 4。

假设 3：客户参与会对企业知识拓展能力产生积极影响。

假设 4：客户参与将对企业关系拓展能力产生积极影响。

9.2.3 边界拓展能力的中介效应

本研究发现，企业的边界拓展能力能够解决外部合作伙伴参与创新所带来的知识和关系管理问题，从而使企业取得较高的绿色技术创新水平。

（1）客户和供应商的参与会导致知识过载，从而阻碍企业绿色技术创新水平的提高，因此，当外部利益相关者的参与可能产生的知识过剩问题得以解决时，成功的创新才有可能。企业知识拓展能力（Tushman，1977）基于对企业目标和战略的理解，选择和解释创新所需的信息和知识，从而确保企业出色的绿色技术创新水平（Hallenbeck，1999）。

（2）客户和供应商的参与可能会阻碍创新和创造，因为它们会在参与者之间引发各种纠纷，成为相互合作活动的障碍。这意味着，企业只有与外部参与者建立并保持合作关系，才能成功开展创新活动。它可以通过与主要外部利益相关者建立和管理合作关系，提前解决与参与者之间的潜在冲突（Williams，2011；Druskat and Wheeler，2003；Zhang et al.，2015；Zhang et al.，2011）。总之，企业将能够克服客户和供应商参与可能造成的各种障碍，并通过企业的边界拓展能力取得卓越的创新成果。因此，本书提出假设 5、假设 6、假设 7、假设 8。

假设 5：企业知识扩展能力在客户参与和绿色产品创新之间起到中介作用。

假设 6：企业知识扩展能力在客户参与和绿色流程创新之间起到中介作用。

假设 7：企业关系拓展能力在客户参与和绿色产品创新之间起到中介作用。

假设 8：企业关系拓展能力在客户参与和绿色流程创新之间起到中介作用。

9.3 研究设计

9.3.1 样本选择与数据来源

本研究旨在确定客户参与对企业绿色技术创新产生的影响。因此，本研究选择了对环境影响巨大、积极开展企业生态友好管理活动的制造业作为合适的行业群体。在此之前，我们对收集到的企业进行了调查，以便进行面板数据分析。调查时间为 2022 年 4 月 10 —2022 年 4 月 20 日。本次调查共发放问卷 600 份，调查企业 30 家，向每家企业发放问卷 20 份，回收问卷 543 份。在回收的数据中，除去 32 份不真实或遗漏的数据，最终选择了 511 份进行分析。此外，鉴于面对面调查比较困难，因此采用了在线调查平台，并使用国内常用的迈克客户关系管理系统（Mike CRM）发放问卷。本研究还使用 SPSS 27 统计软件进行了多元回归分析，以验证顾客参与与绿色技术创新的因果关系，并根据 Baron 和 Kenny（1986）提出的程序，通过层次回归分析验证了企业边界拓展能力的中介效应。

9.3.2 制定测量问题

本研究中使用的每个配置概念的大部分测量变量都进行了修改，以符合先前相关研究的背景。具体来说，关于客户参与度（Menguc et al., 2014；Lau et al., 2010；Pujari, 2006）和绿色技术创新（Chen and Hung, 2014；Kam-Sing, 2012；Chen et al., 2006；Zhu and Sarkis, 2004）的调查问题在以往实证研究的基础上进行了调整，以适应本研究的背景。为满足本研究的目的和目标，参照 Kim（2018）的研究，对边界拓展能力进行了修订和补充，采取五步量表编制了问卷。如前所述，通过前述研究内容整理出本研究的测量方法，如表 9-1 所示。

表 9-1 各变量的调查表和来源

因素	调查问题	参考文献
客户参与	1. 我们积极分享环保市场的信息。 2. 我们积极分享环保技术。 3. 我们积极分享关于环保产品的想法。 4. 我们积极分享关于生态生产过程的想法。 5. 积极参与环保产品的评估（环境影响评估、性能和质量评估）。 6. 积极参与环保产品的研究与开发（R&D）。 7. 积极参与生态友好型生产工艺的开发过程	Menguc et al., 2014; Lau et al., 2010; Pujari et al., 2006
关系拓展能力（建立关系）	1. 可以与主要的外部利益相关者顺利沟通。 2. 可以与主要外部利益相关者建立合作关系。 3. 可以与外部主要利益相关者进行持续交流。 4. 可与外部主要利益相关方进行官方/非官方互动	Williams, 2011; Druskat and Wheeler, 2003; Reiche, 211; Kiessling and Harvey, 2014; Kim, 2018
关系拓展能力（关系说服）	1. 当与外部主要利益相关方发生争议时，可以提出最佳折中方案。 2. 说服外部主要利益相关者认识到我们的环保经营活动的重要性。 3. 说服外部主要利益相关者参与我们的环保经营活动。 4. 说服外部主要利益相关者支持我们的环保经营活动决策。 5. 能够说服外部主要利益相关者理解我们的绿色管理活动是真实开展的	Zhang et al., 2015; Zhang et al., 2011; Rahim, 1983; Ancona and Caldwell, 1992; Kim, 2018; Faraj and Yan, 2009; Williams, 2002
知识扩张能力	1. 在主要外部利益相关方提供的环境友好信息中，若不存在信息不准确或重叠的情况，这些信息可向相关部门提供。 2. 从主要外部利益相关者提供的信息中，仅选择适合我们的环保管理策略的信息提供给相关部门。 3. 在外部主要利益相关方提供的环境友好信息中，可以选择开发环境友好技术/产品所需的信息，向相关部门提供。 4. 外部主要利益相关者提供的环境友好信息可以根据韩国企业的实际情况进行重新解释，并提供给相关部门。 5. 外部主要利益相关者提供的与环境友好管理活动相关的信息，可以进行解释，以便内部成员理解，并提供给相关部门	Aldrich and Herker, 1977; Levina and Vaast, 2005; Carlile, 2004; Tushman and Scanlan, 1981; Kim, 2018

表9-1(续)

因素	调查问题	参考文献
绿色产品创新	1. 卓越的环保产品创新。 2. 推出各类环保产品。 3. 推出各类环保产品。 4. 环保产品品质优良。 5. 环保产品发展速度快。 6. 开发环保产品的投资回报率高。 7. 环保产品市场占有率高。 8. 客户对环保产品满意度高	Chen and Hung, 2014; Chen et al., 2006
绿色流程创新	1. 使用更少的资源（水、能源）。 2. 使用较少的原材料/材料。 3. 原材料、材料的回收/再利用程度高。 4. 废物排放量低。 5. 有害物质使用少。 6. 生产过程整体生态友好度高	Kam-Sing, 2012; Zhu and Sarkis, 2004

9.4 结果分析

9.4.1 测量变量的可靠性和有效性

对于测量变量的信度和效度分析，信度通过计算 Cronbach's alpha 系数来衡量，效度通过探索性因子分析来确认。通过因子分析，测量变量的有效性如下：

9.4.1.1 客户参与因子分析

在如表 9-2 所示的客户参与因子分析中，因子载荷小于 0.4 的变量被剔除，但在本研究的结果中，没有发现小于 0.4 的值。另外，客户参与因子分析中解释的特征值是大于 1 的因子，总共提取了 1 个因子。提取的一个因子的特征值为 4.563。旋转因子的累积方差平方为 65.184，这意味着总累积解释力为 65.184%。此外，在因子分析结果所示的成分矩阵中，各项目与一个因子相关的因子载荷为 0.749~0.862，这表明与一个因素相关的所有项目都由一个共同的概念组成。

表 9-2　客户参与因子分析结果

变量	测量项目	因子载荷	共性度
客户参与	1. 我们积极分享环保市场信息	0.797	0.635
	2. 我们积极分享环保技术	0.862	0.742
	3. 我们积极分享我们对环保产品的想法	0.856	0.733
	4. 我们积极分享我们对生态生产过程的想法	0.824	0.678
	5. 积极参与环保产品评价（环境影响评价、性能评价、质量评价）。	0.785	0.617
	6. 积极参与环保产品的研发（R&D）	0.749	0.560
	7. 积极参与开发环保生产工艺	0.773	0.597
	特征值	4.563	
	累积值	65.184	

9.4.1.2　边界拓展能力因子分析

在关系拓展能力（建立关系）、关系拓展能力（关系说服）和知识扩展能力因子分析（如表 9-3 所示的边界拓展能力的子因子）中，因子载荷为 0.4 或被删除的较少，但在本研究的结果中，没有发现 0.4 或更小的值。如表 9-3 所示，共提取了 3 个因子作为边界拓展能力因子分析中解释的特征值大于 1 的因子。提取的 3 个因子的特征值分别为 3.683、3.295 和 2.843。如果我们看因子旋转平方后的累积方差，因子 1 占 26.310%，因子 2 占 23.538%，因子 3 占 20.309%，总的累积解释力为 70.157%。在因子分析结果所示的成分矩阵中，与三个因子相关的各项目的因子载荷中，因子 1 为 0.804~0.874，因子 2 为 0.736~0.867，因子 3 为 0.806~0.879。这样，与这三个因素相关的项目都由一个共同的概念组成。

表 9-3　边界扩展能力因子分析结果

测量项目	因子载荷			共性度
	1	2	3	
1. 可以与主要的外部利益相关者顺利沟通	0.153	0.090	0.830	0.720
2. 可以与主要外部利益相关者建立合作关系	0.118	0.108	0.874	0.789
3. 可以与外部主要利益相关者进行持续交流	0.062	0.055	0.804	0.654
4. 可与外部主要利益相关方进行官方/非官方互动	0.046	0.093	0.810	0.667

表9-3(续)

测量项目	因子载荷			共性度
	1	2	3	
1. 当与外部主要利益相关方发生争议时，可以提出最佳折中方案	0.145	0.867	0.078	0.778
2. 说服外部主要利益相关者认识到我们的环保经营活动的重要性	0.091	0.777	0.106	0.623
3. 说服外部主要利益相关者参与我们的环保经营活动	0.115	0.800	0.126	0.670
4. 说服外部主要利益相关者支持我们的环保经营活动决策	0.114	0.736	0.025	0.555
5. 能够说服外部主要利益相关者理解我们的绿色管理活动是真实开展的	0.152	0.801	0.064	0.668
1. 主要外部利益相关方提供的环境友好信息中，若不存在信息不准确或重叠的情况，这些信息可向相关部门提供	0.830	0.132	0.077	0.713
2. 从主要外部利益相关者提供的信息中，仅选择适合我们的环保管理策略的信息提供给相关部门	0.879	0.113	0.117	0.800
3. 在外部主要利益相关方提供的环境友好信息中，可以选择开发环境友好技术/产品所需的信息，向相关部门提供	0.866	0.136	0.094	0.777
4. 外部主要利益相关者提供的环境友好信息可以根据韩国企业的实际情况进行重新解释，并提供给相关部门	0.806	0.156	0.026	0.675
5. 外部主要利益相关者提供的与环境友好管理活动相关的信息，可以进行解释，以便内部成员理解，并提供给相关部门	0.836	0.115	0.140	0.732
特征值	3.683	3.295	2.843	
累积值	26.310	49.848	70.157	

9.4.1.3 绿色技术创新因素分析

在如表 9-4 所示的绿色技术创新子因子绿色产品创新和绿色流程创新的因子分析中，剔除了因子载荷小于 0.4 的变量，但本研究中没有发现小于 0.4 的值。如表 4 所示，在绿色技术创新因子分析中，总共提取了 2 个因子作为特征值大于 1 的因子。两个提取因子的特征值分别为 5.215 和 4.147。如果我们看一下旋转和平方后的因子的累积方差，因子 1 为 37.252%，因子 2 为 29.62%，总的累积解释力为 66.872%。在因子分析结果所示的成分矩阵中，与两个因子相关的各项目的因子载荷中，因子 1 为 0. 753～0. 855，因子 2 为 0. 752～0. 856。这样，与这两个因素相关的项目都由一个共同的概念组成。

表 9-4　绿色技术创新因子分析结果

变量	因子载荷		共性度
	1	2	
1. 卓越的环保产品创新	0. 783	0. 125	0. 628
2. 推出各类环保产品	0. 848	0. 176	0. 750
3. 推出各类环保产品	0. 764	0. 225	0. 635
4. 环保产品品质优良	0. 750	0. 172	0. 592
5. 环保产品发展速度快	0. 767	0. 207	0. 630
6. 开发环保产品的投资回报率（ROI）高	0. 855	0. 229	0. 783
7. 环保产品市场占有率高	0. 794	0. 158	0. 656
8. 客户对环保产品满意度高	0. 753	0. 219	0. 614
1. 使用更少的资源（水、能源）	0. 228	0. 752	0. 617
2. 使用较少的原材料/材料	0. 178	0. 823	0. 709
3. 原材料、材料的回收/再利用程度高	0. 171	0. 826	0. 712
4. 废物排放量低	0. 211	0. 856	0. 778
5. 有害物质使用少	0. 147	0. 792	0. 648
6. 生产过程整体生态友好度高	0. 204	0. 754	0. 610
特征值	5. 215	4. 147	
累积值	37. 252	66. 872	

9. 4. 1. 4　测量变量的可靠性分析

本研究中采用各量表的信度系数，以考察项目间内部一致程度。在评估主要变量的信度系数时，采用表 9-5 的表述。客户参与的信度系数为 0. 907。在参数中，关系拓展（建立关系）能力的信度系数为 0. 860，关系拓展（关系说服）能力的信度系数为 0. 865，两个变量的总体信度系数均为 0. 821。另外，知识扩展能力的可靠性系数为 0. 909，所有参数的可靠性系数为 0. 858。从因变量来看，绿色产品创新的可靠性系数为 0. 926，环保流程创新的可靠性系数为 0. 903，整个因变量的可靠性系数为 0. 919。所有三个变量均高于 0. 80，表明其可靠性非常好。

表 9-5 测量变量的可靠性分析

<table>
<tr><th>变量</th><th colspan="2">因子</th><th>项目数量/个</th><th colspan="2">Cronbach's alpha</th></tr>
<tr><td>解释变量</td><td colspan="2">客户参与</td><td>7</td><td colspan="2">0.907</td></tr>
<tr><td rowspan="3">中介变量
(0.858)</td><td rowspan="2">关系拓展能力</td><td>建立关系</td><td>4</td><td>0.860</td><td rowspan="2">0.821</td></tr>
<tr><td>关系说服</td><td>5</td><td>0.865</td></tr>
<tr><td colspan="2">知识扩展能力</td><td>5</td><td colspan="2">0.909</td></tr>
<tr><td rowspan="2">被解释变量
(0.919)</td><td colspan="2">绿色产品创新</td><td>8</td><td colspan="2">0.926</td></tr>
<tr><td colspan="2">绿色流程创新</td><td>6</td><td colspan="2">0.903</td></tr>
</table>

9.4.2 测量变量的响应趋势

本研究使用描述性统计的目的是，显示研究中使用的变量的状况，并了解研究分析中使用的数据的适用性。表 9-6 显示了本研究中使用的客户参与度、关系拓展能力（建立关系）、关系拓展能力（关系说服）、知识拓展能力、绿色产品创新以及绿色流程创新的最小值、最大值、标准差、平均值、偏度和峰度。对因子分析提取的主要变量的偏度和峰度进行分析的结果显示，各变量的偏度分布在-0.157~-0.389，峰度分布在-0.636~-1.238。这证实了结果具有假设检验所需的正态分布。

表 9-6 主要变量的描述性统计

变量		最小值	最大值	平均值	标准差	偏度	峰度
解释变量	客户参与	1.57	7.00	4.96	1.38	-0.324	-0.957
中介变量	关系拓展能力(建立关系)	1.00	7.00	4.56	1.73	-0.271	-1.238
	关系拓展能力(关系说服)	1.20	7.00	4.67	1.49	-0.211	-1.043
	关系拓展能力(全部)	1.44	7.00	4.62	1.25	-0.157	-0.636
	知识扩展能力	1.20	7.00	4.87	1.66	-0.389	-1.129
被解释变量	绿色产品创新	1.38	7.00	4.69	1.52	-0.309	-1.102
	绿色流程创新	1.67	7.00	5.05	1.30	-0.246	-0.952

9.4.3 相关性分析

表 9-7 显示了本研究的主要变量—客户参与、拓展关系的能力（建立关系）、拓展关系的能力（关系说服）、知识拓展能力、绿色产品创新和绿色流程创新之间的相关性。分析结果表明，各变量之间的相关性都非常显著。

表 9-7 相关性分析

	1	2	3	4	5	6	7
1.客户参与	1						
2.关系拓展能力(建立关系)	0.468**	1					
3.关系拓展能力(关系说服)	0.409**	0.220**	1				
4.关系拓展能力(全部)	0.560**	0.762**	0.800**	1			
5.知识扩展能力	0.444**	0.233**	0.308**	0.348**	1		
6.绿色产品创新	0.458**	0.417**	0.376**	0.507**	0.393**	1	
7.绿色流程创新	0.503**	0.421**	0.452**	0.559**	0.489**	0.451**	1

注：** 表示 5%的显著水平。

9.4.4 基准回归结果分析

9.4.4.1 客户参与对关系拓展能力的影响

客户参与关系对拓展能力影响的回归分析结果如表 9-8 所示。

表 9-8 客户参与度与关系拓展能力之间的关系

被解释变量	解释变量	非标准化系数		标准化系数	t	p	共线性统计	
		B	S. E.	β			容忍度	方差膨胀因子
关系拓展能力（建立关系）	(Constant)	1.642	0.254		6.462	0.000		
	客户参与	0.589	0.049	0.468	11.927***	0.000	1.000	1.000
R^2 =0.219, adj. R^2 =0.218 F=142.265 (p=0.000), Durbin Watson=1.965								
关系拓展能力（关系说服）	(Constant)	2.470	0.227		10.902	0.000		
	客户参与	0.444	0.044	0.409	10.093***	0.000	1.000	1.000
R^2 =0.167, adj. R^2 =0.166 F=101.860 (p=0.000), Durbin Watson=2.023								
关系拓展能力（全部）	(Constant)	2.102	0.172		12.215	0.000		
	客户参与	0.508	0.033	0.560	15.210***	0.000	1.000	1.000
R^2 =0.313, adj. R^2 =0.312 F=231.354 (p=0.000), Durbin Watson=1.952								

注：*** 表示 1%的显著水平。

（1）在研究“建立关系”与“关系拓展能力”之间的关系时，客户参与对“建立关系”的解释率为 21.8%（adj. R^2=0.218）。Durbin Watson

为 1.965，接近 2，因此回归模型是合适的。F 值为 142.265（$p=0.000$），具有统计学意义，表明回归线适合该模型。此外，从共线性统计来看，不存在多重共线性问题，因为 VIF 值小于 10，公差限均大于 0.1。通过研究客户参与因子对“建立关系”的影响，发现该因子具有显著影响（$t=11.927$，$p<0.001$）。研究发现，客户参与对“建立关系”有正向影响。这一结果表明，客户参与度越高，企业建立关系的能力就越强。我们的发现与 Anning-Dorson（2018）的结果一致。因此，企业应重视客户参与，以提高建立关系的能力。

（2）对“关系说服”在关系拓展能力方面所产生的影响展示研究，结果发现客户参与对“关系说服”的解释率为 16.6%（adj. $R^2=0.166$）。Durbin Watson 为 2.023，接近 2，因此回归模型是合适的。F 值显示为 101.860（$p=0.000$），具有统计学意义，表明回归线适合该模型。此外，在进行共线性统计分析时，由于 VIF 值小于 10，且公差限均大于 0.1，因此不存在多重共线性问题。在研究客户参与因子对“关系说服”的影响时，发现顾客参与因子对“关系说服”有显著影响（$t=10.093$，$p<0.001$），客户参与对“关系说服”有正向影响。这一结果还表明，更高的客户参与度会给企业带来更好的关系说服力。我们的发现与 Nicolajsen 和 Scupola（2011）的研究结果一致。因此，我们认为主要的外部利益相关者（如客户）可能会被说服支持我们的环保管理活动决策。

（3）在考察了与关系拓展能力所有因素的影响关系后，客户参与对关系拓展能力的解释率为 31.2%（adj. $R^2=0.312$）。Durbin Watson 为 1.952，接近 2，因此回归模型是合适的。F 值为 231.354（$p=0.000$），具有统计学意义，表明回归线适合该模型。此外，在评估共线性统计时，发现 VIF 值小于 10，且所有公差限均大于 0.1，因此确认不存在多重共线性问题。研究了客户参与因子对关系拓展能力的影响。结果发现，客户参与对拓展关系的能力有正向影响，二者之间形成了明显的影响关系（$t=15.210$，$p<0.001$）。这一结果与 Vivek 等（2012）的研究结果一致。因此，我们的研究结果表明，企业可以通过提高客户参与度来增强拓展关系的能力。

9.4.4.2 客户参与对绿色技术创新的影响

客户参与对绿色技术创新影响的回归分析结果如表 9-9 所示。

（1）在检验“客户参与和绿色产品创新”之间的关系时，结果表明客户参与对“绿色产品创新”的解释率为 20.8%（adj. $R^2=0.208$）。Durbin

Watson 的值为 2.041，接近 2，因此回归模型是合适的。F 值为 134.392（p=0.000），具有统计学意义，表明回归线适合该模型。此外，在评估共线性统计时，由于 VIF 值小于 10，且容忍度均大于 0.1，因此不存在多重共线性问题。研究发现，客户参与因素对“绿色产品创新”有显著影响（t=11.593，p<0.001），客户参与对“绿色产品创新”有正向（+）影响。这一结果与 Wang 等（2020）的研究结果一致。具体来说，如果客户参与度和关系嵌入度高，绿色产品创新对关系的益处更大。

（2）对绿色技术创新中“绿色流程创新”之间的影响关系展开了研究，结果发现客户参与对“绿色流程创新”的解释率为 25.2%（adj. R^2=0.252）。由于 Durbin Watson 的值为 1.844，接近 2，因此回归模型是合适的。F 值为 172.082（p=0.000），具有统计学意义，表明回归线适合该模型。此外，在评估共线性统计时，由于 VIF 值小于 10，且容忍度均大于 0.1，因此不存在多重共线性问题。在研究客户参与因子对“绿色流程创新”的影响时，发现客户参与因子对“绿色流程创新”有显著影响（t=13.118，p<0.001），而且客户参与对“绿色流程创新”也有正向影响。这一结果与 Burki 等（2019）的研究结果一致。这一结果表明，客户参与会增加绿色流程创新的采用，从而降低对环境的负面影响。

表 9-9　客户参与度与绿色技术创新之间的关系

被解释变量	解释变量	非标准化系数		标准化系数	t	p	共线性统计	
		B	S. E.	β			容忍度	方差膨胀因子
绿色产品创新	(constant)	2.182	0.224		9.724	0.000		
	客户参与	0.505	0.044	0.458	11.593***	0.000	1.000	1.000
R^2 =0.210，adj. R^2 =0.208 F=134.392（p=0.000），Durbin Watson=2.041								
绿色流程创新	(constant)	2.689	0.187		14.371	0.000		
	客户参与	0.477	0.036	0.503	13.118***	0.000	1.000	1.000
R^2 =0.253，adj. R^2 =0.252 F=172.082（p=0.000），Durbin Watson=1.844								

注：*** 表示 1%的显著水平。

9.4.4.3 关系拓展能力对绿色技术创新的影响

关系拓展能力对绿色技术创新影响的回归分析结果如表 9-10 所示。

表 9-10 关系拓展能力与绿色技术创新之间的影响关系

被解释变量	解释变量	非标准化系数		标准化系数	t	p	共线性统计	
		B	S. E.	β			容忍度	方差膨胀因子
绿色产品创新	(constant)	1.862	0.223		8.335	0.000		
	关系拓展能力（建立关系）	0.309	0.034	0.352	8.966***	0.000	0.951	1.051
	关系拓展能力（关系说服）	0.304	0.040	0.299	7.615***	0.000	0.951	1.051
$R^2=0.259$，adj. $R^2=0.256$ $F=88.514$（$p=0.000$），Durbin Watson = 1.967								
绿色流程创新	(constant)	2.355	0.185		12.763	0.000		
	关系拓展能力（建立关系）	0.254	0.028	0.338	8.944***	0.000	0.951	1.051
	关系拓展能力（关系说服）	0.329	0.033	0.377	9.983***	0.000	0.951	1.051
$R^2=0.313$，adj. $R^2=0.310$ $F=115.070$（$p=0.000$），Durbin Watson = 1.813								

注：*** 表示 1%的显著水平。

（1）对“关系拓展能力与绿色产品创新”之间影响关系的研究结果显示，关系拓展能力对“绿色产品创新”的解释率为 25.6%（adj. $R^2=0.256$）。Durbin Watson 的值为 1.967，接近 2，表明回归模型是合适的。F 值为 88.514（$p=0.000$），具有统计学意义，表明回归线适合该模型。此外，在评估共线性统计时，由于 VIF 值小于 10，且容忍度均大于 0.1，因此不存在多重共线性问题。研究发现，通过关系拓展（建立关系）能力（$t=8.966$，$p<0.001$）、通过关系拓展（关系说服）能力（$t=7.615$，$p<0.001$）以及关系拓展能力的子因子对“绿色产品创新”有显著影响。结果证实，关系拓展能力的所有子因素都对“绿色产品创新”有正向影响。这一结果与 Leal-Millán 等（2016）的研究结果一致。这表明，企业关系拓展能力越强，越有利于其绿色技术创新。企业的内部能力（如关系拓展能力）对其参与绿色技术创新起着重要作用。研究结果表明，要想让客户参与不断推动绿色技术创新，企业应与外部参与者建立密切的关系。

（2）研究绿色技术创新中“关系拓展能力与绿色流程创新”之间的影响关系，结果显示，“绿色流程创新”的关系解释能力为31.0%（adj. R^2 = 0.310）。Durbin Watson 值为 1.813，接近 2，表明回归模型是合适的。F 值为 115.070（p = 0.000），具有统计学意义，表明回归线适合该模型。此外，在评估共线性统计时，由于 VIF 值小于 10，且容忍限均大于 0.1，因此不存在多重共线性问题。研究发现，通过关系拓展（建立关系）能力（t = 8.944，p<0.001）、通过关系拓展（关系说服）能力（t = 9.983，p<0.001）以及关系拓展能力的子因子对“绿色流程创新”有显著影响。结果发现，关系拓展能力的所有子因素都对“绿色流程创新”有正向影响。这一结果与 Nguyen 等（2016）的研究结果一致。这也表明，企业关系拓展能力越强，就越能实现绿色流程创新。因此，我们认为，企业应注重提高关系拓展能力，进而获得在行业内率先实施绿色流程创新的机会，降低对环境的负面影响。

9.4.5 关系拓展能力的中介效应

9.4.5.1 关系拓展能力在客户参与和绿色产品创新关系中的中介效应

我们采取层次回归分析法分析关系拓展能力在客户参与和绿色产品创新关系中的中介效应。按照 Baron 和 Kenny（1986）提出的步骤进行分层多元回归分析，以了解因变量和自变量中参数的中介效应，总共必须满足三个条件：一是自变量必须影响中介变量；二是自变量必须影响因变量；三是在验证自变量和参数是否同时对因变量产生显著影响时，自变量和因变量之间的关系不应减弱（部分中介），显著性不应消失（完全中介）。分析结果如表 9-11 所示。

表 9-11 关系拓展能力在客户参与和绿色产品创新间的中介效应

步骤	解释变量	被解释变量	非标准化系数		标准化系数	t	p
			B	S. E.	β		
1	客户参与	关系拓展能力	0.508	0.033	0.560	15.210	0.000
2	客户参与	绿色产品创新	0.505	0.044	0.458	11.593	0.000
3	客户参与	绿色产品创新	0.280	0.050	0.253	5.652	0.000
	关系拓展能力		0.443	0.055	0.365	8.135	0.000
1st step：R^2 = 0.313，F = 231.354（p = 0.000） 2nd step：R^2 = 0.208，F = 134.392（p = 0.000） 3rd step：R^2 = 0.298，F = 108.921（p = 0.000）							

根据步骤 1 检验自变量对中介变量影响的结果，发现自变量的客户参与度对中介变量“拓展关系的能力”有显著影响（$\beta=0.560$，$p<0.001$）。这满足了第一个条件。根据第二步自变量对因变量的影响分析结果，自变量“客户参与”对因变量“绿色产品创新”有显著影响（$\beta=0.458$，$p<0.001$），满足第二个条件。根据第三步同时加入自变量和中介变量对因变量的影响分析结果，发现客户参与和关系拓展能力对绿色产品创新均有显著影响。同时，与第二阶段相比，客户参与对关系拓展能力的影响有所下降（第二阶段：$\beta=0.458$，第三阶段：$\beta=0.253$）。作为中介变量的关系拓展能力在客户参与和绿色产品创新之间具有部分中介效应。

最后，根据索贝尔检验（Sobel's Test）结果来验证作为客户参与中介变量的拓展关系能力对绿色产品创新的间接影响的显著性，发现中介变量的间接影响是显著的（Sobel's Test：$Z=7.137$，$p<0.001$）。如果 Z 值小于 -1.96 或大于 1.96，则存在部分中介效应，因此可以认为中介变量部分中介了自变量对因变量的影响。

9.4.5.2　关系拓展能力在客户参与和绿色流程创新关系中的中介效应

表 9-12 显示了采取层次分析法进行的关系拓展能力在客户参与与绿色流程创新关系中的中介效应结果。在步骤 1 中考察了自变量对中介变量的影响，结果发现，自变量的客户参与度对中介变量——拓展关系的能力有显著影响（$\beta=0.560$，$p<0.001$）。这满足了第一个条件。在第二步验证自变量对因变量的影响后发现，自变量客户参与对因变量绿色流程创新有显著影响（$\beta=0.503$，$p<0.001$），满足了第二个条件。第三步，同时输入自变量和中介变量，分析其对因变量的影响。结果表明，客户参与和关系拓展能力对绿色流程创新均有显著影响。同时，与第二阶段相比，客户参与对关系拓展能力的影响有所下降。可见，关系拓展能力在客户参与和绿色流程创新之间具有部分中介效应。

最后，进行了 Sobel 检验，以验证客户参与作为中介变量的关系拓展能力对绿色流程创新的间接影响的显著性。结果显示，中介的间接效应是显著的（Sobel's Test：$Z=7.995$，$p<0.001$）。如果 Z 值小于-1.96 或大于 1.96，则存在部分中介效应，因此中介变量可视为部分中介了自变量对因变量的影响。

表 9-12　关系拓展能力在客户参与和绿色流程创新间的中介效应

步骤	解释变量	被解释变量	非标准化系数		标准化系数	t	p
			B	S. E.	β		
1	客户参与	关系拓展能力	0.508	0.033	0.560	15.210	0.000
2	客户参与	绿色流程创新	0.477	0.036	0.503	13.118	0.000
3	客户参与	绿色流程创新	0.263	0.040	0.277	6.489	0.000
	关系拓展能力		0.421	0.045	0.404	9.449	0.000
1st Step：R^2 =0.313，F=231.354（p=0.000） 2nd Step：R^2 =0.253，F=172.082（p=0.000） 3rd Step：R^2 =0.363，F=145.669（p=0.000）							

9.5　研究结论

本研究以绿色企业为对象，研究了绿色技术创新的因素——客户参与和边界拓展能力之间的关系。通过检验本研究提出的假设，证实了客户参与会影响企业绿色技术创新。研究证明，客户参与对企业绿色技术创新中的绿色产品创新和绿色流程创新均有积极的影响。此外，企业边界拓展能力是客户参与和绿色技术创新之间关系的中介。具体地说，关系扩展能力对客户参与和绿色技术创新之间的关系起到了部分调节作用。这意味着，要使客户参与持续进行绿色技术创新，就必须与外部参与者建立密切关系。这也表明，企业外部参与者参与绿色技术创新，其内部能力（关系拓展能力）发挥了重要作用。

本书的研究结果具有以下管理启示：一方面，研究结果表明客户参与能够对企业的绿色产品创新产生积极影响，说明客户参与的重要性。因此，建议企业管理者建立起一个系统性的客户反馈机制，搜集客户对绿色产品的意见，如利用调查问卷、社交媒体互动和客户论坛等方式进行反馈搜集，以便实现与客户的良好沟通。此外，企业也可以设计针对绿色产品的忠诚度奖励计划，以奖励和鼓励消费者的环保行为，为重复购买或推荐绿色产品的客户提供积分、优惠或其他福利。另一方面，研究结果也表明企业的关系扩展能力在客户参与和绿色技术创新之间起到了中介作用，因此，企业提议，企业管理者应着重培养并维系与各方利益相关者关系的能力，强化这方面的能力。此能力可以帮助企业更好地理解客户的需求，推动信息和资源的共享，进而深化创新合作伙伴关系。这对于促进客户参与和绿色技术创新至关重要。

本研究也存在一些局限性。一是本研究没有充分反映多维度的边界拓展概念。本研究侧重外部合作伙伴对创新的参与，特别是客户的参与，因此研究中没有反映出针对内部利益相关者的说服活动或企业参与，而这些活动被指出是边界扩展的重要活动。因此，还需要更多的实证研究来充分反映这种边界扩展的多维性。二是本研究只调查了我国企业，因此将这些结果应用于其他国家的企业具有挑战性。因此，在今后的研究中，我们有必要对不同国家的企业进行研究，也有必要研究不同国家之间的差异。三是本研究衡量了受访者对企业生态友好创新的认知程度。虽然受访者的感知程度可能会显示出与客观测量结果类似的结果（Dess and Robinson，1984），但今后有必要使用客观数据对这一研究模型进行重新验证，以得出更清晰的研究结果。

10 绿色技术创新效率：区域差异与影响因素

绿色技术创新已成为新时代实现经济高质量增长、全面践行新发展理念的重要内容。本节内容主要基于2005—2018年中国省级面板数据，运用结合了不良产出的超效率松弛测度（SBM）模型和Dagum基尼系数法，对绿色技术创新效率及区域差异进行了测算。同时，通过构建空间计量模型，讨论并分析了影响绿色技术创新效率的因素。研究结果表明：一是我国绿色技术创新效率呈现出相对稳定的发展态势，经历了“平稳期”“衰退期”“成长期”三个阶段。但不同地区之间的效率差距明显，特别是东部>中部>西部地区，中西部地区绿色技术创新效率水平低于全国平均水平。二是我国绿色技术创新效率区域差异明显，但整体趋于缩小，区域差异是造成整体差异的主要原因。从区域内变化来看，东部地区变化相对稳定，中部地区呈倒U形走势，西部地区变化较大，呈波动下降趋势。三是企业规模、政府支持、对外开放程度、环境法规和教育水平等因素影响绿色技术创新效率。此外，产业结构阻碍了产业绿色技术创新效率，且各影响因素都具有不同程度的空间溢出效应。

10.1 引言

作为指导生态文明建设和绿色经济发展的“指挥棒”，新发展理念不仅对当前经济结构调整和产业转型升级提出了更高要求，也为推动绿色发展的第一动力——绿色技术创新增添价值。工业产业作为绿色技术创新发展的主战场和技术创新驱动发展战略的重要抓手，是促进经济高效稳定增长的重要引擎，对提升国家综合竞争力具有重要作用（Shao et al.，2019）。此外，我国是工业大国，工业是 GDP 增长的重要来源，是绿色创新发展的主战场，是科技创新驱动发展战略的重要抓手，是促进经济高效稳定增长的重要引擎（Shen et al.，2020）。

近年来，我国科技研发成果取得重大突破，产业蓬勃发展。但由于受地理位置和历史问题的影响，创新过程中的区域发展不平衡问题日益突出，如东部地区环境附加成本增加、中部地区成果转化效率低、西部地区生态经济失衡等，严重阻碍了绿色技术创新向高质量、深层次发展（Mao et al.，2019）。同时，由于我国东、中、西部地区经济社会发展存在明显的“梯度差异”，新旧动能转换和新旧产业创新难以落实，技术交流和知识传播受阻，不利于绿色技术创新水平的提升。总之，如何全面提升绿色技术创新效率，已成为推动经济转型落实的必然选择。因此，旨在科学测算我国绿色技术创新效率，探讨影响绿色技术创新效率的关键因素和空间溢出效应，为提高绿色技术创新水平、推动我国经济高质量发展提供理论参考。

综上所述，前人对绿色技术创新进行了卓有成效的研究，但仍有很大的拓展空间。一是现有研究虽然能将创新理论与环境理念相结合构建评价体系，但忽视了生态效益的提升和政策引导。此外，指标选取过于简单，难以反映绿色技术创新效率的真实水平。二是以往研究强调国家层面的绿色技术创新及其影响因素，忽视了驱动因素对特定区域的影响机制，如我国东、中、西部地区以及不同程度的空间溢出效应。

基于此，本书将知识产权、保护项目数量和环保应用作为政策投入指标纳入评价指标体系，采用考虑意外产出的超效率 SBM 模型来衡量绿色技术创新效率，并结合 Dagum 基尼系数和空间计量经济模型尝试回答以下问题。

10.2 文献综述

“绿色创新”于 1996 年首次被提出，随即引发了广泛关注。双重外部性是绿色创新的典型特征，即创新成果的正外部性与环境效益的正外部性并存（Chen et al.，2018）。早期学者主要从狭义的技术角度对绿色创新进行研究，但随着研究的深入，绿色创新的内涵被大大拓宽，有时被称为生态创新、环境创新和可持续创新（Schiederig et al.，2012）。绿色技术创新是绿色创新的核心组成部分。关于绿色技术创新的概念，学术界尚未形成统一的定论。有学者认为，从产品的生命周期来看，绿色技术创新可以有效降低产品成本（Xie et al.，2019），而产品的生命周期体现在产品从生产到推广以及最终市场化的全过程。从企业角度来看，有学者认为绿色技术创新主要包括绿色产品技术研发和清洁能源生产技术创新两个方面，是企业提升核心竞争力的主要途径。从综合成本的角度看，有学者认为绿色技术创新的核心目标是最大限度地降低产品生命周期的内外部综合成本，也就是生态技术创新。

一般来说，绿色技术创新是一个综合性概念。目前，学术界公认，凡是有利于实现经济与环境双赢或“经济、资源、环境”协调发展的创造性行为，均可称为绿色技术创新（Marra et al.，2017）。大力开展绿色技术创新活动，提升绿色技术创新效率水平，对实现生态环境与经济发展和谐共生具有重要的现实意义。

目前，有关绿色技术创新效率的研究课题主要集中在效率测量（Luo et al.，2019）、评价体系构建（Li et al.，2018）、时空特征（Xu et al.，2020）、影响因素分析（Liu et al.，2020）等方面。早期通常使用 Banker、Charnes 和 Cooper（BCC）模型（Wang et al.，2015）和 Charnes、Cooper 和 Rhodes（CCR）模型来衡量绿色技术创新效率。然而，传统的数据包络分析（DEA）模型忽略了因素的“松弛”，导致测量结果缺乏真实性。为了解决这一问题，冯等（2013）引入 DEA-SBM 模型计算了中国 8 个经济区的绿色技术创新效率，并与 DEA-CCR 模型进行了比较，得出了更为科学的 SBM 模型结论。随着研究的深入，超效率 SBM 模型不仅解决了传统 DEA 模型忽略意外产出的问题，还能进一步细化有效单元的效率差异，逐渐成为现阶段衡量绿色技术创新效率的主流方法（Li and Du，2021）。绿色技术创新效率评价体系是包括科技创新、资源消耗和环境污染在内的综合评价方法，它能有效衡量经济领域创新活动的绿色水平，它是在绿色全要素生产率和技术创新效率的基础上发展起来的。同时，它解决了前者不考虑研发投入和产出，后者忽视资源消耗和环境污染对创新体系影响的问题。

目前，大多数学者从输入、预期输出和非预期输出三个方面考虑绿色技术创新评价体系的构建。其中，投入要素多选自劳动力、资本和能源（Wang et al.，2021），预期输出主要包括经济产出和技术产出（Shi et al.，2020），非预期输出主要选择工业“三废”作为衡量指标（Han et al.，2020）。绿色技术创新效率的研究规模主要包括企业、行业和区域三个层面（Miao et al.，2017），经历了从微观层面到宏观层面的演变。在绿色技术创新的起步阶段，前人对微观企业层面的绿色技术创新机制和影响因素开展了丰富多样的研究，并指出激励政策和能力对企业绿色技术创新效率具有显著的正向作用。然而，随着社会的发展，一些学者逐渐认识到微观层面的研究所带来的改善效果存在很大的局限性，进而将研究领域逐渐扩展到省份（Guo et al.，2018）和全国（Wang et al.，2019）等宏观领域。并对不同地区绿色技术创新效率的时空特征及演化规律进行了详细的解释。作为兼具经济和生态特征的典型指标，绿色技术创新效率受到多种因素的影响，主要集中于企业规模（Zhang and Vigne，2021）、经济发展水平（Fan et al.，2021）、环境规制（Zhang et al.，2021）、产业结构（Du et al.，2021）和教育水平（Luo and Zhang，2021）等影响因素的分析。影响机制大致可分为三类：线性（Zhang et al.，2020）、非线性（Wang et al.，2021）和阈值效应（Liu et al.，2018）。由于研究领域和方法不同，研究结论也不同。

10.3 研究方法及指标选择

10.3.1 指标选择

10.3.1.1 输入指标

对于绿色技术创新的投入指标，在人力、资本、资源和政府政策方面做出了四种选择。一是对于人力投入，通常用研发人员总数或研发人员专职当量来表示。由于就业劳动力总数和实际工作时间都会对绿色技术创新活动产生影响，因此选择研发人员的全职当量来代表人力投入水平。二是对于资本投资，以往的研究大多采用研发内部支出来表达（Alarcón and Sánchez，2013），但这种表达方法并不能准确反映资本投资对绿色技术创新的积累效应和滞后效应。因此，采用永续盘存法来计算各省（自治区、直辖市）的研发内部支出，代表资本投入（Berlemann and Wesselhöft, 2014）。三是在资源投入方面，选取工业用水总量、建设用地总量和工业能耗总量三个典型指标。前两项指标反映了绿色技术创新中自然资源的投入水平，建设用地总量也可以反映区域空间结构优化的效果。此外，选择工业能源消耗总量主要是因为企业作为创新主体在创新活动中的贡献较大。四是对于政策投入，以往的研究在衡量绿色技术创新效率时并未考虑该指标。事实上，政府支持也是决定绿色技术创新水平的关键因素。然而，工业企业作为资源消耗和创新活动的主体，在政策激励下进行决策，创新成果的产出速度和环境绩效会受到政策的影响。因此，我们将知识产权保护项目数和环保申请量作为衡量政策投入的指标。

10.3.1.2 输出指标

对于绿色技术创新效率的产出要素，选择了三个视角：经济产出、技术产出和非期望产出。一是对于经济产出，通常用经济总量或新产品销售收入来表示。但新产品销售收入更多地反映了各省（自治区、直辖市）的创新水平获取利润的能力。二是对于技术产出，学者们一般选择专利申请授权量或专利申请数来代表。但由于专利申请总量质量参差不齐，难以体现创新效益的差异，因此本书选择专利申请授权量来代表技术产出。三是对于不良产出，以往的研究通常采用工业“三废”排放量，主要包括工业二氧化硫排放量、工业烟（粉）尘排放量、工业废水排放量和工业固体废物排放量。此外，考虑到环保政策的实施可能对环境改善产生明显效果，本书还将环境投诉数量纳入意外产出。

10.3.1.3 影响因素

参考 de Medeiros 等（2018）的研究成果，结合我国绿色技术创新发展的现状和特点，可以在市场环境中找到影响绿色技术创新效率的关键因素以及区域创新环境（政策环境）。其中，市场环境的影响因素主要包括企业规模、产业结构、对外开放程度等。政策环境的影响因素主要包括政府支持、环境规制和教育水平。以下是每个变量的解释。

（1）企业规模（ES）。关于企业规模对绿色技术创新的影响主要有两种观点：一种观点认为，企业规模越大，可以获得的规模回报越多，越有利于绿色技术创新，即企业规模与绿色技术创新正相关。另一种观点认为，大型企业由于层级较多、运营体系固化、对资源的依赖性较强，可能会降低绿色技术创新效率。本书选取各省（自治区、直辖市）工业 GDP/企业数来代表企业规模。

（2）产业结构（INS）。绿色技术创新系统（GTIS）的非期望产出受产业结构的影响，因此选择第二产业的比重来代表产业结构。

（3）开放性（OPEN）。一般认为，对外开放程度与绿色技术创新效率呈正相关。开放程度高的地区与外界联系更加紧密，能够带来先进生产技术、高素质劳动力、高水平管理经验等创新要素，有利于企业弥补自身不足。结合本地优势和自身短板，本书选取进出口总额来代表对外开放程度。

（4）政府支持（GOVE）。政府作为市场的管理者，是企业开展创新活动的基本保障。适当的支持可以激发企业的创新活力，促进绿色技术创新水平的提升。但过度的政府支持降低了企业创新的积极性，使企业对创新补贴、绿色贷款等优惠政策产生依赖，阻碍了绿色技术创新的发展。因此，本书选取政府科技活动的财政支出来表达政府对科技活动的支持程度。

（5）环境监管（ER）。"波特假说"认为，适当的环境规制可以促进绿色技术创新，有效减少非预期产出（Ambec et al.，2013），但高强度的环境规制使企业产生"环境合规成本"，占用原本用于绿色技术创新的资金。因此，本书选择工业污染治理投资额来代表环境规制。

（6）教育水平（STU）。教育水平影响着绿色技术创新系统的人力投入指标，高素质劳动力水平是绿色技术创新效率发展的保障。因此，本书选取大学生人数来表示受教育程度。

10.3.2 模型构建

10.3.2.1 考虑非期望值的超效率 SBM 模型

与传统的 CCR 和 BCC 模型相比，超效率 SBM 模型可以将松弛变量纳入目标函数中，从而解决变量松弛的问题。同时，可以进一步分解效率值为 1 的有效单元，实现有效单元之间的相互比较，提高计算结果的准确性。具体目标方程模型如下：

$$\min\rho = \frac{\frac{1}{m}\sum_{i=1}^{m}(\bar{x}/x_{ik})}{\frac{1}{r_1+r_2}\left(\sum_{s=1}^{r_1}\overline{y^d}/y_{sk}^d + \sum_{q=1}^{r_2}\overline{y^u}/y_{qk}^u\right)}$$

$$\begin{cases}\bar{x} \geqslant \sum_{j=1,\ \neq k}^{n} x_{ij}\lambda_j,\ j=1,\ 2,\ \cdots,\ m \\ \overline{y^d} \leqslant \sum_{j=1,\ \neq k}^{n} y_{sj}^d\lambda_j,\ s=1,\ 2,\ \cdots,\ r_1 \\ \overline{y^u} \geqslant \sum_{j=1,\ \neq k}^{n} y_{qj}^u\lambda_j,\ q=1,\ 2,\ \cdots,\ r_2 \\ \lambda_j \geqslant 0,\ j=1,\ 2,\ \cdots,\ n;\ j\neq 0 \\ \bar{x} \geqslant x_k,\ k=1,\ 2,\ \cdots,\ m \\ \overline{y^d} \leqslant y_k^d,\ d=1,\ 2,\ \cdots,\ r_1 \\ \overline{y^u} \geqslant y_k^u,\ u=1,\ 2,\ \cdots,\ r_2 \end{cases} \tag{10-1}$$

式（10-1）中，ρ 代表绿色技术创新效率，n 为 30 个省（自治区、直辖市），m 为投入指标个数。r_1 和 r_2 分别表示预期输出和意外输出的数量。x、y^d 和 y^u 分别表示对应的输入矩阵、预期输出矩阵和非预期输出矩阵中的元素。

10.3.2.2 Dagum 基尼系数分解法

衡量地区差异的方法包括泰尔指数、变异系数、基尼系数等，但这些方法不能进一步分解地区差距并比较子样本的分布情况，因此具有一定的局限性。而 Dagum 基尼系数法可以将研究区域分解为若干子区域，并计算总体差异、区域内差异、区域间差异和超变量密度，有效解决了上述问题。参考 Lerman 和 Yitzhaki（1989），Dagum 基尼系数法的具体计算方程如下：

$$G = \frac{\sum_{j=1}^{k}\sum_{h=1}^{k}\sum_{i=1}^{n_j}\sum_{r=1}^{n_h}|x_{ji} - x_{hr}|}{2n^2\bar{x}} \tag{10-2}$$

式（10-2）中，G 代表 Dagum 基尼系数，n 代表中国 30 个省（自治区、直辖市），k 代表样本中的子区域数量。x_{ji} 和 x_{hr} 分别代表 j 和 h 子区域的绿色技术创新效率值，n_j 和 n_h 分别代表 j 和 h 子区域的省市数量，x 代表样本中绿色技术创新效率的平均值。

其中，Dagum 基尼系数可分解为三部分：区域内差异（G_w）、区域间超变量净值差异（G_{nb}）和区域间变变强度（G_t）。参见公式（10-3）。

$$G = G_w + G_{nb} + G_t \tag{10-3}$$

具体计算公式为

$$G_{jj} = \frac{\frac{1}{2\bar{x}_j}\sum_{i=1}^{n_j}\sum_{r=1}^{n_j}|x_{ji} - x_{jr}|}{n_j^2} \tag{10-4}$$

$$G_w = \sum_{j=1}^{k} G_{jj}p_js_j \tag{10-5}$$

$$G_{jh} = \frac{\sum_{i=1}^{n_j}\sum_{r=1}^{n_h}|x_{ji} - x_{hr}|}{n_jn_h(\bar{x}_j + \bar{x}_h)} \tag{10-6}$$

$$G_{nb} = \sum_{j=2}^{k}\sum_{h=1}^{j-1} G_{jh}(p_js_h + p_hs_j)D_{jh} \tag{10-7}$$

$$G_t = \sum_{j=2}^{k}\sum_{h=1}^{j-1} G_{jh}(p_js_h + p_hs_j)(1 - D_{jh}) \tag{10-8}$$

$$D_{jh} = \frac{d_{jh} - p_{jh}}{d_{jh} + p_{jh}} \tag{10-9}$$

$$d_{jh} = \int_0^{\infty} dF_j(x)\int_0^{x}(x - y)dF_h(y) \tag{10-10}$$

$$p_{jh} = \int_0^{\infty} dF_h(x)\int_0^{x}(x - y)dF_j(y) \tag{10-11}$$

式（10-3）~式（10-11）中，G_{jj}、G_w、G_{jh}、G_{nb}、G_t 分别表示 j 区域的基尼系数、j 区域的内部差异、j 区域与 h 区域的变异系数、j 区域和 h 区域之间的差异以及跨变强度。P_j 表示区域 j 的样本数占样本总数的比例。D_{jh} 代表 j 区域和 h 区域绿色技术创新效率的相对影响力。D_{jh} 表示 j 区域和 h 区域满足 $x_{ji} > x_{hr}$ 的绿色技术创新效率累计总和的数学期望。P_{jh} 表示 j 区域和 h 区域满足 $x_{ji} < x_{hr}$ 的绿色技术创新效率累计总和的数学期望。F_j 和 F_h 表示区域 j 和区域 h 的累积密度分布函数。

10.3.2.3 空间计量经济模型

一是空间权重矩阵。目前，学术界对于空间权重矩阵的设置还没有统一的标准。本书参考 LeSage 和 Pace（2014）的研究成果，遵循空间权重简化原则，优先考虑仅由 0 和 1 组成的相邻权重矩阵（W）。此外，通过构建反距离空间权重矩阵（D）和经济距离空间权重矩阵（E）来检验回归结果的稳健性。二是空间计量经济模型。以往研究中常用的模型主要包括空间自回归模型（SAR）、空间误差模型（SEM）和空间杜宾模型（SDM）。由于空间杜宾模型（SDM）同时考虑了因变量和自变量的空间相关性，具有较强的解释能力，因此本书将 SDM 作为计量经济模型分析的起点。其一般形式如下：

$$\ln Eff_{i,t} = \rho W \ln Eff_{j,t} + \gamma_i W X_{i,t} + \beta_i X_i + \mu_t + \eta_i + \varepsilon_{i,t} \quad (10-12)$$

基于理论模型推导，本书的实证模型为

$$\begin{aligned} \ln Eff_{i,t} = & \rho W \ln Eff_{j,t} + \gamma_1 W \ln ES + \gamma_2 W \ln INS + \gamma_3 W \ln OPEN + \\ & \gamma_4 W \ln GOVE + \gamma_5 W \ln ER + \gamma_6 W \ln STU + \beta_1 \ln ES + \beta_2 \ln INS + \\ & \beta_3 \ln OPEN + \beta_4 \ln GOVE + \beta_5 \ln ER + \beta_6 \ln STU + \mu_t + \\ & \eta_i + \varepsilon_{i,t} \end{aligned} \quad (10-13)$$

式（10-13）中，ρ 表示空间滞后项系数，γ_i 为解释变量的空间自回归系数，μ_t 和 η_i 分别表示个体固定效应和时间固定效应。$\varepsilon_{i,t}$ 为随机干扰项。

10.3.3 数据来源

本书样本选取了 2005—2018 年我国 30 个省（自治区、直辖市）的历史数据。考虑到数据的可获得性和真实性，样本不包括西藏自治区、港澳台地区。本书的指标数据来源于《中国统计年鉴》《中国环境统计年鉴》《中国专利统计年报》《省市统计年鉴》以及 EPS 数据库。其中，当年缺失数据采用插值法补充。

10.4 绿色技术创新效率的区域差异及分析

改革开放以来，随着我国经济的不断发展，东、中、西部地区的发展呈现出明显的阶梯状分布。东部地区社会经济发展最快，中西部地区则连续下降。与中西部地区相比，东部地区经济发展水平较高，市场资源相对丰富，相关配套设施较好，拥有大量的高素质人才，为绿色技术创新提供了更好的基础条件。中西部地区的自然资源丰富，但基础设施不完善、产业基础薄弱、技术相对落后，导致绿色技术创新动力不足。

综上所述，本书根据地理位置和经济发展水平的差异，参照国家统计局的标准，划分为 30 个省级行政区（不含西藏、香港、澳门和台湾）。以政策差异和数据连续性）分为东、中、西部三大经济区域。将观察对象划分为三个区域，以期在合理的绿色技术创新效率转移和传导成本范围内，实现东部省份对中西部省份的带动作用，促进各地区的绿色技术创新均衡发展，提高绿色技术创新效率，建立绿色技术创新效率在行业间的传导机制，推动我国产业绿色技术创新和可持续发展。

30 个省（自治区、直辖市）绿色技术创新效率按式（10-1）计算。参考国家统计局的标准，结合经济发展水平、地理位置等因素，将我国划分为东、中、西部三个区域。其中，东部地区包括北京、天津、河北、辽宁、上海、江苏、浙江、福建、山东、广东、海南 11 个省（直辖市）；中部地区包括山西、吉林、黑龙江、安徽、江西、河南、湖北、湖南 8 个省；西部地区包括内蒙古、广西、重庆、四川、贵州、云南、陕西、甘肃、青海、宁夏、新疆 11 个省（自治区、直辖市）。

结果表明，绿色技术创新效率呈现“先下降后上升”的趋势（见图 10-1）；2005—2007 年为稳定期，绿色技术创新效率始终在 0. 60 左右波动。2009 年，创新产出呈现“断崖式”下降，表明我国创新产出与经济发展之间的平衡被打破，外部因素对工业发展的影响增强。其主要原因是，国际金融危机严重影响产业技术创新成果进一步市场化，新产品进出口贸易受到较大冲击，各地经济效益出现不同程度下降，导致产业技术创新成果大幅下降。在绿色技术创新效率中。2010 年以后，绿色技术创新效率开始回升，其曲线变化渐趋平稳。

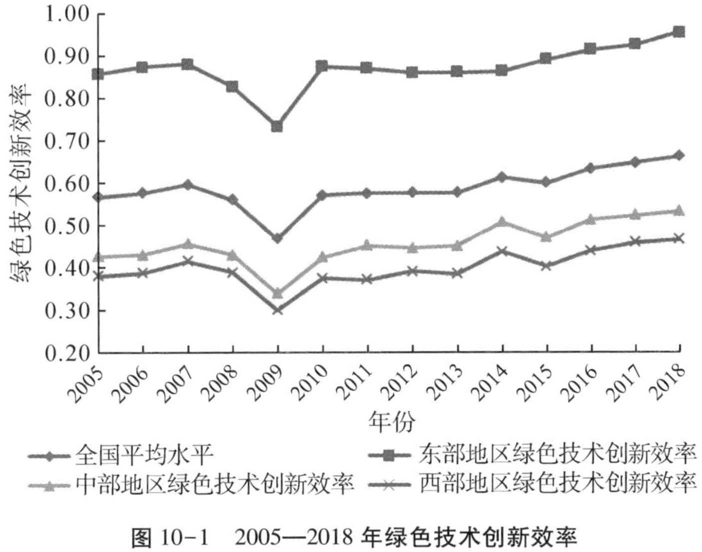

图 10-1　2005—2018 年绿色技术创新效率

分地区看，东部地区绿色技术创新效率最高，2010—2018 年呈波动上升趋势，曲线变化平缓，发展相对平稳。中西部地区绿色技术创新效率始终低于全国平均水平。在金融危机过后，特别是 2013 年以后，该地区绿色技术创新效率开始逐渐上升。这一变化也导致全国平均水平波动上升。其原因在于，中西部地区大力实施的环保政策有效促进了绿色技术创新效率的提升，而“蓝天保卫计划”的实施则进一步明确了这是绿色产业发展的必然之路。可持续发展与生态环境的“高美”、经济发展的“高质量”齐头并进。随着国家“西部大开发战略”“4 万亿计划”“一带一路”倡议的实施，中西部地区基础设施、传统技术改造和科技研发投入不断加大，带动企业经济效益和创新产出不同程度提升，进一步推动产业高新产业发展。此外，我国东、中、西部地区绿色技术创新效率的变化规律与全国相似，但这三个地区之间的差距明显，东部地区最高，中部地区次之，西部地区最低。而且中西部地区绿色技术创新效率平均水平较低，提升空间和潜力较大。

为了进一步揭示我国绿色技术创新效率的区域差异及来源，基于 30 个省（自治区、直辖市）的面板数据，采用 Dagum 基尼系数分解法测算总体差异、区域差异和区域内差异。比较 2005—2018 年绿色技术创新效率差异，结果如表 10-1 所示。

表 10-1　中国区域绿色技术创新效率基尼系数分解结果

年份	全样本	区域内差异			地区间差异			贡献率/%		
		东部	中部	西部	中-东部	东-西部	中-西部	区域内差异 G_w	跨区域 G_{nb}	跨变强度 G_t
2005	0.286	0.200	0.099	0.226	0.357	0.391	0.191	23.260	62.834	13.906
2006	0.287	0.198	0.099	0.222	0.370	0.388	0.185	23.039	63.128	13.833
2007	0.272	0.198	0.100	0.213	0.344	0.365	0.177	23.916	60.809	15.276
2008	0.283	0.224	0.124	0.225	0.342	0.367	0.200	25.636	57.748	16.616
2009	0.406	0.309	0.143	0.286	0.478	0.549	0.267	24.215	65.112	10.673
2010	0.293	0.201	0.136	0.223	0.356	0.403	0.202	23.304	63.982	12.714
2011	0.291	0.200	0.115	0.272	0.324	0.401	0.230	24.262	61.593	14.145
2012	0.286	0.209	0.105	0.260	0.315	0.391	0.230	24.683	59.732	15.585
2013	0.302	0.221	0.156	0.271	0.359	0.386	0.229	25.834	55.908	18.258
2014	0.264	0.197	0.099	0.238	0.302	0.354	0.203	25.134	57.970	16.896
2015	0.267	0.201	0.101	0.239	0.323	0.347	0.197	25.499	56.389	18.112
2016	0.249	0.199	0.089	0.209	0.291	0.335	0.176	25.456	58.462	16.083
2017	0.242	0.190	0.082	0.211	0.292	0.321	0.170	25.387	56.325	18.288
2018	0.248	0.196	0.070	0.201	0.306	0.335	0.163	24.623	59.076	16.301

从总体差异来看，调查期间绿色技术创新效率整体基尼系数波动下降，技术效率落后地区逐渐对领先地区形成“追赶效应”。2005—2009年，整体差距反复波动，波动幅度较大，从2005年的0.286到2007年的0.272，然后上升到峰值0.406。此后，整体基尼系数持续下降，直至2013年出现小幅“反弹”。2014—2018年，基尼系数呈现“上升—下降—上升”趋势，反复跳跃，达到最低值0.242。2016年，这一变化表明我国绿色技术创新效率整体协同性较弱，区域发展存在较大差异。但随着可持续发展战略的实施和一系列环保政策的出台，极大地鼓励企业逐步由“三高一低”的生产模式向“资源节约型、环境友好型”转变。在“友好型”发展模式下，绿色技术创新效率不平衡的现象略有缓解。

从区域内差异来看（见图10-2），西部地区绿色技术创新效率的区域差异最大，其次是东部地区和中部地区。具体来看，东部地区的基尼系数变化平缓，始终在0.2上下浮动，这得益于东部地区技术交流密切、发展环境优良、产业基础雄厚、协调发展战略和包容性的国家政策。中部地区的基尼系数呈倒U形走势，波动幅度较大，下降趋势明显，从2005年的0.099上升到2013年的0.156，随后开始波动下降。这表明，国家提出可持续发展战略后，中部地区经历了产业结构升级时期，企业通过加快淘汰落后产能、推动技术创新，缩小了与工业高新技术产业的差距。西部地区的基尼系数不稳定，呈现“波浪式”反复变化趋势，但区域内整体差异在缩小。其原因可能是，西部大开发战略的实施、国家对西部地区基础设施建设的大力支持以及东部企业西进的鼓励，使得西部地区具备了经济基础和技术实力，产业投资水平也得到提高，西部地区产业投资不平衡状况明显缓解。

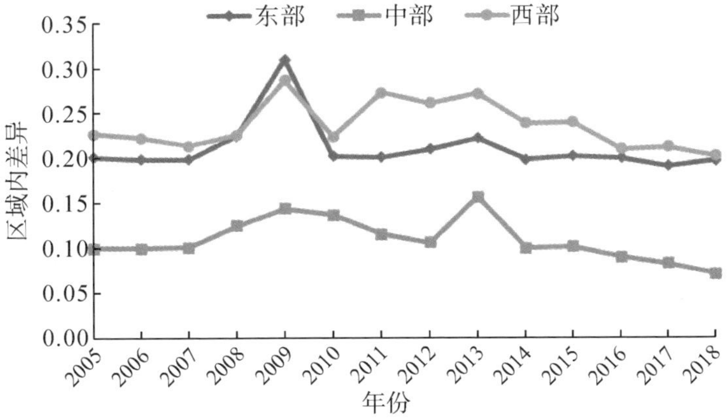

图10-2 2005—2018年绿色技术创新效率的区域内差异

从区域间差异来看（见图 10-3），区域间绿色技术创新效率整体差异呈现波动下降的趋势。其中，东西部区域间的差异最大，东部与中部地区间的差异次之，中西部地区间的差异最小。这表明，东部地区与中西部地区的差异是造成产业升级不平衡的一个主要因素。具体来看，东部地区与中部地区的差异始终在 0. 291~0. 478，并于 2009 年达到峰值，此后开始波动向下，2013—2016 年波动较大，2016 年达到最小值。东西部地区间的差异略大于东中部地区的差异，且这种差异呈倒 N 形走势。这一现象表明这两个地区绿色技术创新的协同作用最弱。与之相比，中西部地区差距较小，波动不大。

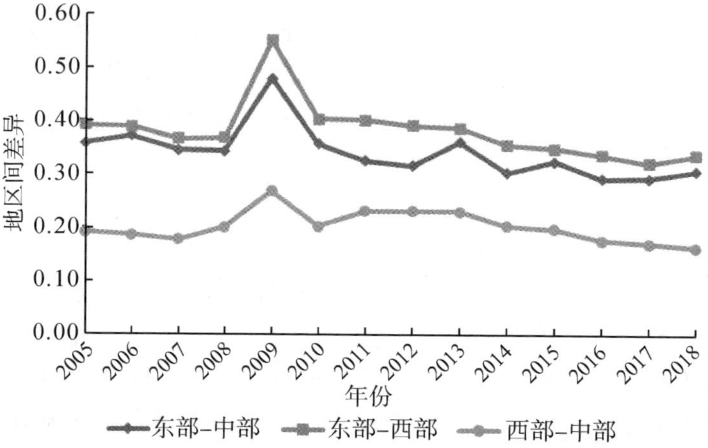

图 10-3　2005—2018 年绿色技术创新效率地区间的差异

从贡献率来看（见图 10-4），区域间（G_{nb}）贡献体现了区域间绿色技术创新效率的差异。区域内贡献（G_w）代表了东、中、西部地区各省（自治区、直辖市）绿色技术创新效率的差异。跨变强度（G_t）代表对绿色技术创新效率的交叉影响。在调查期内，区域间贡献率约占 60%，是造成我国绿色技术创新效率差距的主要因素，其次是区域内贡献率，约占 25%。超变密度最小，约占 15%。从变化趋势看，G_{nb} 整体呈现波动下降趋势。2012—2018 年呈现波浪状变化特征，较 2005 年下降 5. 97%。G_w 相对稳定，总体变化幅度较小；Gt 从 2005 年的 13. 906% 上升到 2008 年的 16. 616%，但在 2009 年经历了“断崖式”下滑，达到最低值 10. 673%。此后开始逐步恢复，并于 2017 年达到峰值 18. 288%。因此，如何有效缩小地区差异成为提高我国绿色技术创新效率的关键。

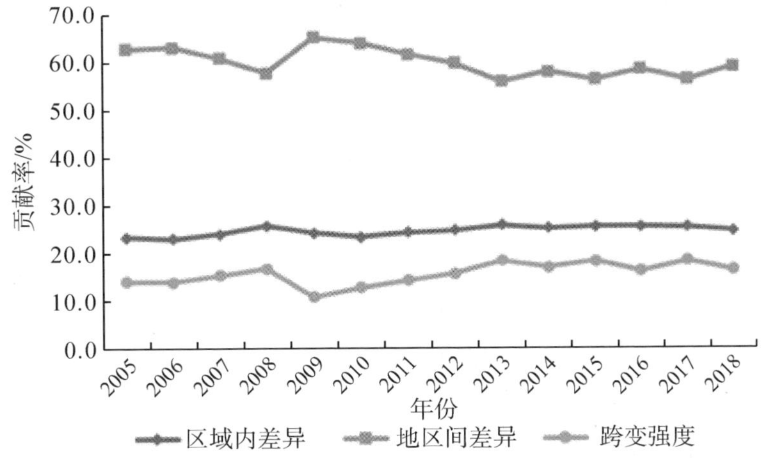

图 10-4　2005—2018 年绿色技术创新效率的贡献率

10.5　绿色技术创新效率的影响因素分析

10.5.1　国家层面的回归结果分析

在进行空间计量模型回归之前，本书利用 Moran's I 指数在相邻空间权重矩阵的基础上检验了中国绿色技术创新效率的空间集聚特征。结果如表 10-2 所示。调查期间，绿色技术创新效率 Moran's I 指数在 0.060～0.115 波动，均通过了 1%水平的显著性检验。因此，可以确定各省（自治区、直辖市）绿色技术创新效率之间存在正的空间依赖关系。此外，通过分析 2005—2018 年 Moran's I 值的时间变化可以看出，其指数值呈现出“先上升—后下降—再上升”的 N 形趋势，表明我国绿色技术创新效率的空间集聚程度有所提升，特别是在 2010 年以后，其正空间相关性逐渐增强。其原因是次贷危机扰乱了金融体系，使得创新资本的投入和产出明显减少。但随着资本的复苏，东部与中西部地区在绿色技术创新效率方面的差距越来越明显。

表 10-2　中国区域绿色技术创新效率的 Moran's I 指数

年份	Moran's I	p Value	年份	Moran's I	p Value
2005	0. 065	0. 007	2012	0. 091	0. 003
2006	0. 068	0. 006	2013	0. 102	0. 003
2007	0. 075	0. 005	2014	0. 098	0. 001
2008	0. 060	0. 005	2015	0. 105	0. 000
2009	0. 066	0. 008	2016	0. 113	0. 002
2010	0. 075	0. 001	2017	0. 107	0. 001
2011	0. 083	0. 001	2018	0. 115	0. 001

借助 Stata16. 0 软件，对我国 30 个省（自治区、直辖市）绿色技术创新效率影响因素进行空间计量回归检验。在不考虑空间相关性的情况下，Hausman 检验结果在 1%的水平上显著，拒绝了随机效应假设，因此选择固定效应模型。考虑到各省（自治区、直辖市）地理位置和经济发展水平的异质性，本书选择时空双固定模型。通过比较修正后的 R^2 和最大似然估计的结果，选择空间杜宾模型（SDM）进行进一步分析。此外，基准模型采用邻接权重矩阵，没有考虑不同省（自治区、直辖市）之间的地理距离和经济活动的空间相关性。因此，本书进一步构造反距离空间权重矩阵和经济距离空间权重矩阵进行稳健性检验。从表 10-3 的估计结果可以看出，SAR、SEM 和 SDM 模型所有解释变量的系数符号均未发生变化，计量经济回归结果的显著性也未发生变化。只有 SDM 模型的一些空间滞后项系数变得不显著。因此，可以确定基准模型的估计结果是稳健的。

（1）企业规模对绿色技术创新效率的回归系数为 0. 085，在 1%的水平上显著，表明企业规模的扩张有利于绿色技术创新效率的提高。其原因可能是，一方面，随着企业规模的扩大，开展绿色技术创新活动可以获得更为可观的规模回报，这使得企业规模对技术创新产生驱动作用；另一方面，企业规模越大，投入技术创新活动的人力、资金等初始资源就越多，能够更好地将专利成果市场化。企业在获得更大经济价值的同时，加大创新活动投入，形成“技术投入—成果输出—经济价值”的良性循环。此外，企业规模的空间滞后系数为 0. 056，在 5%的水平上显著，表明该地区企业规模的扩张将带动邻近地区绿色技术创新效率的提升。究其原因，是企业规模的扩大会促进产业集聚，吸引周边企业，促进人才和资金的加速流动。通过核心技术溢出效应，企业规模逐步形成我国“区域区块”分布特征，降低区域间的技术交流成本，有利于提高绿色技术发展水平。

表 10-3 国家层面的空间计量经济回归结果

变量	邻接距离矩阵（*W*）			反向距离矩阵（*D*）			经济距离矩阵（*G*）		
	SAR	SEM	SDM	SAR	SEM	SDM	SAR	SEM	SDM
lnES	0.083 ***	0.079 ***	0.085 ***	0.077 ***	0.081 ***	0.080 ***	0.066 ***	0.071 ***	0.079 ***
	(0.45)	(0.34)	(0.65)	(0.38)	(0.55)	(0.75)	(0.33)	(0.74)	(0.64)
lnINS	-0.457 ***	-0.504 ***	-0.835 ***	-0.438 ***	-0.511 ***	-0.745 ***	-0.484 ***	-0.514 ***	-0.872 ***
	(-2.43)	(-2.25)	(-1.56)	(-2.81)	(-2.35)	(-1.67)	(-2.77)	(-2.61)	(-1.83)
lnOPEN	0.045 *	0.042 **	0.077 **	0.043 *	0.057 **	0.081 **	0.042 *	0.051 **	0.071 **
	(1.08)	(1.05)	(1.78)	(1.18)	(1.07)	(1.67)	(1.21)	(1.14)	(1.84)
lnGOVE	2.563 ***	2.457 ***	2.755 ***	2.804 ***	2.341 ***	2.847 ***	2.873 ***	2.191 ***	2.826 ***
	(6.58)	(6.44)	(6.93)	(6.94)	(7.04)	(6.85)	(6.44)	(6.31)	(6.77)
lnER	2.238 ***	2.452 ***	2.185 ***	2.341 ***	2.314 **	2.328 ***	2.291 ***	2.316 ***	2.308 ***
	(7.48)	(8.125)	(7.32)	(7.55)	(7.875)	(7.62)	(7.33)	(8.045)	(7.49)
lnSTU	0.032	0.054 *	0.065 *	0.043	0.067 *	0.053 *	0.049	0.063 *	0.078 *
	(0.54)	(0.61)	(1.02)	(0.74)	(0.80)	(1.22)	(0.58)	(0.66)	(0.93)
lnES×W			0.056 **			0.093			0.087 **
			(1.12)			(1.58)			(1.77)
lnINS×W			0.157 **			0.284 *			0.183 *
			(0.64)			(0.85)			(0.74)
lnOPEN×W			-0.045 **			-0.038			-0.051
			(-0.72)			(-0.65)			(-0.87)

表10-3（续）

变量	邻接距离矩阵（*W*）			反向距离矩阵（*D*）			经济距离矩阵（*G*）		
	SAR	SEM	SDM	SAR	SEM	SDM	SAR	SEM	SDM
lnGOVE×W			1.712			1.581			1.655
			(1.95)			(1.85)			(1.64)
lnER×W			−0.850			−0.78			−0.95
			(−1.83)			(−1.66)			(−1.88)
lnSTU×W			0.042 *			0.055 *			0.075
			(0.79)			(0.62)			(0.81)
ρ	0.421 ***		0.258 ***	0.538 **		0.221 ***	0.607 *		0.240 ***
	(0.75)		(0.18)	(0.69)		(0.21)	(0.87)		(0.23)
R^2	0.841	0.855	0.870	0.812	0.846	0.853	0.831	0.840	0.857
Log_L	239.560	245.432	258.725	213.44	218.23	224.96	236.248	239.347	247.442
Time effect	Fixed	Fixed	Fixed	Fixed	Fixed	Fixed	Fixed	Fixed	Fixed
Individual effect	Fixed	Fixed	Fixed	Fixed	Fixed	Fixed	Fixed	Fixed	Fixed
N	420	420	420	420	420	420	420	420	420

注：*、**、*** 分别表示在 10%、5%和 1%的水平下的统计显著性；t 值位于括号中。

（2）产业结构对绿色技术创新效率的回归系数为-0.835，在1%的水平上显著，表明工业产值比重的提高会降低绿色技术创新效率。产业结构是连接生态建设和经济发展的重要“桥梁”。区域产业结构特征在一定程度上决定了企业绿色技术创新活动对能源资源消耗和生态环境的影响。目前，我国仍以“三高一低”的重工业结构为主，对绿色技术创新效率的负面影响仍在持续。此外，产业结构空间滞后系数为0.157，在5%的水平上显著，表明本地区工业产值比重的提高将带动邻近地区绿色技术创新效率的提升，从而与之前的研究结论相似。究其原因，区域内的产业集聚和产业转移，导致高污染、高耗能产业向一个经济区或经济带集中，周边地区的能源消耗和污染物排放明显减少，促进了绿色技术创新效率的提升和经济的发展。

（3）绿色技术创新效率外部回归系数为0.077，在5%的水平上显著，表明产品进出口总额的增长有利于绿色技术创新效率的提升。从回归结果来看，对外开放程度对绿色技术创新效率的影响支持了“污染光环”假说。开放程度越高，该地区就越能率先拥有国外先进的生产设备、技术水平和管理经验，并通过“知识溢出效应”和“榜样效应”辐射周边地区，从而带动周边地区的发展和整体绿色技术水平提升。另外，对外开放程度的空间滞后系数为-0.045，在5%的水平上显著，表明该地区产品进出口总额的增加会降低邻近地区绿色技术创新效率，这与之前的研究类似。从政府角度来看，开放程度高的地区为了创造更多就业机会，加速研发成果市场化，地方政府通常采取“自下而上竞争”的方式吸引邻近地区的人才和资金，导致周边地区的技术人才和资金存量下降，欠缺绿色技术创新的活力。从企业来看，高耗能、高污染产业将逐步向周边落后地区转移，这些省市在外贸交易中已经处于竞争劣势，还要进一步承担环境污染治理成本，导致绿色技术创新效率降低。

（4）政府对绿色技术创新效率支持的回归系数为2.755，在1%的水平上显著，空间滞后系数为1.712，但并不显著，表明增加在政府科技活动方面的支出，能够促进本地区绿色技术创新效率的提升，这种促进作用规模较大，但对邻近省市的影响不大。政府支持对绿色技术创新效率影响的原因主要分为积极和消极两个方面。一是合理的政府支出可以帮助企业快速突破创新障碍，提高整体创新水平；二是过多的资金投入会让本土企业变得懒惰，降低创新的积极性。从已有的回归结果来看，政府支持对绿色技术创新效率的积极影响得到充分体现，表明地方政府可以从市场调节和政府支持两个方面全面推动地方绿色技术创新效率的发展。秉持以市场为导向、企业为主体，政府激励为辅的原则。鼓励企业借助生产技术创新和科技研发创新，提高生产效率，降低污染排放，为提升绿色环保水平创造有利条件。

（5）环境规制对绿色技术创新效率的回归系数为2.185，在1%的水平上显著，空间滞后系数为-0.850，但不显著，表明增加环境污染治理投资能够有效推动环境污染治理成效的提升，在本区域内绿色技术创新效率对邻近地区的影响并不大。或许是因为环境规制是提高绿色技术创新效率的有效手段，政府往往通过指令控制和市场激励两种环境调控手段优化资源配置，倒逼企业生产设备创新、产业技术升级。当企业以较低的科技投入实现较高的利润水平并满足政府的政策要求时，环境规制对技术创新产生“补偿效应”，产业绿色技术创新效率得到提升，这一结果与“波特假说”的推论相符。值得注意的是，目前多数学者认为环境规制与绿色技术创新效率之间存在U形、倒U形、V形非线性关系。环境规制只能在一定限度内促进绿色技术创新效率的提高。因此，政府应采取适当的环境规制，鼓励企业开展绿色技术创新活动，充分发挥环境规制的“催化剂”作用。

（6）绿色技术创新效率与教育水平的回归系数为0.065，在10%的水平上显著，表明大学生数量的增加有利于该地区工业绿色技术创新效率的提升。教育水平与人力资本之间存在正相关关系。区域教育水平可以促进人力资本存量作为绿色技术创新的内生驱动力，人力资本可以有效促进创新成果转化为生产力，加速创新技术的落地和运用，提高资源利用和资本配置的效率。此外，教育水平的空间滞后系数为0.042，在10%的水平上显著，表明该地区大学生数量的增加也会促进邻近地区的产业绿色技术创新效率。其原因可能是人力资本的大规模流动会促进区域间的信息传播和技术知识交流。通过正向溢出效应，人力资本将在区域内形成“1+1>2”的集聚效应，从而增强集体创新意识，进一步推动工业绿色技术发展水平提高。

10.5.2 东西部地区回归结果分析

为了进一步探究我国绿色技术创新效率存在地区不平衡的原因，本书对东、中、西部地区的面板数据进行回归检验，寻找影响不同地区的关键因素，找准薄弱环节。表10-4中的回归结果表明，对于东部地区来说，企业规模、政府支持、开放度、环境规制和教育水平对绿色技术创新效率有显著的正向影响，产业结构有显著的负向影响，而开放度则不显著。具体来说，随着企业规模的扩大，技术密集型产业快速发展，极大提升了高新技术水平。产业结构的影响是负面的，因为该地区技术进步带来的积极效应不足以抵消其对环境的污染。由于东部地区的经济基础较好，产业技术强度较高，企业拥有较多的创新技术和创新空间，合理的政府支出和适当的环境规制能够提升当地绿色技术创新的效率。教育水平的提升以及进出口贸易额的扩大，在很大程度上促进了东部地区高素质劳动力和高新技术的空间集聚和配置。并且，借助知识扩散和技术进步，进一步促进了该地区绿色技术创新效率的提升。此外，企业规模、产业结构和教育水平对邻近地区有显著的正向影响，而其他因素对邻近地区的影响不显著。

表 10-4　中国东、中、西部地区空间计量经济回归结果

变量	东部地区（SDM）	中部地区（SDM）	西部地区（SDM）
Ln ES	0.079 ***	0.052 **	0.044
Ln INS	−0.754 **	0.748 **	0.875 ***
Ln OPEN	0.217 ***	0.317 ***	0.286
Ln GOVE	0.542 ***	0.819 ***	0.820 **
Ln ER	0.301 ***	−0.330 ***	−0.380 ***
Ln STU	0.075 **	0.094 *	0.104
Ln ES×W	0.065 **	0.048	0.021
Ln INS×W	0.235 *	−0.204 *	−0.670 **
Ln OPEN×W	−0.028	−0.118 **	−0.175
Ln GOVE×W	0.380	0.425	0.383
Ln ER×W	0.112	0.241 *	0.240
Ln STU×W	0.047 **	0.055	0.023
ρ	0.185 ***	0.147 ***	0.134 ***
R^2	0.822	0.841	0.897
Log_L	283.97	254.69	268.11
Time effect	Fixed	Fixed	Fixed
Individual effect	Fixed	Fixed	Fixed
N	154	112	154

注：*、**、*** 分别表示在 10%、5%和 1%水平下的统计显著性；t 值位于括号中。

对于中部地区来说，企业规模、产业结构、开放程度、政府支持和教育水平对绿色技术创新效率有显著的正向影响，而环境规制则有显著的负向影响。可能是因为中部地区的能源矿产资源丰富，依托区域自然资源优势，承接和吸纳东部发达地区的产业转移。一方面，产业集聚确实促进了中部地区经济的快速增长，为技术创新积累了原始资本，创造了吸引外资和技术人才的投资环境，使中部地区具备了一定的产业基础、技术水平和经济实力，有效促进了绿色技术创新效率的提升；另一方面，由于长期粗放式发展模式，区域生态环境遭到破坏，区域环境政策作用不明显，技术研发和节能环保实施效果不理想。地方政府经常采取适当的环境监管措施来减少污染物排放。此时，企业会不自觉地向“边缘化”发展，阻碍该地区绿色技术创新效率的提升。此外，产业结构和开放度对邻近地区存在显著的负向影响，环境规制对邻近地区存在显著的正向影响，其他因素对邻近地区不存在显著的影响。

对于西部地区来说，产业结构和政府支持对绿色技术创新效率有显著的正向影响，环境规制有显著的负向影响，其他影响因素并不显著。其原因在于，共建“一带一路”倡议吸引了越来越多的国内外企业入驻，拉动了该地区经济快速增长，加速了区域产业集聚和进出口贸易。这一做法有利于缓解中部地区经济发展与生态环境之间的矛盾，为绿色技术创新活动提供前提条件。此外，企业在发展过程中往往采用传统的生产方式，不注重资源节约、节能减排或技术创新，导致本地区能源资源优势的过度消耗，严重损害了本地区的能源和资源优势。生态环境一度出现“高增长、低发展、重污染”的尴尬局面。此外，产业结构对邻近地区有显著的负面影响，其他因素对邻近地区的影响不显著。

10.6 结论与讨论

10.6.1 主要发现

本书运用兼顾非期望产出的超效率 SBM 模型，对绿色技术创新效率予以测度。同时，结合 Dagum 基尼系数法和空间计量模型，针对绿色技术创新效率的区域差异及影响因素展开分析，进而得出以下结论：

（1）2005—2018 年，我国高新技术产业呈现出较为平稳的发展态势，先后经历了“稳定期”“衰退期”“成长期”三个阶段。分区域来看，我国东、中、西部地区绿色技术创新效率变化规律与全国总体变化规律相似，但东、中、西三个地区的效率差距明显，其中东部地区最高，中西部地区次之、西部最低，中西部地区绿色技术创新效率低于全国平均水平。

（2）Dagum 基尼系数分解表明，2005—2018 年中国绿色技术创新效率总体差异呈波动下降趋势。区域间差异是导致总体差异的主要因素，其次是区域内差异，最后是工业化强度差异。从地区差异来看，东部地区和西部地区绿色技术创新效率差异最大，其次是东部地区和中部地区。整体而言，三个地区绿色技术创新效率格局呈现不平衡状态。此外，从地区内部差异来看，东部地区内部差异变化相对稳定，中部地区内部差异较低并呈倒 U 形趋势，西部地区内部差异变化较大且呈现波动下降趋势。

（3）企业规模的扩大和教育水平的提高既可以促进我国绿色技术创新效率的提升，也可以带动邻近地区绿色技术创新效率的提升。政府支持程度和环境规制对绿色技术创新效率也有正向影响，但空间溢出效应并不显著。产业结构会抑制本地绿色技术创新效率，但能促进邻近地区的绿色技术创新效率。开放程度对绿色技术创新效率有正向影响，但对邻近地区绿色技术创新效率呈现抑制作用。就地区而言，东部地区企业规模、政府支持、开放程度、环境规制和教育水平对绿色技术创新效率有显著的正向影响，对产业结构有显著的负向影响，开放度不显著；中部地区企业规模、产业结构、开放程度、政府支持和教育水平对绿色技术创新效率有显著的正向影响，对环境规制有显著的负向影响；西部地区产业结构和政府支持对绿色技术创新效率有显著的正向影响，对环境规制有显著的负向影响，其他影响因素均不显著。此外，各种影响因素对不同区域具有不同程度的空间溢出效应。

10.6.2 政策启示

根据上述研究结论，得到以下实践启示：一是就全国而言，在完善产业创新发展的同时，积极谋求区域联动发展，结合区域经济社会发展的特点，逐步构建阶段性、深层次的区域创新发展规划，有效降低区域创新发展水平，着力缓解在区域联动创新过程中的结构性矛盾，突破其制度障碍。依托山西、河南等工业大省的资源优势，推进煤钢产业融合，以煤炭新利用、新材料为重点的新技术开发研究。二是东部地区突出工业园区、工业生态园区对推动绿色生态产业的引领作用，高度重视园区选址和规划，高起点规划、高水平设计、高标准建设坚持“以人为本”的企业精神，产业园致力于集产品研发、技术升级、教育培训于一体的新型城市功能综合体。三是就中西部地区而言，政府应考虑在工业企业研发创新过程中的积极性，建立健全相应的政策措施，完善工业基础设施建设，营造更加适宜的创新环境，实施创新补贴政策、推动绿色消费并优化人才政策，以此形成产业集聚和技术集聚，进而促进高新区产业升级。

10.6.3 未来研究方向

中国经济逐步进入高质量发展阶段，我们应该放弃过去牺牲环境的发展模式，大力发展绿色经济，要以绿色技术创新驱动经济发展，促进经济发展与环境友好并存，这是当前重要的经济发展目标。绿色技术创新是中国经济转型和国家竞争优势构建的核心动力，依靠科技进步和产业创新是其赢得全球绿色转型领先地位的关键因素。本节通过研究绿色技术创新效率的趋势，结合内外部环境因素的研究，优化绿色技术创新效率的空间配置，对于推动绿色技术创新，促进经济增长、缩小中国经济差距，具有重要意义。绿色技术创新作为中国绿色经济发展的关键因素，必将改变中国整体经济格局。研究还表明，绿色技术创新已成为中西部地区等相对落后地区赶超东部地区、缩小东西部差距的绝佳途径。

同时，绿色技术创新也是促进经济增长与环境保护“双赢”的助推器。对转变经济发展方式、调整产业结构、解决突出环境问题发挥了重要作用。总之，在我国经济发展进程中，应重视并推动绿色技术创新，认识到绿色技术创新对经济高质量发展的长期促进作用。我国正在大力推动的“低碳经济”。在此过程中，政府应通过协调企业自身和社会各方的利益，保证企业绿色技术创新在经济效益和社会效益间达成平衡，从而充分调动绿色经济发展的积极性和创造性。从区域经济层面来看，这有助于推动绿色经济发展，增强区域经济活动，促进区域经济结构升级。

11 结论

11.1 主要发现

近来，企业界和学术界的一个核心争论点是，绿色发展是否值得，以及什么样的绿色发展模式才是值得推行的。本研究综合运用了利益相关者理论、合法性理论、制度理论、自然资源基础观和吸收能力理论。我们采用一阶差分 GMM 方法和 SYS-GMM 方法并选取中国半导体行业上市公司的动态面板数据探讨了反应型绿色技术创新和主动型绿色技术创新对企业财务绩效的影响进行实证检验。与此同时，本研究还进一步考察了绿色补贴吸收能力、媒体报道等因素在其关系中的调节作用，并补充分析了企业规模在这两者关系中所产生的异质性效应。本研究的结果为相关争论提供了有益的启示。此外，本研究还进一步扩大了样本空间，以探究影响绿色技术创新的前因后果。研究选取了中国沪深两市 A 股上市公司的数据，对影响绿色技术创新的驱动因素展开研究，其中涵盖内部控制与客户参与；除此之外，我们也将研究范围扩大到了宏观层面视角，基于中国省级层面面板数据，考察了我国绿色技术创新效率的区域差异以及影响因素。具体而言，本研究可总结为如下主要发现：

（1）反应型绿色技术创新不值得付出代价。本研究结果表明，半导体企业的反应型绿色技术创新，对企业短期财务绩效和长期财务绩效有显著的负面影响。这表明，反应型绿色技术创新并不能提高企业财务绩效。换句话说，企业采取反应型绿色技术创新不利于提高其短期和长期企业财务绩效。这一结论与之前学者 Sarkis 和 Cordeiro（2001）、Liu 等（2022）和 Baah 等（2020b）的研究结果一致。这可能是因为，反应型绿色技术创新往往在污染物或废物产生后才采取处理措施，无论是现在还是将来都不会受益。

（2）企业值得为主动型绿色技术创新付出代价。我们的实证结果表明，半导体企业的主动型绿色工艺创新对其短期财务绩效和长期财务绩效都有显著的积极影响。这表明，半导体企业的主动型绿色工艺创新有利于提高其短期和长期企业财务绩效。这些发现与以往研究绿色技术创新与企业绩效关系的文献（如 Chen et al.，2006；Tariq et al.，2019；Xie et al.，2019a）一致，他们也认为实施主动型绿色工艺创新的企业可以在短期内盈利。而且，从长期来看，我们发现，这种盈利能力会表现得更好，并能在未来为投资者带来更好的投资回报，因此，企业应采用主动型绿色工艺创新来提高自身价值。此外，我们的实证结果还进一步表明，半导体企业实施主动型绿色产品创新不利于提升其短期企业财务绩效，但却有利于提升其长期绩效。换句话说，虽然实施主动型绿色产品创新在短期内对企业财务绩效略有不利，但从长期来看却会带来收益。综合而言，我们认为主动型绿色产品创新也是值得的，投资者应着眼于长期盈利能力，可以通过实施主动型绿色产品创新来提高财务绩效，这一研究结果与 Lu 等（2018）的研究结果一致，但与 Amores-Saladó 等（2014）不同的是，他们认为绿色产品创新在统计上对企业绩效没有显著影响。有鉴于此，本研究为长期以来关于绿色技术创新与企业财务绩效之间联系的争论提供了一个全新的视角。

（3）我们在半导体企业的反应型绿色技术创新与企业财务绩效的关系中引入了绿色补贴的调节作用，结果显示，绿色补贴显著正向调节了半导体企业的反应型绿色技术创新与短期财务绩效和长期财务绩效之间的关联。换句话说，绿色补贴有效地促进了反应型绿色技术创新对企业财务绩效的提高，这表明反应型绿色技术创新在一定程度上依赖于外部政府补贴。

（4）我们在主动型绿色技术创新与企业财务绩效之间的关系中引入了引入吸收能力作为调节因子。我们仅仅在主动型绿色技术创新考虑了这一因子，是因为吸收能力的核心是对研发工作的投资（Cohen and Levinthal，1990）。相比之下，反应型绿色技术创新是一种末端技术（Xie et al.，2015），侧重生产过程的末端，它是在生产过程的末端对污染物进行处理的做法，其并不涉及通过企业吸收能力来进行研发工作的成果转化。本研究结果表明，吸收能力在很大程度上对主动型绿色技术创新与企业财务绩效之间的关系起到了调节作用。这一发现揭示了吸收能力在二者关系中扮演着重要的角色。具体而言，一方面，我们的实证结果表明，吸收能力正向调节了半导体企业主动型绿色工艺创新与其短期财务绩效和长期财务绩效之间的关系，这与 Xie 等（2015）的研究结果一致。他们认为，吸收能力对绿色工艺创新中的清洁技术与财务绩效之间的关系起着正向调节作用。因此，对于主动实施绿色工艺创新的企业来说，较强的吸收能力无论是在短期还是在长期，都能为企业带来可观的利润。另一方面，本研究结果表明，吸收能力对半导体企业积极、主动进行绿色产品创新与短期企业财务绩效之间的关系起到负向调节作用。尽管如此，我们发现吸收能力（研发强度）与主动绿色产品创新的乘积项相关系数的负效应很小，这种负向调节效应并不会对半导体企业的短期财务业绩产生重大影响，甚至可以忽略不计。而且更有趣的是，它正向调节了半导体企业主动型绿色产品创新与其长期企业财务绩效之间的关系。因此，我们鼓励企业重视提高其在主动型绿色产品创新方面的吸收能力，从而从长远角度为企业带来显著收益。

（5）我们进一步将两种不同类型的绿色技术创新（包括反应型和主动型）置于同一框架下进行研究，并关注媒体报道的调节作用。本研究结果表明，不同类型的媒体报道（报刊媒体或网络媒体）作为非正式的环境监测机制，在很大程度上缓和了上述关系。具体而言，报刊媒体和网络媒体报道对半导体企业反应型绿色技术创新与其财务绩效的关系具有正向调节作用，而对主动型绿色技术创新与其财务绩效的关系起着负向调节作用。这些研究结果表明，媒体在反应型绿色技术创新和主动型绿色技术创新与企业财务绩效之间的关系方面发挥着重要作用，了解这种以媒体为中介的影响有助于企业对其环保举措和公共关系努力进行战略管理。

（6）我们对企业规模异质性的补充分析发现，任何规模的企业都无法从反应型绿色技术创新中获益。此外，与大型企业相比，中小型企业更有能力通过实施主动型绿色技术创新来提高其财务绩效。具体而言，反应型绿色技术创新对大型半导体企业的短期财务绩效和长期财务绩效没有显著影响，但在中小型半导体企业中，则存在明显的负面影响。这些发现意味着，反应型绿色技术创新在任何规模企业中都无法实现有利可图。此外，本研究结果进一步表明，主动型绿色技术创新（包括主动型绿色工艺创新和主动型绿色产品创新）对中小型半导体企业的财务绩效有显著影响。一方面，主动型绿色工艺创新对企业的短期财务绩效和长期财务绩效产生了显著的积极影响；另一方面，主动型绿色产品创新对企业的短期财务绩效有显著的负面影响，但对企业的长期财务绩效有显著的正面影响。有趣的是，大型半导体企业的主动绿色工艺创新和产品创新分别对其短期财务绩效和长期财务绩效产生了相反的影响。更详细地说，主动型绿色工艺创新对其短期财务绩效没有影响，但对其长期财务绩效有显著的负面影响。与此相反，积极的绿色产品创新在短期内会产生显著的负面影响，但对长期财务绩效没有影响。

（7）我们在探究影响绿色技术创新的驱动因素时发现：一方面，内部控制因素对企业绿色技术创新具有积极的影响，同时，环保投资在内部控制影响绿色技术创新的过程中起到了部分中介作用。通过进一步研究，我们发现上述影响关系在重污染企业和非重污染企业、国有企业和非国有企业中均显著存在，但在重污染企业和非国有企业中更为显著。另一方面，客户参与对企业绿色技术创新有积极影响，而且，企业的边界拓展能力在客户参与绿色技术创新关系之间存在部分中介效应。

（8）从宏观层面来看，本研究结果表明，我国绿色技术创新效率呈现出相对稳定的发展态势，经历了“平稳期”“衰退期”“成长期”三个阶段，但不同地区之间的效率差距明显，特别是东部>中部>西部地区，中西部地区绿色技术创新效率水平低于全国平均水平。而且，我国绿色技术创新效率的区域差异明显，但整体趋于缩小，区域差异是造成整体差异的主要原因，从区域内变化来看，东部地区变化相对稳定，中部地区呈倒 U 形走势，西部地区变化较大，呈波动下降趋势。此外，企业规模、政府支持、对外开放程度、环境法规和教育水平等因素影响绿色技术创新效率，产业结构却阻碍了产业绿色技术创新效率，且各影响因素都具有不同程度的空间溢出效应。

11.2　理论贡献

本研究从以下五个方面为有关该主题相关文献作出了贡献。

（1）本研究通过在同一研究中引入多样化的绿色技术创新（反应型绿

色技术创新和主动型绿色技术创新），为现有文献做出了贡献。根据实证结果，反应型绿色技术创新和主动型绿色技术创新对企业财务绩效的影响是不同的。研究结果为绿色技术创新与企业财务绩效之间的关系提供了更具示范性的细化见解，可以填补以往研究的空白。以往的研究很少在同一研究中根据环境态度对绿色技术创新进行分类研究（Jiang et al.，2018；Johl and Toha，2021；Liston - Heyes and Vazquez Brust，2016；O'Donohue and Torugsa，2016；Ryszko，2016）。此外，我们进一步将主动型绿色技术创新分为主动型绿色工艺创新和主动型绿色产品创新。可以说，这种分类在以往的研究中也没有得到充分利用（Xie et al.，2019a；Awan et al.，2021；Wang et al.，2021），这意味着我们的研究进一步弥补了现有文献的不足。

（2）很少有学者从企业财务视角出发，将不同类型的绿色技术创新与之结合起来研究（Chen et al.，2012；Chen et al.，2016；Kim，2018；Baah et al.，2020b）。然而，财务视角是影响企业及其管理者对环境问题的态度和行动的关键因素（Calza et al.，2017）。本研究通过关注多维财务视角（短期财务绩效和长期财务绩效），深化了学者们对绿色技术创新与财务绩效之间关系的理解。以往考察绿色技术创新对企业财务绩效影响的研究仅采用单一维度（Russo and Fouts，1997；Aguilera et al.，2013；Lu et al.，2018；Baah et al.，2021a）。同时，现有研究大多只关注绿色技术创新和短期财务绩效（de Azevedo Rezende et al.，2019；Nguyen et al.，2021；Przychodzen and Przychodzen，2015；Wu et al.，2020a），却很少有学者全面考虑长期财务绩效来研究它们之间的关系（Okafor et al.，2021；Ruggiero and Lehkonen，2017）。然而，本研究将短期财务绩效和长期财务绩效结合起来并引入同一研究中，分别考察了不同类型的绿色技术创新对它们的影响，从而填补了现有研究的空白。

（3）本研究综合使用了多种理论来更好地理解多样化绿色技术创新对企业短期财务绩效和长期财务绩效的影响提供了一个新的视角。例如，结合制度理论和合法性理论来解释反应型绿色技术创新对企业财务绩效的影响。此外，还运用了利益相关者理论、自然资源基础观和吸收能力理论来解释主动型绿色技术创新对企业财务绩效的影响。在同一研究中既有划分又有总结地运用多种理论，丰富了现有研究的理论基础。因为据我们所知，虽然这些理论一直是该主题文献的重点，但它们的使用方式分散而凌乱（Aguilera-Caracuel and Ortiz-de-Mandojana，2013；Farza et al.，2021；Ren et al.，2022；Saleem et al.，2021；Weng et al.，2015）。

（4）本研究聚焦中国的半导体行业，为相关文献做出了贡献。然而，同样重要的是，该行业应采取可持续的环保措施，这是因为半导体生产过程中也存在环境污染，如有害物质和废物、废气排放、废水和能源消耗。据我们所知，学者们对这一行业的环境问题尚未得到充分研究（Park et al.，2021），之前的研究更多集中在重污染行业，如能源（Wu et al.，2020a；Riillo，2017；Johl and Toha，2021；Chen and Ma，2021；Yan and Zhang，2021）、采矿业（Chan et al.，2016；Ganda，2018）、汽车制造业（Paraschiv et al.，2012；Lin et al.，2019b）。

（5）本研究还借助差分广义常量估计方法和系统性 GMM 为相关文献增添了新的内容。以往的研究通常使用普通最小二乘法（OLS）（Ghisetti and Rennings，2014；Przychodzen et al.，2018；Lee and Min，2015；Trumpp and Guenther，2017；Okafor et al.，2021；Zhang et al.，2019）和结构方程模型（SEM）（Cheng et al.，2014；Chen et al.，2015b；Chan et al.，2016；Baah et al.，2021a；Zhang et al.，2021）来研究绿色技术创新对企业财务绩效的影响。然而，很少结合使用多研究方法（差分 GMM 和 SYS-GMM）方法来衡量和研究它们之间的关系（Lin et al.，2020；Martínez-Ferrero and Frias-Aceituno，2015；Farza et al.，2021）。该方法的显著特点是，为内生变量构建了工具，可以很好地解决绿色技术创新与企业财务绩效之间的内生性问题（Lin et al.，2019b）。

（6）本研究从微观和宏观两个层面聚焦研究企业绿色技术创新，以往的研究通常仅仅聚焦其某一个层面，特别是我们也关注于企业绿色技术创新的前因后果，既包括前置影响因素（如内部控制、客户参与），也包括经济后果研究（如财务绩效、创新效率），考虑了参与绿色技术创新的各利益相关者，进一步丰富了利益相关者理论。

11.3 管理启示

本研究能够为企业提供一系列具有实际价值的管理启示：一是我们建议企业必须积极、主动地开展绿色技术创新，而不是被动地开展创新，这可以帮助企业提高财务业绩，满足利益相关者的要求。因为本研究结果表明，无论是从短期还是长期来看，主动型绿色技术创新都比反应型绿色技术创新更有可能提高企业的财务绩效。二是企业可以在主动型绿色工艺创新领域加大投入，实现更为卓越的投资绩效，因为我们发现，在短期企业财务绩效方面，主动型绿色工艺创新往往比主动型绿色产品创新更有优势。事实上，许多利益相关者更看重及时的利润回报（Chariri et al.,2018）。三是企业在对这些绿色技术进行投资时应着眼长远，同时还应考虑主动型绿色产品创新。因为本研究结果表明，从长远来看，主动型绿色产品创新能为企业带来更好的未来市场价值。努力开发环保产品和服务，满足消费者日益增长的环保意识，是企业成功实现可持续发展的关键。四是企业应提高内部吸收能力。更强的吸收能力可以为绿色技术创新实践带来更好的财务绩效。因为我们发现，吸收能力在主动型绿色技术创新与企业财务绩效之间的关系中起着积极的调节作用，它是提升企业竞争力的重要资源，有助于企业更好地实现主动型绿色技术创新的可持续价值。因此，企业应积极向员工宣传绿色技术的价值，提高他们对绿色技术的认知水平。特别是对于研发部门的员工来说，更有必要持续有效地学习绿色技术知识，以促进企业更好地实现主动的绿色工艺和产品创新目标。因为他们最终会发现，积极投身绿色发展是极具价值的。五是在当前媒体影响力无孔不入的时代，企业管理层不应回避媒体的聚光灯效应，而应正视媒体在促进透明度和问责制方面所发挥的作用。这种正视可以提高企业进行绿色技术创新的有效性，进而塑造更积极的企业形象，推动企业的可持续发展。

此外，本研究结果还为国家或政府提供了管理方面的启示，尤其是在中国这样的新兴市场。一是我们建议中国等新兴市场国家的政府应引导企业从反应型绿色技术创新转向主动型绿色技术创新。因为本研究结果表明，反应型绿色技术创新并不能为企业带来收益，也就不值得付出代价。因此，政府可以通过完善环境政策进行引导。例如，对于转为主动绿色研发的企业，政府可以提供更优质的绿色信贷，加大对这些企业的扶持力度，以降低其环境成本。二是媒体在这一过程中的作用至关重要。政府应认识到并利用媒体在促进绿色治理和引导企业从反应型转向主动型的绿色技术创新方面的影响力。作为非正式的环境监管机构，媒体可以弥补正式生态保护机制的缺陷，助力高效的绿化企业发展，尤其是在政府政策失灵的情况下。三是政府必须坚定不移地为参与绿色技术创新的企业提供更好的绿色补贴，加大对企业的支持力度，如退税、税率优惠等，降低企业的环境成本，使企业获得绿色投入带来的收益。这是因为本研究结果显示，绿色补贴对反应型绿色技术创新和企业财务绩效之间的关系起到了积极的调节作用。四是在对企业规模异质性效应的补充分析中，我们发现中小型企业比大型企业更有潜力进行主动的绿色技术创新。因此，政府也可以给予中小型企业更多的绿色政策支持，减轻这一群体的环境负担，激励他们更加积极、主动地进行绿色技术创新，收获为绿色发展投入所带来的回报。

11.4 研究局限性及未来研究方向

虽然这项研究提供了颇具价值的见解，但不可否认，其中也存在一些局限性。而这些局限之处可能会为今后的研究提供更多机会。一是某些潜在因素可能会改变绿色技术创新和企业财务绩效之间的关系，包括股东结构异质性、女性首席执行官的特点或投资者的风险偏好，均可能影响绿色技术创新与企业财务绩效的关系。未来的研究应该考虑这些因素以及其他潜在的影响机制。二是虽然我们研究了媒体报道的调节作用，但在研究中并没有区分媒体报道的类型（正面、负面或中性），以及各类报道对绿色技术创新与企业财务绩效关系可能产生的不同潜在影响。未来的研究应考察媒体报道对这种关系所产生的影响。三是本研究数据仅在中国半导体行业上市公司的背景下获得。不同的国家可能有不同的绿色技术创新实践，这些实践可能会导致不同的结果。因此，针对其他新兴经济体的未来研究时，应该调查绿色技术创新和企业财务绩效之间的关联，从而更全面地了解绿色技术创新的作用和影响。四是我们研究模型中的因果关系方向具备可逆性。例如，如果在未来研究中将企业财务绩效设为自变量，未来研究便可从相反方向探索这种关系。

参考文献

[1] 班琦，范小云. 强制性社会责任信息披露与企业绿色创新：来自上市公司绿色专利的证据［J］. 金融评论，2023，15（1）：23-43，122.

[2] 白世秀，章忠志. 内部控制执行力能否提升企业环保投资？［J］. 财经问题研究，2022（2）：104-111.

[3] 别奥，杨上广. 高水平对外开放能否促进企业绿色技术创新：基于自由贸易试验区建设的经验证据［J］. 国际商务（对外经济贸易大学学报），2024（4）：71-88.

[4] 曹霞，张路蓬. 环境规制下企业绿色技术创新的演化博弈分析：基于利益相关者视角［J］. 系统工程，2017，35（2）：103-108.

[5] 陈爱珍，王闯. 企业环境责任、绿色技术创新与企业财务绩效［J］. 税务与经济，2023（4）：82-89.

[6] 陈琪，李梦函. 经济政策不确定性与企业“漂绿”行为［J］. 华东经济管理，2024，38（2）：85-95.

[7] 陈立敏，布雪琳. 社会责任披露能否提升国际化企业绩效？［J］. 管理学刊，2021，34（3）：68-88.

[8] 陈运平，刘燕. 媒体关注对重污染企业绿色技术创新的影响机制：基于政府环境规制与公众参与的中介效应［J］. 管理评论，2023，35（6）：111-122.

[9] 程时雄，刘树家. 长江经济带知识产权保护与城市绿色技术创新效率：基于创新价值链视角的空间效应分析［J］. 中国地质大学学报（社会科学版），2024，24（3）：41-56.

[10] 储勇，施红，张江彦. 自愿参与型环境规制、创新能力与绿色技术创新：来自中国涉农微观企业的数据分析［J］. 科技管理研究，2022，

42（7）：215-225.

［11］丁雪辰，柳卸林. 创新生态系统战略对创业绩效的促进：基于中科院技术衍生企业的实证研究［J］. 管理评论，2021，33（1）：120-132.

［12］杜可，陈关聚，梁锦凯. 异质性环境规制、环境双元战略与绿色技术创新［J］. 科技进步与对策，2023，40（8）：130-140.

［13］范德成，吴晓琳. 中国工业绿色技术创新效率的时空演化特征及协调性研究［J］. 经济问题探索，2022（12）：1-15.

［14］范德成，贾明哲. R&D 资源错配对工业绿色技术创新效率的影响研究：基于数字经济的门槛效应［J］. 科研管理，2024，45（6）：95-104.

［15］付金存，曹觊乐偲，李皓月，等. 企业"漂绿"研究的发展脉络、研究述评与未来展望［J］. 技术经济，2024，43（4）：100-117.

［16］高凯，赵华擎，王玲. 董事高管责任保险与制造业企业绿色创新：基于内部控制的中介效应［J］. 华东经济管理，2022，36（2）：119-128.

［17］龚红，刘婷. 激进式及渐进式绿色技术创新对初创企业成长的影响研究［J］. 科技管理研究，2022，42（5）：10-17.

［18］胡东滨，周普，陈晓红. 环境服务模式创新、绿色技术创新与企业绩效［J］. 科研管理，2024，45（3）：83-93.

［19］胡云飞，戴国强. 数字化转型、市场竞争与企业绿色创新［J］. 统计与决策，2024，40（7）：161-166.

［20］纪玉俊，张子琪. 制造业集聚如何影响城市绿色创新效率?［J］. 南京财经大学学报，2024（4）：12-22.

［21］贾涛，严蕊，王玉，等. 客户参与、双元绿色创新与企业绩效：产品智能化的调节作用［J］. 科技进步与对策，2023，40（7）：91-101.

［22］贾建锋，刘伟鹏，杜运周，等. 制度组态视角下绿色技术创新效率提升的多元路径［J］. 南开管理评论，2024，27（2）：51-61.

［23］金昕，郭芮，陈博玮，等. 绿色工艺创新如何提升企业绩效：基于智力资本的多重中介和组织冗余的调节效应［J］. 科技管理研究，2022，42（6）：221-228.

［24］李虹，赵青雯. 省域环境竞争、内部控制与企业环保投资：基于两阶段意向合法化研究［J］. 财经科学，2020（3）：92-106.

［25］李慧，温素彬，焦然. 企业环境文化、环境管理与财务绩效：言而行，行有报吗?［J］. 管理评论，2022，34（9）：297-312.

［26］李茜，徐佳铭，熊杰，等．企业社会责任一致性对财务绩效的影响研究［J］．管理学报，2022，19（2）：245-253.

［27］李杰义，张汞，谢琳娜．环境知识学习、绿色创新行为与环境绩效［J］．科技进步与对策，2019，36（15）：122-128.

［28］李毅，周积琨，丁煜．高管团队环境注意力与企业绿色技术创新［J］．中南财经政法大学学报，2024（4）：17-28.

［29］廖予熙，胡铭宇，仪晓青，等．市场激励型环境规制如何影响企业绩效：基于媒体关注的公共压力视角［J］．会计研究，2023（12）：17-29.

［30］雷星晖，张金涛，苏涛永，等．生态问责、媒体报道与企业绿色工艺创新：基于中央环保督察的准自然实验研究［J］．外国经济与管理，2022，44（4）：51-64.

［31］林赛燕，徐恋．绿色创新能否促进企业财务绩效的提升：基于企业集团和供应链的视角［J］．浙江社会科学，2021（3）：23-31，156-157.

［32］林寿富，王谦，管河山．中国工业企业绿色技术创新效率的动态评价［J］．统计与决策，2023，39（16）：163-168.

［33］刘炳荣，孙志红，付奎，等．绿色财政示范政策对绿色技术创新的影响机制：基于多重压力约束视角［J］．自然资源学报，2024，39（9）：2102-2120.

［34］刘静．绿色金融、环境规制与策略性绿色创新［J］．大连理工大学学报（社会科学版），2024，45（4）：50-59.

［35］刘刚，唐寅，殷建瓴．分析师关注度视角下企业社会责任对绩效的影响机理：基于机器学习与文本分析的研究［J］．中国软科学，2024（2）：156-166.

［36］刘亦文，陈熙钧，高京淋，等．媒体关注与重污染企业绿色技术创新［J］．中国软科学，2023（9）：30-40.

［37］罗茜，庄缘，顾晓燕，等．中国绿色技术创新效率异质性环境规制影响与时空跃迁研究［J］．科技进步与对策，2022，39（14）：52-62.

［38］马骏，朱斌，何轩．家族企业何以成为更积极的绿色创新推动者：基于社会情感财富和制度合法性的解释［J］．管理科学学报，2020，23（9）：31-60.

［39］马林，黄立军．要素市场化配置对高技术产业绿色创新效率的

影响［J］. 经济经纬，2024，41（4）：108-122.

［40］潘楚林，田虹. 前瞻型环境战略对企业绿色创新绩效的影响研究：绿色智力资本与吸收能力的链式中介作用［J］. 财经论丛，2016（7）：85-93.

［41］钱丽，王文平，肖仁桥. 高质量发展视域下中国企业绿色创新效率及其技术差距［J］. 管理工程学报，2021，35（6）：97-114.

［42］钱晓燕，许长新. 企业环境战略对竞争优势的动态影响研究［J］. 当代财经，2022（12）：89-98.

［43］沈菲，陶启智，张云. 董事海外背景对企业绿色技术创新的影响研究：基于企业声誉的视角［J］. 上海财经大学学报，2022，24（3）：108-122.

［44］孙传旺，魏晓楠. 市场激励型环境规制、政府补贴与企业绩效［J］. 财政研究，2022（7）：97-112.

［45］孙建鑫，马宝龙，赵莉. 客户环保压力、顾客参与和绿色服务创新：企业“认知”与“能力”匹配视角［J］. 科学学与科学技术管理，2023，44（4）：159-180.

［46］唐天伟，朱凯文，刘远辉. 地方政府竞争、“双碳”目标压力与绿色技术创新效率［J］. 经济经纬，2023，40（5）：3-13.

［47］万骁乐，毕力文，邱鲁连. 何种环境战略生态产生企业高绿色创新绩效：基于 SSE 框架的组态分析［J］. 中国人口·资源与环境，2022，32（9）：92-107.

［48］汪明月，李颖明，王子彤. 技术和市场双重不确定性下企业绿色技术创新及绩效［J］. 系统管理学报，2021，30（2）：353-362.

［49］王柯丹，刘颖，汪寿阳. 数据要素与绿色创新：基于新质生产力视角［J］. 财经问题研究，2024（9）：18-33.

［50］王广亮，唐博昂. 环境信息披露政策与企业绿色创新［J］. 吉林大学社会科学学报，2024，64（5）：55-71，236.

［51］王菌丽，杨秀财，贾栗. 高管团队绿色创新参与能否提升企业 ESG 绩效？［J］. 科学决策，2024（7）：16-37.

［52］王秋霞，张敦力. 外部制度驱动、生态创新与企业财务绩效：基于组织社会学新制度主义理论的视角［J］. 宏观经济研究，2018（4）：151-162，175.

［53］王娟茹，崔日晓，张渝．利益相关者环保压力、外部知识采用与绿色创新：市场不确定性与冗余资源的调节效应［J］．研究与发展管理，2021，33（4）：15-27.

［54］王健，黄群慧．绿色创新企业如何突破“绿色陷阱”：机缘巧合与绿色合法性的作用［J］．当代财经，2022（11）：76-86.

［55］王东，曹建飞．绿色技术创新效率的区域差异及影响因素［J］．统计与决策，2024，40（12）：168-172.

［56］汪明月，张浩，李颖明，等．绿色技术创新绩效传导路径的双重异质性研究：基于642家工业企业的调查数据［J］．科学与科学技术管理，2021，42（8）：141-166.

［57］王婉，秦艺根．四螺旋视角下区域绿色技术创新效率提升路径：基于中国30个省份的模糊集定性比较分析［J］．科技管理研究，2023，43（1）：206-214.

［58］吴良海，徐小玉．环保投资对第二类代理成本的影响：兼论内部控制的调节效应［J］．南京审计大学学报，2024，21（2）：46-57.

［59］吴树畅，王新楷，曲迪．内部控制质量、融资约束与绿色投资：基于重污染行业的证据［J］．南京审计大学学报，2022，19（6）：21-30.

［60］席龙胜，赵辉．高管双元环保认知、绿色创新与企业可持续发展绩效［J］．经济管理，2022，44（3）：139-158.

［61］夏晗．绿色创业导向、积极型市场导向与科技新创企业创新绩效的关系［J］．科技管理研究，2019，39（16）：264-274.

［62］肖小虹，田庆宏，王站杰．利益相关者环保导向能促进绿色创新吗：一个被调节的中介效应模型［J］．科研管理，2021，42（12）：159-166.

［63］解学梅，朱琪玮．企业绿色创新实践如何破解“和谐共生”难题？［J］．管理世界，2021，37（1）：128-149，9.

［64］闫华飞，肖静，冯兵．长江经济带工业绿色技术创新效率评价及其影响因素分析［J］．统计与决策，2022，38（12）：96-101.

［65］阳镇，李井林，陈劲．混合所有制改革能促进企业绿色技术创新吗：来自中国上市公司的经验证据［J］．中国人口·资源与环境，2024（6）：136-150.

［66］杨有德，徐光华，费锦华．环境税能否抑制企业“漂绿”行为？［J］．中国软科学，2024（5）：132-141.

［67］杨立成，周正，张芸芸. 知识溢出与企业绿色创新：制度压力与吸收能力的调节作用［J］. 软科学，2023，37（9）：67-77.

［68］岳宇君，柏玉馨. 金融科技赋能企业绿色技术创新的作用机制：基于沪深A股上市公司的实证分析［J］. 北京理工大学学报（社会科学版），2024，26（5）：175-190.

［69］袁文融，杨震宁. 主动还是被动：企业环保战略与绿色技术创新［J］. 技术经济，2020，39（7）：27-34.

［70］袁朋伟，董晓庆. 黄河流域工业绿色技术创新效率的时空差异与成因识别研究［J］. 济南大学学报（社会科学版），2023，33（5）：93-105.

［71］赵树宽，张铂晨，蔡佳铭. 绿色创新对企业绩效的影响：基于中国上市公司面板数据［J］. 科技管理研究，2022，42（6）：211-220.

［72］赵颖岚，黄雨萱. 环境绩效、绿色创新与企业财务业绩：基于风险投资视角［J］. 科学决策，2023（11）：21-47.

［73］赵鑫，杨棉之，曹迅. 国有股权参与、吸收能力与民营企业绿色技术创新：一个有调节的中介效应模型［J］. 科技进步与对策，2023，40（7）：23-33.

［74］张弛，张兆国，包莉丽. 企业环境责任与财务绩效的交互跨期影响及其作用机理研究［J］. 管理评论，2020，32（2）：76-89.

［75］张玉明，邢超，张瑜. 媒体关注对重污染企业绿色技术创新的影响研究［J］. 管理学报，2021，18（4）：557-568.

［76］张治，袁心雨. 漂绿并购、绿色技术创新投入与重污染企业低碳转型［J］. 南京财经大学学报，2024（4）：78-88.

［77］张纪凤，王宏瑞，孙军. 双向FDI协调对绿色技术创新效率的影响：基于长三角市场一体化的中介效应［J］. 科技管理研究，2023，43（9）：197-205.

［78］张丽琨，张亚萍，梁远. 中国工业企业绿色技术创新效率的测度与评价：基于超效率网络SBM-Malmquist模型分析［J］. 技术经济，2022，41（7）：13-22.

［79］张长江，侯梦晓，陈雨晴. 长江经济带绿色创新效率的时空演化趋势［J］. 科技管理研究，2022，42（6）：51-58.

［80］周淑贞，邓群钊. 技术转移对高技术制造业绿色创新效率的影响［J］. 科技进步与对策，2021，38（16）：46-52.

［81］周礼，金晨晨．网络嵌入对企业绿色创新的影响与作用机制：吸收能力的中介作用［J］．科技进步与对策，2021，38（5）：79-86.

［82］周韵晨，李浩．媒体声誉与企业绿色创新：来自媒体报道情感倾向的证据［J］．软科学，2023，37（12）：101-108.

［83］AASTVEDT T M，BEHMIRI N B，LU L. Does green innovation damage financial performance of oil and gas companies?［J］. Resources Policy，2021，73：102235.

［84］ABDULLAH M，ZAILANI S，IRANMANESH M，et al. Barriers to green innovation initiatives among manufacturers：the Malaysian case［J］. Review of Managerial Science，2016，10（4）：683-709.

［85］ABOELMAGED M，HASHEM G. Absorptive capacity and green innovation adoption in SMEs：the mediating effects of sustainable organisational capabilities［J］. Journal of Cleaner Production，2019，220：853-863.

［86］ABUBAKAR A. Financial leverage and financial performance of oil and gas companies in Nigeria［J］. Open Journal of Management Science，2020，1（1）：28-44.

［87］ADOMAKO S，NING E，ADU - AMEYAW E. Proactive environmental strategy and firm performance at the bottom of the pyramid［J］. Business Strategy and the Environment，2021，30（1）：422-431.

［88］AFUM E，AGYABENG MENSAH Y，SUN Z，et al. Exploring the link between green manufacturing，operational competitiveness，firm reputation and sustainable performance dimensions：a mediated approach［J］. Journal of Manufacturing Technology Management，2020，31（7）：1417-1438.

［89］AGGARWAL R. Developing a global mindset：Integrating demographics，sustainability，technology，and globalization［J］. Journal of Teaching in International Business，2011，22（1）：51-69.

［90］AGUILERA R V，RUPP D E，WILLIAMS C A，et al. Putting the S back in corporate social responsibility：a multilevel theory of social change in organizations［J］. Academy of Management Review，2007，32（3）：836-863.

［91］AGUILERA CARACUEL J，ORTIZ DE MANDOJANA N. Green innovation and financial performance：an institutional approach［J］. Organization & Environment，2013，26（4）：365-385.

[92] AGYABENG MENSAH Y, AFUM E, AHENKORAH E. Exploring financial performance and green logistics management practices: examining the mediating influences of market, environmental and social performances [J]. Journal of Cleaner Production, 2020, 258: 120613.

[93] AHMED R R, KYRIAKOPOULOS G L, STREIMIKIENE D, et al. Drivers of proactive environmental strategies: evidence from the pharmaceutical industry of Asian economies [J]. Sustainability, 2021, 13 (16): 9479.

[94] ALARCÓN S, SÁNCHEZ M. External and internal R&D, capital investment and business performance in the Spanish agri-food industry [J]. Journal of Agricultural Economics, 2013, 64 (3): 654-675.

[95] ALBERTINI E. Does environmental management improve financial performance? a meta-analytical review [J]. Organization & Environment, 2013, 26 (4): 431-457.

[96] ALBINO V, BALICE A, DANGELICO R M. Environmental strategies and green product development: an overview on sustainability-driven companies [J]. Business Strategy and the Environment, 2009, 18 (2): 83-96.

[97] ALBORT MORANT G, HENSELER J, LEAL MILLÁN A, et al. Mapping the field: a bibliometric analysis of green innovation [J]. Sustainability, 2017, 9 (6): 1011.

[98] ALBORT MORANT G, LEAL MILLÁN A, CEPEDA CARRIÓN G. The antecedents of green innovation performance: a model of learning and capabilities [J]. Journal of Business Research, 2016, 69 (11): 4912-4917.

[99] ALBORT MORANT G, LEAL RODRÍGUEZ A L, DE MARCHI V. Absorptive capacity and relationship learning mechanisms as complementary drivers of green innovation performance [J]. Journal of Knowledge Management, 2018, 22 (2): 432-452.

[100] ALDRICH H, HERKER D. Boundary spanning roles and organization structure [J]. Academy of Management Review, 1977, 2 (2): 217-230.

[101] ALI S A, YASSIN M, ABURAYA R. The impact of firm characteristics on corporate financial performance in emerging markets: evidence from Egypt [J]. International Journal of Customer Relationship Marketing and Management, 2020, 11 (4): 70-89.

[102] ALI W, WEN J, HUSSAIN H, et al. Does green intellectual capital matter for green innovation adoption? Evidence from the manufacturing SMEs of Pakistan [J]. Journal of Intellectual Capital, 2012, 22 (5): 868-888.

[103] ALRAZI B, DE VILLIERS C, VAN STADEN C J. A comprehensive literature review on, and the construction of a framework for, environmental legitimacy, accountability and proactivity [J]. Journal of Cleaner Production, 2015, 102: 44-57.

[104] ALSHEHHI A, NOBANEE H, KHARE N. The impact of sustainability practices on corporate financial performance: Literature trends and future research potential [J]. Sustainability, 2018, 10 (2): 494.

[105] ALT E, DÍEZ-DE-CASTRO E P, LLORÉNS-MONTES F J. Linking employee stakeholders to environmental performance: the role of proactive environmental strategies and shared vision [J]. Journal of Business Ethics, 2015, 128 (1): 167-181.

[106] AMBEC S, COHEN M A, ELGIE S, et al. The porter hypothesis at 20: can environmental regulation enhance innovation and competitiveness? [J]. Review of Environmental Economics and Policy, 2013, 7 (1): 1-20.

[107] AMORES-SALVADÓ J, CASTRO G M, NAVAS-LÓPEZ J E. Green corporate image: moderating the connection between environmental product innovation and firm performance [J]. Journal of Cleaner Production, 2014, 83: 356-365.

[108] ANCONA D G, CALDWELL D F. Bridging the boundary: external activity and performance in organizational teams [J]. Administrative Science Quarterly, 1992, 37 (4): 634-665.

[109] ANDERSON E W, FORNELL C, MAZVANCHERYL S K. Customer satisfaction and shareholder value [J]. Journal of Marketing, 2004, 68 (4): 172-185.

[110] ANNING-DORSON T. Customer involvement capability and service firm performance: the mediating role of innovation [J]. Journal of Business Research, 2018, 86: 269-280.

[111] APPIAH-ADU K, SINGH S. Customer orientation and performance: a study of SMEs [J]. Management Decision, 1998, 36 (6): 385-394.

[112] ARAGÓN-CORREA J A, HURTADO-TORRES N, SHARMA S, et al. Environmental strategy and performance in small firms: a resource-based perspective [J]. Journal of Environmental Management, 2008, 86 (1): 88-103.

[113] ARAGÓN-CORREA J A, SHARMA S. A contingent resource-based view of proactive corporate environmental strategy [J]. Academy of Management Review, 2003, 28 (1): 71-88.

[114] ARAGÓN-CORREA J A, RUBIO-LOPEZ E A. Proactive corporate environmental strategies: myths and misunderstandings [J]. Long Range Planning, 2007, 40 (3): 357-381.

[115] ARAL S, WEILL P. IT assets, organizational capabilities, and firm performance: how resource allocations and organizational differences explain performance variation [J]. Organization Science, 2007, 18 (5): 763-780.

[116] ARELLANO M, BOND S. Some tests of specification for panel data: Monte Carlo evidence and an application to employment equations [J]. The Review of Economic Studies, 1991, 58 (2): 277.

[117] ARFI B W, HIKKEROVA L, SAHUT J M. External knowledge sources, green innovation and performance [J]. Technological Forecasting and Social Change, 2018, 129: 210-220.

[118] ASADI S, POURHASHEMI S O, NILASHI M, et al. Investigating influence of green innovation on sustainability performance: a case on Malaysian hotel industry [J]. Journal of Cleaner Production, 2020, 258: 120860.

[119] ASHBAUGH-SKAIFE H, COLLINS D W, KINNEY JR W R. The discovery and reporting of internal control deficiencies prior to SOX-mandated audits [J]. Journal of Accounting and Economics, 2007, 44 (1-2): 166-192.

[120] AWAN U, ARNOLD M G, GÖLGECI I. Enhancing green product and process innovation: towards an integrative framework of knowledge acquisition and environmental investment [J]. Business Strategy and the Environment, 2021, 30 (2): 1283-1295.

[121] BAAH C, AGYABENG-MENSAH Y, AFUM E, et al. Do green legitimacy and regulatory stakeholder demands stimulate corporate social and environmental responsibilities, environmental and financial performance? [J] Man-

agement of Environmental Quality, 2021b, 32 (4): 787-803.

[122] BAAH C, JIN Z, TANG L. Organizational and regulatory stakeholder pressures friends or foes to green logistics practices and financial performance: investigating corporate reputation as a missing link [J]. Journal of Cleaner Production, 2020a, 247: 119125.

[123] BAAH C, OPOKU-AGYEMAN D, ACQUAH I S K, et al. Examining the correlations between stakeholder pressures, green production practices, firm reputation, environmental and financial performance: evidence from manufacturing SMEs [J]. Sustainable Production and Consumption, 2021a, 27: 100-114.

[124] BAAH C, OPOKU-AGYEMAN D, ACQUAH I S K, et al. Understanding the influence of environmental production practices on firm performance: a proactive versus reactive approach [J]. Journal of Manufacturing Technology Management, 2020b, 32 (2): 266-289.

[125] BACKER L. Engaging stakeholders in corporate environmental governance [J]. Business and Society Review, 2007, 112 (1): 29-54.

[126] BAINES T, BROWN S, BENEDETTINI O, et al. Examining green production and its role within the competitive strategy of manufacturers [J]. Journal of Industrial Engineering and Management, 2012, 5 (1): 53-87.

[127] BANGWAL D, TIWARI P. Environmental design and awareness impact on organization image [J]. Engineering Construction and Architectural Management, 2019, 26 (1): 29-45.

[128] BARGERON L L, LEHN K M, ZUTTER C J. Sarbanes-Oxley and corporate risk-taking [J]. Journal of Accounting and Economics, 2010, 49 (1-2): 34-52.

[129] BARNETT M L, SALOMON R M. Does it pay to be really good? addressing the shape of the relationship between social and financial performance [J]. Strategic Management Journal, 2012, 33 (11): 1304-1320.

[130] BARNEY J. Firm resources and sustained competitive advantage [J]. Journal of Management, 1991, 17 (1): 99-120.

[131] BARNEY J B, ZAJAC E J. Competitive organizational behavior: toward an organizationally-based theory of competitive advantage [J]. Strategic

Management Journal, 1994, 15 (S1): 5-9.

[132] BARON R M, KENNY D A. The moderator-mediator variable distinction in social psychological research: conceptual, strategic, and statistical considerations [J]. Journal of Personality and Social Psychology, 1986, 51 (6): 1173-1182.

[133] BARRINGER B. Walking a tightrope: creating value through interorganizational relationships [J]. Journal of Management, 2000, 26 (3): 367-403.

[134] BARTOLACCI F, CAPUTO A, SOVERCHIA M. Sustainability and financial performance of small and medium sized enterprises: a bibliometric and systematic literature review [J]. Business Strategy and the Environment, 2020, 29 (3): 1297-1309.

[135] BECKER M C. Organizational routines: a review of the literature [J]. Industrial and Corporate Change, 2004, 13 (4): 643-678.

[136] BERLEMANN M, WESSELHOFT J E. Estimating aggregate capital stocks using the perpetual inventory method: a survey of previous implementations and new empirical evidence for 103 countries [J]. Review of Economics, 2014, 65 (1): 1-34.

[137] BERMAN S L, WICKS A C, KOTHA S, et al. Does stakeholder orientation matter? the relationship between stakeholder management models and firm financial performance [J]. Academy of Management Journal, 1999, 42 (5): 488-506.

[138] BERRONE P, FOSFURI A, GELABERT L, et al. Necessity as the mother of "green" inventions: institutional pressures and environmental innovations [J]. Strategic Management Journal, 2013, 34 (8): 891-909.

[139] BETTS T K, WIENGARTEN F, TADISINA S K. Exploring the impact of stakeholder pressure on environmental management strategies at the plant level: what does industry have to do with it? [J]. Journal of Cleaner Production, 2015, 92: 282-294.

[140] BEZERRA M C, GOHR C F, MORIOKA S N. Organizational capabilities towards corporate sustainability benefits: a systematic literature review and an integrative framework proposal [J]. Journal of Cleaner Production, 2020,

247: 119114.

[141] BHATIA M S. Green process innovation and operational performance: the role of proactive environment strategy, technological capabilities, and organizational learning [J]. Business Strategy and the Environment, 2021, 30 (7): 2845-2857.

[142] BITENCOURT C C, DE OLIVEIRA SANTINI F, ZANANDREA G, et al. Empirical generalizations in eco-innovation: a meta-analytic approach [J]. Journal of Cleaner Production, 2020, 245: 118721.

[143] BLAZEVIC V, LIEVENS A. Managing innovation through customer coproduced knowledge in electronic services: an exploratory study [J]. Journal of the Academy of Marketing Science, 2008, 36: 138-151.

[144] BLOME C, HOLLOS D, PAULRAJ A. Green procurement and green supplier development: antecedents and effects on supplier performance [J]. International Journal of Production Research, 2014, 52 (1): 32-49.

[145] BOCKEN N M P, SHORT S W, RANA P, et al. A literature and practice review to develop sustainable business model archetypes [J]. Journal of Cleaner Production, 2014, 65: 42-56.

[146] BOIRAL O. Corporate greening through ISO 14001: a rational myth? [J]. Organization Science, 2007, 18 (1): 127-146.

[147] BOS-BROUWERS H E J. Corporate sustainability and innovation in SMEs: evidence of themes and activities in practice [J]. Business Strategy and the Environment, 2010, 19 (7): 417-435.

[148] BOSSLE M B, DUTRA DE BARCELLOS M, VIEIRA L M, et al. The drivers for adoption of eco-innovation [J]. Journal of Cleaner Production, 2016, 113: 861-872.

[149] BOURCET C. Empirical determinants of renewable energy deployment: a systematic literature review [J]. Energy Economics, 2020, 85: 104563.

[150] BRAUN E, WIELD D. Regulation as a means for the social control of technology [J]. Technology Analysis & Strategic Management, 1994, 6 (3): 259-272.

[151] BURKI U, ERSOY P, NAJAM U. Top management, green innova-

tions, and the mediating effect of customer cooperation in green supply chains [J]. Sustainability, 2019, 11 (4): 1031.

[152] BUYSSE K, VERBEKE A. Proactive environmental strategies: a stakeholder management perspective [J]. Strategic Management Journal, 2003, 24 (5): 453-470.

[153] CAI W, LI G. The drivers of eco-innovation and its impact on performance: evidence from China [J]. Journal of Cleaner Production, 2018, 176: 110-118.

[154] CAINELLI G, DE MARCHI V, GRANDINETTI R. Does the development of environmental innovation require different resources? evidence from Spanish manufacturing firms [J]. Journal of Cleaner Production, 2015, 94: 211-220.

[155] CALZA F, PARMENTOLA A, TUTORE I. Types of green innovations: ways of implementation in a non-green industry [J]. Sustainability, 2017, 9 (8): 1301.

[156] CARBALLO-PENELA A, CASTROMÁN-DIZ J L. Environmental policies for sustainable development: an analysis of the drivers of proactive environmental strategies in the service sector [J]. Business Strategy and the Environment, 2015, 24 (8): 802-818.

[157] CARLILE P R. Transferring, translating, and transforming: an integrative framework for managing knowledge across boundaries [J]. Organization Science, 2004, 15 (5): 555-568.

[158] CARPENTER V L, FEROZ E H. Institutional theory and accounting rule choice: an analysis of four US state governments' decisions to adopt generally accepted accounting principles [J]. Accounting, Organizations and Society, 2001, 26 (7-8): 565-596.

[159] CHAN H K, YEE R W Y, DAI J, et al. The moderating effect of environmental dynamism on green product innovation and performance [J]. International Journal of Production Economics, 2016, 181: 384-391.

[160] CHAN R Y, LAI J W, KIM N. Strategic motives and performance implications of proactive versus reactive environmental strategies in corporate sustainable development [J]. Business Strategy and the Environment, 2022, 31

(5): 2127-2142.

[161] CHAN R Y K, MA K H Y. Environmental orientation of exporting SMEs from an emerging economy: its antecedents and consequences [J]. Management International Review, 2016, 56 (5): 597-632.

[162] CHANG C-H. The influence of corporate environmental ethics on competitive advantage: the mediation role of green innovation [J]. Journal of Business Ethics, 2011, 104 (3): 361-370.

[163] CHANG C-H. Proactive and reactive corporate social responsibility: antecedent and consequence [J]. Management Decision, 2015, 53 (2): 451-468.

[164] CHANG Y, HE Y, JIN X, et al. Media coverage of environmental pollution and the investment of polluting companies [J]. Asia-Pacific Journal of Financial Studies, 2020, 49 (5): 750-771.

[165] CHARIRI A, BUKIT G R S B, EKLESIA O B, et al. Does green investment increase financial performance? empirical evidence from Indonesian companies [C]. E3S Web of Conferences, 2018, 31: 09001.

[166] CHEN C. Science mapping: a systematic review of the literature [J]. Journal of Data and Information Science, 2017, 2 (2): 1-40.

[167] CHEN H, YANG D, ZHANG J H, et al. Internal controls, risk management, and cash holdings [J]. Journal of Corporate Finance, 2020, 64: 101695.

[168] CHEN J, LIU L. Profiting from green innovation: the moderating effect of competitive strategy [J]. Sustainability, 2018, 11 (1): 15.

[169] CHEN P C, HUNG S W. Collaborative green innovation in emerging countries: a social capital perspective [J]. International Journal of Operations & Production Management, 2014, 34 (3): 347-363.

[170] CHEN Y, TANG G, JIN J, et al. Linking market orientation and environmental performance: the influence of environmental strategy, employee's environmental involvement, and environmental product quality [J]. Journal of Business Ethics, 2015, 127 (2): 479-500.

[171] CHEN Y-S. The driver of green innovation and green image - green core competence [J]. Journal of Business Ethics, 2008, 81 (3): 531-543.

[172] CHEN Y S. The drivers of green brand equity: green brand image, green satisfaction, and green trust [J]. Journal of Business Ethics, 2010, 93 (2): 307-319.

[173] CHEN Y S. Green organizational identity: sources and consequence [J]. Management Decision, 2011, 49 (3): 384-404.

[174] CHEN Y S, CHANG C H. Greenwash and green trust: the mediation effects of green consumer confusion and green perceived risk [J]. Journal of Business Ethics, 2013, 114: 489-500.

[175] CHEN Y S, CHANG C H, WU F S. Origins of green innovations: the differences between proactive and reactive green innovations [J]. Management Decision, 2012, 50 (3): 368-398.

[176] CHEN Y S, CHANG T W, LIN C Y, et al. The influence of proactive green innovation and reactive green innovation on green product development performance: the mediation role of green creativity [J]. Sustainability, 2016, 8 (10): 966.

[177] CHEN Y S, LAI S B, WEN C T. The influence of green innovation performance on corporate advantage in Taiwan [J]. Journal of Business Ethics, 2006, 67 (4): 331-339.

[178] CHEN Y S, LIN Y H, LIN C Y, et al. Enhancing green absorptive capacity, green dynamic capacities and green service innovation to improve firm performance: an analysis of structural equation modeling (SEM) [J]. Sustainability, 2015, 7 (11): 15674-15692.

[179] CHEN Y, MA Y. Does green investment improve energy firm performance? [J]. Energy Policy, 2021, 153: 112252.

[180] CHEN X, YI N, ZHANG L, et al. Does institutional pressure foster corporate green innovation? evidence from China's top 100 companies [J]. Journal of Cleaner Production, 2018, 188: 304-311.

[181] [181] CHENG C C J. Sustainability orientation, green supplier involvement, and green innovation performance: evidence from diversifying green entrants [J]. Journal of Business Ethics, 2020, 161 (2): 393-414.

[182] CHERRAFI A, GARZA-REYES J A, KUMAR V, et al. Lean, green practices and process innovation: a model for green supply chain perform-

ance [J]. International Journal of Production Economics, 2018, 206: 79-92.

[183] CHIOU T-Y, CHAN H K, LETTICE F, et al. The influence of greening the suppliers and green innovation on environmental performance and competitive advantage in Taiwan [J]. Transportation Research Part E: Logistics and Transportation Review, 2011, 47 (6): 822-836.

[184] CHRISTENSEN T B. Modularised eco-innovation in the auto industry [J]. Journal of Cleaner Production, 2011, 19 (2-3): 212-220.

[185] CHRISTMANN P. Effects of "best practices" of environmental management on cost advantage: the role of complementary assets [J]. Academy of Management Journal, 2000, 43 (4): 663-680.

[186] CHU Z, XU J, LAI F, et al. Institutional theory and environmental pressures: the moderating effect of market uncertainty on innovation and firm performance [J]. IEEE Transactions on Engineering Management, 2018, 65 (3): 392-403.

[187] CHUN D, CHUNG Y, BANG S. Impact of firm size and industry type on R&D efficiency throughout innovation and commercialisation stages: evidence from Korean manufacturing firms [J]. Technology Analysis and Strategic Management, 2015, 27 (8): 895-909.

[188] CLARKSON P M, LI Y, RICHARDSON G D, et al. Does it really pay to be green? determinants and consequences of proactive environmental strategies [J]. Journal of Accounting and Public Policy, 2011, 30 (2): 122-144.

[189] CLAUDY M C, PETERSON M, PAGELL M. The roles of sustainability orientation and market knowledge competence in new product development success [J]. Journal of Product Innovation Management, 2016, 33: 72-85.

[190] CLEMENS B. Economic incentives and small firms: does it pay to be green? [J]. Journal of Business Research, 2006, 59 (4): 492-500.

[191] COHEN W M, LEVINTHAL D A. Absorptive capacity: a new perspective on learning and innovation [J]. Administrative Science Quarterly, 1990, 35 (1): 128.

[192] CRONIN J J, SMITH J S, GLEIM M R, et al. Green marketing strategies: an examination of stakeholders and the opportunities they present [J]. Journal of the Academy of Marketing Science, 2011, 39 (1): 158-174.

[193] CUI A S, WU F. Utilizing customer knowledge in innovation: antecedents and impact of customer involvement on new product performance [J]. Journal of the Academy of Marketing Science, 2016, 44: 516-538.

[194] CUPERTINO S, VITALE G, RICCABONI A. Sustainability and short-term profitability in the agri-food sector, a cross-sectional time-series investigation on global corporations [J]. British Food Journal, 2021, 123 (13): 317-336.

[195] DADDI T, TESTA F, FREY M, et al. Exploring the link between institutional pressures and environmental management systems effectiveness: an empirical study [J]. Journal of Environmental Management, 2016, 183 (3): 647-656.

[196] DAI J, CHAN H K, YEE R W Y. Examining moderating effect of organizational culture on the relationship between market pressure and corporate environmental strategy [J]. Industrial Marketing Management, 2018, 74: 227-236.

[197] DANGELICO R M. Green product innovation: where we are and where we are going: green product innovation [J]. Business Strategy and the Environment, 2016, 25 (8): 560-576.

[198] DANGELICO R M, PONTRANDOLFO P. Being "green and competitive": the impact of environmental actions and collaborations on firm performance [J]. Business Strategy and the Environment, 2015, 24 (6): 413-430.

[199] DANGELICO R M, PUJARI D. Mainstreaming green product innovation: why and how companies integrate environmental sustainability [J]. Journal of Business Ethics, 2010, 95 (3): 471-486.

[200] DANGELICO R M, PUJARI D, PONTRANDOLFO P. Green product innovation in manufacturing firms: a sustainability-oriented dynamic capability perspective [J]. Business Strategy and the Environment, 2017, 26 (4): 490-506.

[201] DANQUAH M. Technology transfer, adoption of technology and the efficiency of nations: empirical evidence from sub-Saharan Africa [J]. Technological Forecasting and Social Change, 2018, 131: 175-182.

[202] DARNALL N, HENRIQUES I, SADORSKY P, et al. Adopting pro-

active environmental strategy: the influence of stakeholders and firm size [J]. The Journal of Management Studies, 2010, 47 (6): 1072-1094.

[203] DARNALL N, JOLLEY G J, HANDFIELD R, et al. Environmental management systems and green supply chain management: complements for sustainability? [J]. Business Strategy and the Environment, 2008, 17 (1): 30-45.

[204] DAWSON J F. Moderation in management research: what, why, when, and how [J]. Journal of Business and Psychology, 2014, 29 (1): 1-19.

[205] DE LUCIA C, PAZIENZA P, BARTLETT M, et al. Does good ESG lead to better financial performances by firms? machine learning and logistic regression models of public enterprises in Europe [J]. Sustainability, 2020, 12 (13): 5317.

[206] DE MARCHI V. Environmental innovation and R&D cooperation: empirical evidence from Spanish manufacturing firms [J]. Research Policy, 2012, 41 (3): 614-623.

[207] DE MEDEIROS J F, VIDOR G, RIBEIRO J L D, et al. Driving factors for the success of the green innovation market: a relationship system proposal [J]. Journal of Business Ethics, 2018, 147: 327-341.

[208] DE MIGUEL C, PAZÓ C. Environmental protection, innovation and price-setting behavior in Spanish manufacturing firms [J]. Energy Economics, 2017, 68: 116-124.

[209] DEEGAN C, RANKIN M, TOBIN J. An examination of the corporate social and environmental disclosures of BHP from 1983—1997: a test of legitimacy theory [J]. Accounting Auditing & Accountability Journal, 2002, 15 (3): 312-343.

[210] DEL RÍO GONZÁLEZ P. Analysing the factors influencing clean technology adoption: a study of the Spanish pulp and paper industry [J]. Business Strategy and the Environment, 2005, 14 (1): 20-37.

[211] DELMAS M A, NAIRN-BIRCH N, LIM J, et al. Dynamics of environmental and financial performance: the case of greenhouse gas emissions [J]. Organization & Environment, 2015, 28 (4): 374-393.

[212] DELMAS M, HOFFMANN V H, KUSS M, et al. Under the tip of the iceberg: absorptive capacity, environmental strategy, and competitive advantage [J]. Business and Society, 2011, 50 (1): 116-154.

[213] [215] DENG X, LI L. Promoting or inhibiting? the impact of environmental regulation on corporate financial performance—an empirical analysis based on China [J]. International Journal of Environmental Research and Public Health, 2020, 17 (11): 3828.

[214] DESOUZA K C, AWAZU Y, JHA S, et al. Customer-driven innovation [J]. Research-Technology Management, 2008, 51 (3): 35-44.

[215] DESS G G, ROBINSON JR R B. Measuring organizational performance in the absence of objective measures: the case of the privately-held firm and conglomerate business unit [J]. Strategic Management Journal, 1984, 5 (3): 265-273.

[216] DIXON-FOWLER H R, SLATER D J, JOHNSON J L, et al. Beyond "does it pay to be green?" a meta-analysis of moderators of the CEP-CFP relationship [J]. Journal of Business Ethics, 2013, 112 (2): 353-366.

[217] DO B, NGUYEN N. The links between proactive environmental strategy, competitive advantages and firm performance: an empirical study in Vietnam [J]. Sustainability, 2020, 12 (12): 4962.

[218] DONALDSON T, PRESTON L E. The stakeholder theory of the corporation: concepts, evidence, and implications [J]. Academy of Management Review, 1995, 20 (1): 65-91.

[219] DORAN J, RYAN G. Regulation and firm perception, eco-innovation and firm performance [J]. European Journal of Innovation Management, 2012, 15 (4): 421-441.

[220] DOWLING J, PFEFFER J. Organizational legitimacy: social values and organizational behavior [J]. Pacific Sociological Review, 1975, 18 (1): 122-136.

[221] DRUSKAT V U, WHEELER J V. Managing from the boundary: the effective leadership of self-managing work teams [J]. Academy of Management Journal, 2003, 46 (4): 435-457.

[222] DU H, WEI L, BROWN M A, et al. A bibliometric analysis of re-

cent energy efficiency literatures: an expanding and shifting focus [J]. Energy Efficiency, 2013, 6 (1): 177-190.

[223] DU K, CHENG Y, YAO X. Environmental regulation, green technology innovation, and industrial structure upgrading: the road to the green transformation of Chinese cities [J]. Energy Economics, 2021, 98: 105247.

[224] DU L, ZHANG Z, FENG T. Linking green customer and supplier integration with green innovation performance: the role of internal integration [J]. Business Strategy and the Environment, 2018, 27 (8): 1583-1595.

[225] DUQUE-GRISALES E, AGUILERA-CARACUEL J, GUERRERO-VILLEGAS J, et al. Does green innovation affect the financial performance of multilatinas? the moderating role of ISO 14001 and R&D investment [J]. Business Strategy and the Environment, 2020, 29 (8): 3286-3302.

[226] EBERS M, MAURER I. Connections count: how relational embeddedness and relational empowerment foster absorptive capacity [J]. Research Policy, 2014, 43 (2): 318-332.

[227] EDEN L, LEVITAS E, MARTINEZ R J. The production, transfer and spillover of technology: comparing large and small multinationals as technology producers [J]. Small Business Economics, 1997, 9 (1): 53-66.

[228] EESLEY C, LENOX M J. Firm responses to secondary stakeholder action [J]. Strategic Management Journal, 2006, 27 (8): 765-781.

[229] EHRGOTT M, REIMANN F, KAUFMANN L, et al. Social sustainability in selecting emerging economy suppliers [J]. Journal of Business Ethics, 2011, 98 (1): 99-119.

[230] EIADAT Y, KELLY A, ROCHE F, et al. Green and competitive? an empirical test of the mediating role of environmental innovation strategy [J]. Journal of World Business, 2008, 43 (2): 131-145.

[231] EL - KASSAR A - N, SINGH S K. Green innovation and organizational performance: the influence of big data and the moderating role of management commitment and HR practices [J]. Technological Forecasting and Social Change, 2019, 144: 483-498.

[232] ENDRIKAT J, GUENTHER E, HOPPE H. Making sense of conflicting empirical findings: a meta-analytic review of the relationship between

corporate environmental and financial performance [J]. European Management Journal, 2014, 32 (5): 735-751.

[233] FABRIZIO K R. Absorptive capacity and the search for innovation [J]. Research Policy, 2009, 38 (2): 255-267.

[234] FAIRCHILD R J. The manufacturing sector's environmental motives: a game-theoretic analysis [J]. Journal of Business Ethics, 2008, 79 (3): 333-344.

[235] FAN F, LIAN H, LIU X, et al. Can environmental regulation promote urban green innovation efficiency? an empirical study based on Chinese cities [J]. Journal of Cleaner Production, 2021, 287: 125060.

[236] FANG E. Customer participation and the trade-off between new product innovativeness and speed to market [J]. Journal of Marketing, 2008, 72 (4): 90-104.

[237] FANG E, PALMATIER R W, STEENKAMP J B E. Effect of service transition strategies on firm value [J]. Journal of Marketing, 2008, 72 (5): 1-14.

[238] FARZA K, FTITI Z, HLIOUI Z, et al. Does it pay to go green? the environmental innovation effect on corporate financial performance [J]. Journal of Environmental Management, 2021, 300 (113695): 113695.

[239] FENG Z, CHEN W. Environmental regulation, green innovation, and industrial green development: an empirical analysis based on the spatial Durbin model [J]. Sustainability, 2018, 10 (1): 223.

[240] FIEGENBAUM A, KARNANI A. Output flexibility: a competitive advantage for small firms [J]. Strategic Management Journal, 1991, 12 (2): 101-114.

[241] FLIASTER A, KOLLOCH M. Implementation of green innovations: the impact of stakeholders and their network relations [J]. R & D Management, 2017, 47 (5): 689-700.

[242] FORD J A, STEEN J, VERREYNNE M L. How environmental regulations affect innovation in the Australian oil and gas industry: going beyond the Porter Hypothesis [J]. Journal of Cleaner Production, 2014, 84: 204-213.

[243] FORSMAN H. Environmental innovations as a source of competitive

advantage or vice versa? [J]. Business Strategy and the Environment, 2013, 22 (5): 306-320.

[244] FRAJ E, MATUTE J, MELERO I. Environmental strategies and organizational competitiveness in the hotel industry: the role of learning and innovation as determinants of environmental success [J]. Tourism Management, 2015, 46: 30-42.

[245] FARAJ S, YAN A. Boundary work in knowledge teams [J]. Journal of Applied Psychology, 2009, 94 (3): 604.

[246] FREEMAN C. The greening of technology and models of innovation [J]. Technological Forecasting and Social Change, 1996, 53 (1): 27-39.

[247] FREEMAN R E. Divergent stakeholder theory [J]. Academy of Management Review, 1999, 24 (2): 233-236.

[248] FREMPONG M F, MU Y, ADU-YEBOAH S S, et al. Corporate sustainability and firm performance: the role of green innovation capabilities and sustainability-oriented supplier-buyer relationship [J]. Sustainability, 2021, 13 (18): 10414.

[249] FRONDEL M, HORBACH J, RENNINGS K. What triggers environmental management and innovation? empirical evidence for Germany [J]. Ecological Economics, 2008, 66 (1): 153-160.

[250] FUJII H, IWATA K, KANEKO S, et al. Corporate environmental and economic performance of Japanese manufacturing firms: empirical study for sustainable development [J]. Business Strategy and the Environment, 2013, 22 (3): 187-201.

[251] GABZDYLOVA B, RAFFENSPERGER J F, CASTKA P, et al. Sustainability in the New Zealand wine industry: drivers, stakeholders and practices [J]. Journal of Cleaner Production, 2009, 17 (11): 992-998.

[252] GANDA F. Green research and development (R&D) investment and its impact on the market value of firms: evidence from South African mining firms [J]. Journal of Environmental Planning and Management, 2018, 61 (3): 515-534.

[253] GARVARE R, JOHANSSON P. Management for sustainability: a stakeholder theory [J]. Total Quality Management & Business Excellence,

2010, 21 (7): 737-744.

[254] GHISSETTI C, RENNINGS K. Environmental innovations and profitability: how does it pay to be green? an empirical analysis on the German innovation survey [J]. Journal of Cleaner Production, 2014, 75: 106-117.

[255] GIMENEZ C, TACHIZAWA E M. Extending sustainability to suppliers: a systematic literature review [J]. Supply Chain Management: An International Journal, 2012, 17 (5): 531-543.

[256] GÓMEZ-BEZARES F, PRZYCHODZEN W, PRZYCHODZEN J. Bridging the gap: how sustainable development can help companies create shareholder value and improve financial performance [J]. Business Ethics, 2017, 26 (1): 1-17.

[257] GONZALES-GEMIO C, CRUZ-CÁZARES C, PARMENTIER M J. Responsible innovation in SMEs: a systematic literature review for a conceptual model [J]. Sustainability, 2020, 12 (24): 10232.

[258] GONZÁLEZ-BENITO J, AGUINIS H, BOYD B K, et al. Coming to consensus on strategic consensus: a mediated moderation model of consensus and performance [J]. Journal of Management, 2012, 38 (6): 1685-1714.

[259] GONZÁLEZ-BENITO J, LANNELONGUE G, FERREIRA L M, et al. The effect of green purchasing on purchasing performance: the moderating role played by long-term relationships and strategic integration [J]. Journal of Business & Industrial Marketing, 2016, 31 (2): 312-324.

[260] GRAY R, KOUHY R, LAVERS S. Corporate social and environmental reporting: a review of the literature and a longitudinal study of UK disclosure [J]. Accounting Auditing & Accountability, 1995, 8 (2): 47-77.

[261] GRAY W B. The cost of regulation: OSHA, EPA and the productivity slowdown [J]. The American Economic Review, 1987, 77 (5): 998-1006.

[262] GREKOVA K, CALANTONE R J, BREMMERS H J, et al. How environmental collaboration with suppliers and customers influences firm performance: evidence from Dutch food and beverage processors [J]. Journal of Cleaner Production, 2016, 112: 1861-1871.

[263] GREWATSCH S, KLEINDIENST I. When does it pay to be good? moderators and mediators in the corporate sustainability-corporate financial per-

formance relationship: a critical review [J]. Journal of Business Ethics, 2017, 145 (2): 383-416.

[264] GROSSMAN W, HOSKISSON R E. CEO pay at the crossroads of wall street and main: toward the strategic design of executive compensation [J]. The Academy of Management Perspectives, 1998, 12 (1): 43-57.

[265] GULATI R, WOHLGEZOGEN F, ZHELYAZKOV P. The two facets of collaboration: cooperation and coordination in strategic alliances [J]. Academy of Management Annals, 2012, 6 (1): 531-583.

[266] GUO Y, XIA X, ZHANG S, et al. Environmental regulation, government R&D funding and green technology innovation: evidence from China provincial data [J]. Sustainability, 2018, 10 (4): 940.

[267] GUO Y, WANG L, YANG Q. Do corporate environmental ethics influence firms' green practice? the mediating role of green innovation and the moderating role of personal ties [J]. Journal of Cleaner Production, 2020, 266 (122054): 122054.

[268] GUOYOU Q, SAIXING Z, CHIMING T, et al. Stakeholders' influences on corporate green innovation strategy: a case study of manufacturing firms in China [J]. Corporate Social Responsibility and Environmental Management, 2013, 20 (1): 1-14.

[269] GUPTA H, BARUA M K. Supplier selection among SMEs on the basis of their green innovation ability using BWM and fuzzy TOPSIS [J]. Journal of Cleaner Production, 2017, 152: 242-258.

[270] HAN K, OH W, IM K S, et al. Value cocreation and wealth spillover in open innovation alliances [J]. MIS Quarterly, 2012: 291-315.

[271] HANCEVIC P I. Environmental regulation and productivity: the case of electricity generation under the CAAA-1990 [J]. Energy Economics, 2016, 60: 131-143.

[272] HAN X, SUN T, CAO T, et al. Study on environmental pollution loss measurement method of waste gas emits in Nanjing MV industrial park [J]. Environmental Science and Pollution Research, 2020, 27: 16539-16553.

[273] HALL R, ANDRIANI P. Managing knowledge associated with innovation [J]. Journal of Business Research, 2003, 56 (2): 145-152.

[274] HALLENBECK JR G S, HAUTALUOMA J E, BATES S C, et al. The benefits of multiple boundary spanning roles in purchasing [J]. Journal of Supply Chain Management, 1999, 35 (1): 38-43.

[275] HAO Y, FAN C, LONG Y, et al. The role of returnee executives in improving green innovation performance of Chinese manufacturing enterprises: implications for sustainable development strategy [J]. Business Strategy and the Environment, 2019, 28 (5): 804-818.

[276] HARRINGTON S J, GUIMARAES T. Corporate culture, absorptive capacity and IT success [J]. Information and Organization, 2005, 15 (1): 39-63.

[277] HART S L. A natural-resource-based view of the firm [J]. Academy of Management Review, 1995, 20 (4): 986-1014.

[278] HART S L, AHUJA G. Does it pay to be green? an empirical examination of the relationship between emission reduction and firm performance [J]. Business Strategy and the Environment, 1996, 5 (1): 30-37.

[279] HE F, MIAO X, WONG C W Y, et al. Contemporary corporate eco-innovation research: a systematic review [J]. Journal of Cleaner Production, 2018, 174: 502-526.

[280] HE X, WANG C, YANG X, et al. Do enterprise ownership structures affect financial performance in China's power and gas industries? [J]. Utilities Policy, 2021, 73: 101303.

[281] HE Z, WANG S, CHENG T C E. Competition and evolution in multi-product supply chains: an agent-based retailer model [J]. International Journal of Production Economics, 2013, 146 (1): 325-336.

[282] HELFAYA A, WHITTINGTON M. Does designing environmental sustainability disclosure quality measures make a difference? [J]. Business Strategy and the Environment, 2019, 28 (4): 525-541.

[283] HENRIQUES I, SADORSKY P. The relationship between environmental commitment and managerial perceptions of stakeholder importance [J]. Academy of Management Journal, 1999, 42 (1): 87-99.

[284] HIZARCI-PAYNE A K, IPEK I, KURT GÜMÜ 罜 G, et al. How environmental innovation influences firm performance: a meta - analytic review

[J]. Business Strategy and the Environment, 2021, 30 (2): 1174-1190.

[285] HOEGL M, WAGNER S M. Buyer-supplier collaboration in product development projects [J]. Journal of Management, 2005, 31 (4): 530-548.

[286] HOJNIK J, RUZZIER M. The driving forces of process eco-innovation and its impact on performance: insights from Slovenia [J]. Journal of Cleaner Production, 2016, 133: 812-825.

[287] HORBACH J. Determinants of environmental innovation: new evidence from German panel data sources [J]. Research Policy, 2008, 37 (1): 163-173.

[288] HORBACH J, RAMMER C, RENNINGS K. Determinants of eco-innovations by type of environmental impact: the role of regulatory push/pull, technology push and market pull [J]. Ecological Economics, 2012, 78: 112-122.

[289] HOU T C T. The relationship between corporate social responsibility and sustainable financial performance: firm-level evidence from Taiwan [J]. Corporate Social Responsibility and Environmental Management, 2019, 26 (1): 19-28.

[290] HOYER W D, CHANDY R, DOROTIC M, et al. Consumer cocreation in new product development [J]. Journal of Service Research, 2010, 13 (3): 283-296.

[291] HRISTOV I, APPOLLONI A, CHIRICO A, et al. The role of the environmental dimension in the performance management system: a systematic review and conceptual framework [J]. Journal of Cleaner Production, 2021, 293: 126075.

[292] HU B, ZHANG T, YAN S. How corporate social responsibility influences business model innovation: the mediating role of organizational legitimacy [J]. Sustainability, 2020, 12 (7): 2667.

[293] HUANG J W, LI Y H. Green innovation and performance: the view of organizational capability and social reciprocity [J]. Journal of Business Ethics, 2017, 145 (2): 309-324.

[294] HUANG X X, HU Z P, LIU C S, et al. The relationships between regulatory and customer pressure, green organizational responses, and green in-

novation performance [J]. Journal of Cleaner Production, 2016, 112: 3423-3433.

[295] HUANG Y C, DING H B, KAO M R. Salient stakeholder voices: family business and green innovation adoption [J]. Journal of Management & Organization, 2009, 15 (3): 309-326.

[296] HUANG Z, LIAO G, LI Z. Loaning scale and government subsidy for promoting green innovation [J]. Technological Forecasting and Social Change, 2019, 144: 148-156.

[297] HUO B, HAN Z, ZHAO X, et al. The impact of institutional pressures on supplier integration and financial performance: evidence from China [J]. International Journal of Production Economics, 2013, 146 (1): 82-94.

[298] HUSSAIN N, RIGONI U, CAVEZZALI E. Does it pay to be sustainable? looking inside the black box of the relationship between sustainability performance and financial performance [J]. Corporate Social Responsibility and Environmental Management, 2018, 25 (6): 1198-1211.

[299] JEON S W, KANG S. Impact of foreign currency derivative usage on firm value [J]. The Journal of the Korea Contents Association, 2012, 12 (3): 285-294.

[300] JI H, XU G, ZHOU Y, et al. The impact of corporate social responsibility on firms' innovation in China: the role of institutional support [J]. Sustainability, 2019, 11 (22): 6369.

[301] JIANG Y, XUE X, XUE W, et al. Proactive corporate environmental responsibility and financial performance: evidence from Chinese energy enterprises [J]. Sustainability, 2018, 10 (4): 964.

[302] JIN Z, XU J. Impact of environmental investment on financial performance: evidence from Chinese listed companies [J]. Polish Journal of Environmental Studies, 2020, 29 (3): 2235-2245.

[303] JOHL S K, TOHA M A. The nexus between proactive eco-innovation and firm financial performance: a circular economy perspective [J]. Sustainability, 2021, 13 (11): 6253.

[304] JUDGE W Q, DOUGLAS T J. Performance implications of incorporating natural environmental issues into the strategic planning process: an empiri-

cal assessment [J]. The Journal of Management Studies, 1998, 35 (2): 241-262.

[305] KAMANDE M W, LOKINA R B. Clean production and profitability: an eco-efficiency analysis of Kenyan manufacturing firms [J]. Journal of Environment & Development, 2013, 22 (2): 169-185.

[306] KAMMERER D. The effects of customer benefit and regulation on environmental product innovation: empirical evidence from appliance manufacturers in Germany [J]. Ecological Economics, 2009, 68 (8-9): 2285-2295.

[307] KAM-SING W S. The influence of green product competitiveness on the success of green product innovation: empirical evidence from the Chinese electrical and electronics industry [J]. European Journal of Innovation Management, 2012, 15 (4): 468-490.

[308] KANG Q, LIU Q, QI R. The Sarbanes-Oxley act and corporate investment: a structural assessment [J]. Journal of Financial Economics, 2010, 96 (2): 291-305.

[309] KARAKAYA E, HIDALGO A, NUUR C. Diffusion of eco-innovations: a review [J]. Renewable and Sustainable Energy Reviews, 2014, 33: 392-399.

[310] KEATS B W, HITT M A. A causal model of linkages among environmental dimensions, macro organizational characteristics, and performance [J]. Academy of Management Journal, 1988, 31 (3): 570-598.

[311] KHAN P A, JOHL S K, AKHTAR S, et al. Firm sustainable development goals and firm financial performance through the lens of green innovation practices and reporting: a proactive approach [J]. Journal of Risk and Financial Management, 2021, 14 (12): 605.

[312] KIESSLING T, HARVEY M, AKDENIZ L, et al. The evolving role of supply chain managers in global channels of distribution and logistics systems [J]. International Journal of Physical Distribution & Logistics Management, 2014, 44 (8/9): 671-688.

[313] KIM K. Proactive versus reactive corporate environmental practices and environmental performance [J]. Sustainability, 2018, 10 (1): 97.

[314] KIM S, TERLAAK A, POTOSKI M, et al. Corporate sustainability

and financial performance: collective reputation as moderator of the relationship between environmental performance and firm market value [J]. Business Strategy and the Environment, 2021, 30 (4): 1689-1701.

[315] KIM S T, LEE S Y. Stakeholder pressure and the adoption of environmental logistics practices: is eco-oriented culture a missing link? [J]. International Journal of Logistics Management, 2012, 23 (2): 238-258.

[316] KING A A, LENOX M J. Lean and green? an empirical examination of the relationship between lean production and environmental performance [J]. Production and Operations Management, 2001, 10 (3): 244-256.

[317] KLASSEN R D. Exploring the linkage between investment in manufacturing and environmental technologies [J]. International Journal of Operations & Production Management, 2000, 20 (2): 127-147.

[318] KLASSEN R D, WHYBARK D C. Environmental management in operations: the selection of environmental technologies [J]. Decision Sciences, 1999, 30 (3): 601-631.

[319] KONAR S, COHEN M A. Does the market value environmental performance? [J]. The Review of Economics and Statistics, 2001, 83(2): 281-289.

[320] KONG X X, ZHANG M, RAMU S C. China's semiconductor industry in global value chains [J]. Asia Pacific Business Review, 2016, 22 (1): 150-164.

[321] KOSTOPOULOS K, PAPALEXANDRIS A, PAPACHRONI M, et al. Absorptive capacity, innovation, and financial performance [J]. Journal of Business Research, 2011, 64 (12): 1335-1343.

[322] KOSTOVA T, ROTH K. Adoption of an organizational practice by subsidiaries of multinational corporations: institutional and relational effects [J]. Academy of Management Journal, 2002, 45 (1): 215-233.

[323] KUSHWAHA G S, SHARMA N K. Green initiatives: a step towards sustainable development and firm's performance in the automobile industry [J]. Journal of Cleaner Production, 2016, 121: 116-129.

[324] LAGROSEN S. Customer involvement in new product development: a relationship marketing perspective [J]. European Journal of Innovation Management, 2005, 8 (4): 424-436.

[325] LAM P K, CHIN K S. Identifying and prioritizing critical success factors for conflict management in collaborative new product development [J]. Industrial Marketing Management, 2005, 34 (8): 761-772.

[326] LANE P J, KOKA B R, PATHAK S. The reification of absorptive capacity: a critical review and rejuvenation of the construct [J]. Academy of Management Review, 2006, 31 (4): 833-863.

[327] LANKOSKI L. Corporate responsibility activities and economic performance: a theory of why and how they are connected [J]. Business Strategy and the Environment, 2008, 17 (8): 536-547.

[328] LANOIE P, LAURENT-LUCCHETTI J, JOHNSTONE N, et al. Environmental policy, innovation and performance: new insights on the Porter hypothesis [J]. Journal of Economics & Management Strategy, 2011, 20 (3): 803-842.

[329] LAU A K, TANG E, YAM R C. Effects of supplier and customer integration on product innovation and performance: empirical evidence in Hong Kong manufacturers [J]. Journal of Product Innovation Management, 2010, 27 (5): 761-777.

[330] LEAL-MILLÁN A, ROLDÁN J L, LEAL-RODRÍGUEZ A L, et al. IT and relationship learning in networks as drivers of green innovation and customer capital: evidence from the automobile sector [J]. Journal of Knowledge Management, 2016, 20 (3): 444-464.

[331] LEAL-RODRÍGUEZ A L, ROLDÁN J L, ARIZA-MONTES J A, et al. From potential absorptive capacity to innovation outcomes in project teams: the conditional mediating role of the realized absorptive capacity in a relational learning context [J]. International Journal of Project Management, 2014, 32 (6): 894-907.

[332] LEAL-RODRÍGUEZ A L, ELDRIDGE S, ROLDÁN J L, et al. Organizational unlearning, innovation outcomes, and performance: the moderating effect of firm size [J]. Journal of Business Research, 2015, 68 (4): 803-809.

[333] LEE J Y, SRIDHAR S, HENDERSON C M, et al. Effect of customer-centric structure on long-term financial performance [J]. Marketing Science, 2015, 34 (2): 250-268.

[334] LEE K H, KIM J W. Integrating suppliers into green product innovation development: an empirical case study in the semiconductor industry [J]. Business Strategy and the Environment, 2011, 20 (8): 527-538.

[335] LEE K H, MIN B. Green R&D for eco-innovation and its impact on carbon emissions and firm performance [J]. Journal of Cleaner Production, 2015, 108: 534-542.

[336] LEE S H, PARK S, KIM T. Review on investment direction of green technology R&D in Korea [J]. Renewable and Sustainable Energy Reviews, 2015, 50: 186-193.

[337] LEITER A M, PAROLINI A, WINNER H. Environmental regulation and investment: evidence from European industry data [J]. Ecological Economics, 2011, 70 (4): 759-770.

[338] LERMAN R I, YITZHAKI S. Improving the accuracy of estimates of Gini coefficients [J]. Journal of Econometrics, 1989, 42 (1): 43-47.

[339] LESAGE J P, PACE R K. The biggest myth in spatial econometrics [J]. Econometrics, 2014, 2 (4): 217-249.

[340] LEYDESDORFF L, CARLEY S, RAFOLS I, et al. Global maps of science based on the new Web-of-Science categories [J]. Scientometrics, 2013, 94 (2): 589-593.

[341] LI D, CAO C, ZHANG L, et al. Effects of corporate environmental responsibility on financial performance: the moderating role of government regulation and organizational slack [J]. Journal of Cleaner Production, 2017, 166: 1323-1334.

[342] LI D, ZHENG M, CAO C, et al. The impact of legitimacy pressure and corporate profitability on green innovation: evidence from China top 100 [J]. Journal of Cleaner Production, 2017, 141: 41-49.

[343] LI F, XU X, LI Z, et al. Can low-carbon technological innovation truly improve enterprise performance? the case of Chinese manufacturing companies [J]. Journal of Cleaner Production, 2021, 293: 125949.

[344] LI J, DU Y. Spatial effect of environmental regulation on green innovation efficiency: evidence from prefectural-level cities in China [J]. Journal of Cleaner Production, 2021, 286: 125032.

[345] [347] LI S, JAYARAMAN V, PAULRAJ A, et al. Proactive environmental strategies and performance: role of green supply chain processes and green product design in the Chinese high-tech industry [J]. International Journal of Production Research, 2016, 54 (7): 2136-2151.

[346] LI Y. Environmental innovation practices and performance: moderating effect of resource commitment [J]. Journal of Cleaner Production, 2014, 66: 450-458.

[347] LIAO X, SHI X. Public appeal, environmental regulation and green investment: evidence from China [J]. Energy Policy, 2018, 119: 554-562.

[348] LIAO Z. Institutional pressure, knowledge acquisition and a firm's environmental innovation [J]. Business Strategy and the Environment, 2018, 27 (7): 849-857.

[349] LIN H, ZENG S X, MA H Y, et al. Can political capital drive corporate green innovation? lessons from China [J]. Journal of Cleaner Production, 2014, 64: 63-72.

[350] LIN R J, CHEN R H, HUANG F H, et al. Green innovation in the automobile industry [J]. Industrial Management and Data Systems, 2014, 114 (6): 886-903.

[351] LIN R J, TAN K H, GENG Y, et al. Market demand, green product innovation, and firm performance: evidence from Vietnam motorcycle industry [J]. Journal of Cleaner Production, 2013, 40: 101-107.

[352] LIN W L, LAW S H, HO J A, et al. The causality direction of the corporate social responsibility corporate financial performance Nexus: application of panel vector autoregression approach [J]. The North American Journal of Economics and Finance, 2019a, 48: 401-418.

[353] LIN W L, YIP N, HO J A, et al. The adoption of technological innovations in a B2B context and its impact on firm performance: an ethical leadership perspective [J]. Industrial Marketing Management, 2020, 89: 61-71.

[354] LIN W L, CHEAH J H, AZALI M, et al. Does firm size matter? evidence on the impact of the green innovation strategy on corporate financial performance in the automotive sector [J]. Journal of Cleaner Production, 2019b, 229: 974-988.

[355] LISTON HEYES C, VAZQUEZ BRUST D A. Environmental protection in environmentally reactive firms: lessons from corporate Argentina [J]. Journal of Business Ethics, 2016, 135 (2): 361-379.

[356] LIU C, GAO X, MA W, et al. Research on regional differences and influencing factors of green technology innovation efficiency of China's high-tech industry [J]. Journal of Computational and Applied Mathematics, 2020, 369: 112597.

[357] LIU J, SONG Q, LIU N, et al. Threshold effects of tourism agglomeration on the green innovation efficiency of China's tourism industry [J]. Chinese Journal of Population Resources and Environment, 2018, 16 (3): 277-286.

[358] LIU X, DONG J, JI K, et al. Investigating the "short pain" and "long gain" effect of environmental regulation on financial performance: evidence from Chinese listed polluting firms [J]. Sustainability, 2022, 14 (4): 2412.

[359] LOSSE M, GEISSDOERFER M. Mapping socially responsible investing: a bibliometric and citation network analysis [J]. Journal of Cleaner Production, 2021, 296: 126376.

[360] LU W, YE M, CHAU K W, et al. The paradoxical nexus between corporate social responsibility and sustainable financial performance: evidence from the international construction business [J]. Corporate Social Responsibility and Environmental Management, 2018, 25 (5): 844-852.

[361] LU W M, WANG W K, LEE H L. The relationship between corporate social responsibility and corporate performance: evidence from the US semiconductor industry [J]. International Journal of Production Research, 2013, 51 (19): 5683-5695.

[362] LUBBERINK R, BLOK V, VAN OPHEM J, et al. Lessons for responsible innovation in the business context: a systematic literature review of responsible, social and sustainable innovation practices [J]. Sustainability, 2017, 9 (5): 721.

[363] LUI A K H, LO C K Y, NGAI E W T, et al. Forced to be green? the performance impact of energy-efficient systems under institutional pressures [J]. International Journal of Production Economics, 2021, 239: 108213.

[364] LUO Q, MIAO C, SUN L, et al. Efficiency evaluation of green technology innovation of China's strategic emerging industries: an empirical analysis based on Malmquist-data envelopment analysis index [J]. Journal of Cleaner Production, 2019, 238: 117782.

[365] LUO X, ZHANG W. Green innovation efficiency: a threshold effect of research and development [J]. Clean Technologies and Environmental Policy, 2021, 23: 285-298.

[366] LUO Y, LU Z, LONG X. Heterogeneous effects of endogenous and foreign innovation on CO_2emissions stochastic convergence across China [J]. Energy Economics, 2020, 91: 104893.

[367] MA Y, HOU G, XIN B. Green process innovation and innovation benefit: the mediating effect of firm image [J]. Sustainability, 2017, 9 (10): 1778.

[368] MAGAT W A. Pollution control and technological advance: a dynamic model of the firm [J]. Journal of Environmental Economics and Management, 1978, 5 (1): 1-25.

[369] MANDER S. Slow steaming and a new dawn for wind propulsion: a multi-level analysis of two low carbon shipping transitions [J]. Marine Policy, 2017, 75: 210-216.

[370] MAO W, WANG W, SUN H. Driving patterns of industrial green transformation: a multiple regions case learning from China [J]. Science of the Total Environment, 2019, 697: 134134.

[371] MARRA A, ANTONELLI P, POZZI C. Emerging green-tech specializations and clusters: a network analysis on technological innovation at the metropolitan level [J]. Renewable and Sustainable Energy Reviews, 2017, 67: 1037-1046.

[372] MARSHALL R S, AKOORIE M E M, HAMANN R, et al. Environmental practices in the wine industry: an empirical application of the theory of reasoned action and stakeholder theory in the United States and New Zealand [J]. Journal of World Business, 2010, 45 (4): 405-414.

[373] MARTÍNEZ-FERRERO J, FRÍAS-ACEITUNO J V. Relationship between sustainable development and financial performance: international empiri-

cal research [J]. Business Strategy and the Environment, 2015, 24 (1): 20-39.

[374] MAZZI A, TONIOLO S, MANZARDO A, et al. Exploring the direction on the environmental and business performance relationship at the firm level: lessons from a literature review [J]. Sustainability, 2016, 8 (11): 1200.

[375] MELANDER L. Achieving sustainable development by collaborating in green product innovation [J]. Business Strategy and the Environment, 2017, 26 (8): 1095-1109.

[376] MENGUC B, AUH S, OZANNE L. The interactive effect of internal and external factors on a proactive environmental strategy and its influence on a firm's performance [J]. Journal of Business Ethics, 2010, 94 (2): 279-298.

[377] MENGUC B, AUH S, YANNOPOULOS P. Customer and supplier involvement in design: the moderating role of incremental and radical innovation capability [J]. Journal of Product Innovation Management, 2014, 31 (2): 313-328.

[378] MIAO C, FANG D, SUN L, et al. Natural resources utilization efficiency under the influence of green technological innovation [J]. Resources, Conservation and Recycling, 2017, 126: 153-161.

[379] MIKOLAJEK-GOCEJNA M. The relationship between corporate social responsibility and corporate financial performance evidence from empirical studies [J]. Comparative Economic Research, 2016, 19 (4): 67-84.

[380] MILES S. Stakeholder theory classification: a theoretical and empirical evaluation of definitions [J]. Journal of Business Ethics, 2017, 142 (3): 437-459.

[381] MISHRA P, YADAV M. Environmental capabilities, proactive environmental strategy and competitive advantage: a natural-resource-based view of firms operating in India [J]. Journal of Cleaner Production, 2021, 291: 125249.

[382] MOLINA AZORÍN J F, CLAVER CORTÉS E, LÓPEZ GAMERO MD, et al. Green management and financial performance: a literature review [J]. Management Decision, 2009, 47 (7): 1080-1100.

[383] MONGEON P, PAUL HUS A. The journal coverage of Web of Science and Scopus: a comparative analysis [J]. Scientometrics, 2016, 106 (1): 213-228.

[384] MULAESSA N, LIN L. How do proactive environmental strategies affect green innovation? the moderating role of environmental regulations and firm performance [J]. International Journal of Environmental Research and Public Health, 2021, 18 (17): 9083.

[385] MURILLO LUNA JL, GARCÉS AYERBE C, RIVERA TORRES P. Why do patterns of environmental response differ? a stakeholders' pressure approach [J]. Strategic Management Journal, 2008, 29 (11): 1225-1240.

[386] NAMBISAN S. Designing virtual customer environments for new product development: toward a theory [J]. Academy of Management Review, 2002, 27 (3): 392-413.

[387] NEU D, WARSAME H, PEDWELL K. Managing public impressions: environmental disclosures in annual reports [J]. Accounting, Organizations and Society, 1998, 23 (3): 265-282.

[388] NGUYEN H M, ONOFREI G, TRUONG D, et al. Customer green orientation and process innovation alignment: a configuration approach in the global manufacturing industry [J]. Business Strategy and the Environment, 2020, 29 (6): 2498-2513.

[389] NGUYEN T H, VU Q T, NGUYEN D M, et al. Factors influencing corporate social responsibility disclosure and its impact on financial performance: the case of Vietnam [J]. Sustainability, 2021, 13 (15): 8197.

[390] NICOLAJSSEN H W, SCUPOLA A. Investigating issues and challenges for customer involvement in business services innovation [J]. Journal of Business & Industrial Marketing, 2011, 26 (5): 368-376.

[391] NORTH D C. Political economy of institutions and decisions: institutions, institutional change and economic performance [M]. England: Cambridge University Press, 2013.

[392] O'DONOHUE W, TORUGSA N. The moderating effect of "Green" HRM on the association between proactive environmental management and financial performance in small firms [J]. The International Journal of Human

Resource Management, 2016, 27 (2): 239-261.

[393] O'DONOVAN G. Environmental disclosures in the annual report: extending the applicability and predictive power of legitimacy theory [J]. Accounting Auditing & Accountability, 2002, 15 (3): 344-371.

[394] OKAFOR A, ADELEYE B N, ADUSEI M. Corporate social responsibility and financial performance: evidence from U. S tech firms [J]. Journal of Cleaner Production, 2021, 292: 126078.

[395] OLIVER C. Strategic responses to institutional processes [J]. Academy of Management Review, 1991, 16 (1): 145-179.

[396] OLTRA V, SAINT JEAN M. Sectoral systems of environmental innovation: an application to the French automotive industry [J]. Technological Forecasting and Social Change, 2009, 76 (4): 567-583.

[397] ORLITZKY M. Payoffs to social and environmental performance [J]. The Journal of Investing, 2005, 14 (3): 48-52.

[398] PAPAZOGLOU M E, SPANOS Y E. Influential knowledge and financial performance: the role of time and rivals' absorptive capacity [J]. Technovation, 2021, 102: 102223.

[399] PARASCHIV D M, NEMOIANU E L, LANGĂ C A, et al. Eco-innovation, responsible leadership and organizational change for corporate sustainability [J]. Amfiteatru Economic Journal, 2012, 14 (32): 404-419.

[400] PARK J H, CHUNG H, KIM K H, et al. The impact of technological capability on financial performance in the semiconductor industry [J]. Sustainability, 2021, 13 (2): 489.

[401] PARMAR B L, FREEMAN R E, HARRISON J S, et al. Stakeholder theory: the state of the art [J]. Academy of Management Annals, 2010, 4 (1): 403-445.

[402] PATTERSON W, AMBROSINI V. Configuring absorptive capacity as a key process for research intensive firms [J]. Technovation, 2015, 36: 77-89.

[403] PAVITT K. Sectoral patterns of technical change: towards a taxonomy and a theory [J]. Research Policy, 1984, 13 (6): 343-373.

[404] PENG H, SHEN N, YING H, et al. Can environmental regulation

directly promote green innovation behavior: based on situation of industrial agglomeration [J]. Journal of Cleaner Production, 2021, 314: 128044.

[405] PINKSE J, KUSS M J, HOFFMANN V H. On the implementation of a "global" environmental strategy: the role of absorptive capacity [J]. International Business Review, 2010, 19 (2): 160-177.

[406] PITTAWAY L, ROBERTSON M, MUNIR K, et al. Networking and innovation: a systematic review of the evidence [J]. International Journal of Management Reviews, 2004, 5 (3-4): 137-168.

[407] PLATONOVA E, ASUTAY M, DIXON R, et al. The impact of corporate social responsibility disclosure on financial performance: evidence from the GCC Islamic banking sector [J]. Journal of Business Ethics, 2018, 151 (2): 451-471.

[408] PORTER M E, VAN DER LINDE C. Toward a new conception of the environment-competitiveness relationship [J]. Journal of Economic Perspectives, 1995, 9 (4): 97-118.

[409] PRASHAR A, SUNDER M V. A bibliometric and content analysis of sustainable development in small and medium-sized enterprises [J]. Journal of Cleaner Production, 2020, 24: 118665.

[410] PRESTON L E, O'BANNON D P. The corporate social-financial performance relationship: a typology and analysis [J]. Business and Society, 1997, 36 (4): 419-429.

[411] PREACHER K J, HAYES A F. Asymptotic and resampling strategies for assessing and comparing indirect effects in multiple mediator models [J]. Behavior Research Methods, 2008, 40 (3): 879-891.

[412] PRZYCHODZEN J, PRZYCHODZEN W. Relationships between eco-innovation and financial performance evidence from publicly traded companies in Poland and Hungary [J]. Journal of Cleaner Production, 2015, 90: 253-263.

[413] PRZYCHODZEN W, GÓMEZ-BEZARES F, PRZYCHODZEN J. Green information technologies practices and financial performance: the empirical evidence from German publicly traded companies [J]. Journal of Cleaner Production, 2018, 201: 570-579.

[414] PRZYCHODZEN W, LEYVA DE LA HIZ D I, PRZYCHODZEN J.

First mover advantages in green innovation: opportunities and threats for financial performance: a longitudinal analysis [J]. Corporate Social Responsibility and Environmental Management, 2020, 27 (1): 339-357.

[415] PUCCI T, CASPRINI E, GALATI A, et al. The virtuous cycle of stakeholder engagement in developing a sustainability culture: salcheto winery [J]. Journal of Business Research, 2020, 119: 364-376.

[416] PUJARI D. Eco-innovation and new product development: understanding the influences on market performance [J]. Technovation, 2006, 26 (1): 76-85.

[417] PUJARI D, WRIGHT G, PEATTIE K. Green and competitive: influences on environmental new product development performance [J]. Journal of Business Research, 2003, 56 (8): 657-671.

[418] QI G Y, SHEN L Y, ZENG S X, et al. The drivers for contractors' green innovation: an industry perspective [J]. Journal of Cleaner Production, 2010, 18 (14): 1358-1365.

[419] QI G, ZENG S, LI X, et al. Role of internalization process in defining the relationship between ISO 14001 certification and corporate environmental performance [J]. Corporate Social Responsibility and Environmental Management, 2012, 19 (3): 129-140.

[420] QING L, CHUN D, DAGESTANI A A, et al. Does proactive green technology innovation improve financial performance? evidence from listed companies with semiconductor concepts stock in China [J]. Sustainability, 2022, 14 (8): 4600.

[421] QING L, CHUN D, OCK Y S, et al. What myths about green technology innovation and financial performance's relationship? a bibliometric analysis review [J]. Economies, 2022, 10 (4): 92.

[422] QU X, KHAN A, YAHYA S, et al. Green core competencies to prompt green absorptive capacity and bolster green innovation: the moderating role of organization's green culture [J]. Journal of Environmental Planning and Management, 2022, 65 (3): 536-561.

[423] RAHIM M A. A measure of styles of handling interpersonal conflict [J]. Academy of Management Journal, 1983, 26 (2): 368-376.

[424] REED M S, GRAVES A, DANDY N, et al. Who's in and why? a typology of stakeholder analysis methods for natural resource management [J]. Journal of Environmental Management, 2009, 90 (5): 1933-1949.

[425] REN S, HUANG M, LIU D, et al. Understanding the impact of mandatory CSR disclosure on green innovation: evidence from Chinese listed firms [J]. British Journal of Management, 2022, 34 (2): 576-594.

[426] REN S, SUN H, ZHANG T. Do environmental subsidies spur environmental innovation? empirical evidence from Chinese listed firms [J]. Technological Forecasting and Social Change, 2021, 173: 121123.

[427] REN S, WANG Y, HU Y, et al. CEO hometown identity and firm green innovation [J]. Business Strategy and the Environment, 2021, 30 (2): 756-774.

[428] RENNING K. Redefining innovation eco-innovation research and the contribution from ecological economics [J]. Ecological Economics, 2000, 32 (2): 319-332.

[429] REXHÄUSER S, RAMMER C. Environmental innovations and firm profitability: unmasking the Porter hypothesis [J]. Environmental & Resource Economics, 2014, 57 (1): 145-167.

[430] REY MARTÍ A, RIBEIRO SORIANO D, PALACIOS MARQUÉS D. A bibliometric analysis of social entrepreneurship [J]. Journal of Business Research, 2016, 69 (5): 1651-1655.

[431] DE AZEVEDO REZENDE L, BANSI A C, ALVES M F R, et al. Take your time: examining when green innovation affects financial performance in multinationals [J]. Journal of Cleaner Production, 2019, 233: 993-1003.

[432] REICHE B S. Knowledge transfer in multinationals: the role of inpatriates' boundary spanning [J]. Human Resource Management, 2011, 50 (3): 365-389.

[433] RHODES E, WIELD D. Implementing new technologies: innovation and the management of technology [M]. London, England: Blackwell, 1994.

[434] RIILLO C A F. Beyond the question "does it pay to be green?": how much green? and when? [J]. Journal of Cleaner Production, 2017, 141: 626-640.

[435] ROGERS K W, PURDY L, SAFAYENI F, et al. A supplier development program: rational process or institutional image construction? [J]. Journal of Operations Management, 2007, 25 (2): 556-572.

[436] RUGGIERO S, LEHKONEN H. Renewable energy growth and the financial performance of electric utilities: a panel data study [J]. Journal of Cleaner Production, 2017, 142: 3676-3688.

[437] RUI Z, LU Y. Stakeholder pressure, corporate environmental ethics and green innovation [J]. Asian Journal of Technology Innovation, 2021, 29 (1): 70-86.

[438] RUSSO M V, FOUTS P A. A resource-based perspective on corporate environmental performance and profitability [J]. Academy of Management Journal, 1997, 40 (3): 534-559.

[439] RYSZKO A. Proactive environmental strategy, technological eco-innovation and firm performance case of Poland [J]. Sustainability, 2016, 8 (2): 156.

[440] SALEEM F, QURESHI S S, MALIK M I, et al. Impact of environmental orientation on proactive and reactive environmental strategies: mediating role of business environmental commitment [J]. Sustainability, 2021, 13 (15): 8361.

[441] SALIM N, AB RAHMAN M N, ABD WAHAB D. A systematic literature review of internal capabilities for enhancing eco-innovation performance of manufacturing firms [J]. Journal of Cleaner Production, 2019, 209: 1445-1460.

[442] SARDANA D, GUPTA N, KUMAR V, et al. CSR "sustainability" practices and firm performance in an emerging economy [J]. Journal of Cleaner Production, 2020, 258: 120766.

[443] SARKIS J, CORDEIRO J J. An empirical evaluation of environmental efficiencies and firm performance: pollution prevention versus end-of-pipe practice [J]. European Journal of Operational Research, 2001, 135 (1): 102-113.

[444] SARKIS J, GONZALEZ TORRE P, ADENSO DIAZ B. Stakeholder pressure and the adoption of environmental practices: the mediating effect of

training [J]. Journal of Operations Management, 2010, 28 (2): 163-176.

[445] SCANDELIUS C, COHEN G. Achieving collaboration with diverse stakeholders: the role of strategic ambiguity in CSR communication [J]. Journal of Business Research, 2016, 69 (9): 3487-3499.

[446] SCHIEDERIG T, TIETZE F, HERSTATT C. Green innovation in technology and innovation management: an exploratory literature review [J]. R and D Management, 2012, 42 (2): 180-192.

[447] SCHROEDER J H, SHEPARDSON M L. Do SOX 404 control audits and management assessments improve overall internal control system quality? [J]. The Accounting Review, 2016, 91 (5): 1513-1541.

[448] SCHULER D A, CORDING M. A corporate social performance-corporate financial performance behavioral model for consumers [J]. Academy of Management Review, 2006, 31 (3): 540-558.

[449] SCOTT W R. Approaching adulthood: the maturing of institutional theory [J]. Theory and Society, 2008, 37 (5): 427-442.

[450] SEROKA STOLKA O, FIJOREK K. Enhancing corporate sustainable development: proactive environmental strategy, stakeholder pressure and the moderating effect of firm size [J]. Business Strategy and the Environment, 2020, 29 (6): 2338-2354.

[451] SEZEN B, ÇANKAYA S Y. Effects of green manufacturing and eco-innovation on sustainability performance [J]. Procedia, Social and Behavioral Sciences, 2013, 99: 154-163.

[452] SHAH N, SOOMRO B A. Internal green integration and environmental performance: the predictive power of proactive environmental strategy, greening the supplier, and environmental collaboration with the supplier [J]. Business Strategy and the Environment, 2021, 30 (2): 1333-1344.

[453] SHARFMAN M P, et al. A model of the global and institutional antecedents of high-level corporate environmental performance [J]. Business and Society, 2004, 43 (1): 6-36.

[454] SHARMA S. Managerial interpretations and organizational context as predictors of corporate choice of environmental strategy [J]. Academy of Management Journal, 2000, 43 (4): 681-697.

[455] SHARMA S, et al. Corporate environmental responsiveness strategies: the importance of issue interpretation and organizational context [J]. The Journal of Applied Behavioral Science, 1999, 35 (1): 87-108.

[456] SHEN C, et al. The effect of environmental policy tools on regional green innovation: evidence from China [J]. Journal of Cleaner Production, 2020, 254: 120122.

[457] SHER P J, YANG P Y. The effects of innovative capabilities and R&D clustering on firm performance: the evidence of Taiwan's semiconductor industry [J]. Technovation, 2005, 25 (1): 33-43.

[458] SHI Q, LAI X. Identifying the underpin of green and low carbon technology innovation research: a literature review from 1994 to 2010 [J]. Technological Forecasting and Social Change, 2013, 80 (5): 839-864.

[459] SHI Y, HE W, ZHAO J, et al. Expected output calculation based on inverse distance weighting and its application in anomaly detection of distributed photovoltaic power stations [J]. Journal of Cleaner Production, 2020, 253: 119965.

[460] SHU S T, WONG V, LEE N. The effects of external linkages on new product innovativeness: an examination of moderating and mediating influences [J]. Journal of Strategic Marketing, 2005, 13 (3): 199-218.

[461] SINGH S K, DEL GIUDICE M, CHIAPPETTA JABBOUR C J, et al. Stakeholder pressure, green innovation, and performance in small and medium sized enterprises: the role of green dynamic capabilities [J]. Business Strategy and the Environment, 2022, 31 (1): 500-514.

[462] SOEWARNO N, TJAHJADI B, FITHRIANTI F. Green innovation strategy and green innovation: the roles of green organizational identity and environmental organizational legitimacy [J]. Management Decision, 2019, 57 (11): 3061-3078.

[463] SONG M, YANG M X, ZENG K J, et al. Green knowledge sharing, stakeholder pressure, absorptive capacity, and green innovation: evidence from Chinese manufacturing firms [J]. Business Strategy and the Environment, 2020, 29 (3): 1517-1531.

[464] STEFAN A, PAUL L. Does it pay to be green? a systematic

overview [J]. The Academy of Management Perspectives, 2008, 22 (4): 45-62.

[465] SU W, GUO C, SONG X. Media coverage, environment protection law and environmental research and development: evidence from the Chinese-listed firms [J]. Environment Development and Sustainability, 2022, 24 (5): 6953-6983.

[466] SUCHMAN M C. Managing legitimacy: strategic and institutional approaches [J]. Academy of Management Review, 1995, 20 (3): 571-610.

[467] SUEYOSHI T, RYU Y, et al. Performance assessment of the semiconductor industry: measured by DEA environmental assessment [J]. Energies, 2020, 13 (22): 5998.

[468] SURROCA J, TRIBÓ J A, WADDOCK S, et al. Corporate responsibility and financial performance: the role of intangible resources: intangibles, corporate responsibility, and financial performance [J]. Strategic Management Journal, 2010, 31 (5): 463-490.

[469] TAHERDANGKOO M, GHASEMI K, BEIKPOUR M, et al. The role of sustainability environment in export marketing strategy and performance: a literature review [J]. Environment Development and Sustainability, 2017, 19 (5): 1601-1629.

[470] TAKALO S K, TOORANLOO H S, SHAHABALDINI P Z, et al. Green innovation: a systematic literature review [J]. Journal of Cleaner Production, 2021, 279: 122474.

[471] TARIQ A, BADIR Y, CHONGLERTTHAM S, et al. Green innovation and performance: moderation analyses from Thailand [J]. European Journal of Innovation Management, 2019, 22 (3): 446-467.

[472] TARIQ A, BADIR Y F, TARIQ W, et al. Drivers and consequences of green product and process innovation: a systematic review, conceptual framework, and future outlook [J]. Technology in Society, 2017, 51: 8-23.

[473] TATOGLOU E, FRYNAS J G, BAYRAKTAR E, et al. Why do emerging market firms engage in voluntary environmental management practices? a strategic choice perspective [J]. British Journal of Management, 2020, 31 (1): 80-100.

[474] TOBIN J, et al. A general equilibrium approach to monetary theory [J]. Journal of Money, Credit, and Banking, 1969, 1 (1): 15.

[475] TODOROVA G, DURISIN B, et al. Absorptive capacity: valuing a reconceptualization [J]. Academy of Management Review, 2007, 32 (3): 774-786.

[476] TRANFIELD D, DENYER D, SMART P, et al. Towards a methodology for developing evidence-informed management knowledge by means of systematic review [J]. British Journal of Management, 2003, 14 (3): 207-222.

[477] TRIGUERO A, MORENO MONDÉJAR L, DAVIA M A, et al. Eco-innovation by small and medium-sized firms in Europe: from end-of-pipe to cleaner technologies [J]. Innovation, 2015, 17 (1): 24-40.

[478] TRIGUERO A, MORENO MONDÉJAR L, DAVIA M A. Drivers of different types of eco-innovation in European SMEs [J]. Ecological Economics, 2013, 92: 25-33.

[479] TRUMPP C, GUENTHER T. Too little or too much? exploring U-shaped relationships between corporate environmental performance and corporate financial performance [J]. Business Strategy and the Environment, 2017, 26 (1): 49-68.

[480] TSAI M T, CHUANG L M, CHAO S T, et al. The effects assessment of firm environmental strategy and customer environmental conscious on green product development [J]. Environmental Monitoring and Assessment, 2012, 184 (7): 4435-4447.

[481] TSENG C Y, CHANG PAI D, HUNG C H. Knowledge absorptive capacity and innovation performance in KIBS [J]. Journal of Knowledge Management, 2011, 15 (6): 971-983.

[482] VENKATRAMAN N, RAMANUJAM V. Measurement of business performance in strategy research: a comparison of approaches [J]. Academy of Management Review, 1986, 11 (4): 801-814.

[483] VILCHEZ V F, DARNALL N, CORREA J A A. Stakeholder influences on the design of firms' environmental practices [J]. Journal of Cleaner Production, 2017, 142: 3370-3381.

[484] VIVEK S D, BEATTY S E, MORGAN R M. Customer engagement:

exploring customer relationships beyond purchase [J]. Journal of Marketing Theory and Practice, 2012, 20 (2): 122-146.

[485] VOORBERG W H, BEKKERS V J J M, TUMMERS L G, et al. A systematic review of co-creation and co-production: embarking on the social innovation journey [J]. Public Management Review, 2015, 17 (9): 1333-1357.

[486] WAGNER M. The link of environmental and economic performance: drivers and limitations of sustainability integration [J]. Journal of Business Research, 2015, 68 (6): 1306-1317.

[487] WALTER A, RITTER T. The influence of adaptations, trust and commitment on value creating functions of customer relationships [J]. Journal of Business & Industrial Marketing, 2003, 18 (4/5): 353-365.

[488] WANG H, CUI H, ZHAO Q, et al. Effect of green technology innovation on green total factor productivity in China: evidence from spatial durbin model analysis [J]. Journal of Cleaner Production, 2021, 288: 125624.

[489] WANG L, YE W, CHEN L. Research on green innovation of the great Changsha-Zhuzhou-Xiangtan city group based on network [J]. Land, 2021, 10 (11): 1198.

[490] WANG M, LI Y, LI J, et al. Green process innovation, green product innovation and its economic performance improvement paths: a survey and structural model [J]. Journal of Environmental Management, 2021, 297: 113282.

[491] WANG Q, QU J, WANG B, et al. Green technology innovation development in China in 1990-2015 [J]. Science of the Total Environment, 2019, 696: 134008.

[492] WANG S, FAN J, ZHAO D, et al. Regional innovation environment and innovation efficiency: the Chinese case [J]. Technology Analysis & Strategic Management, 2016, 28 (4): 396-410.

[493] WANG X, ZHANG Z, CHUN D. The influencing mechanism of internal control effectiveness on technological innovation: CSR as a mediator [J]. Sustainability, 2021, 13 (23): 13122.

[494] WANG X, ZHAO Y, HOU L. How does green innovation affect supplier-customer relationships? a study on customer and relationship contingencies

[J]. Industrial Marketing Management, 2020, 90: 170-180.

[495] WEI Z, YUGUO J, JIAPING W. Greenization of venture capital and green innovation of Chinese entity industry [J]. Ecological Indicators, 2015, 51: 31-41.

[496] WENG H H, CHEN J S, CHEN P C. Effects of green innovation on environmental and corporate performance: a stakeholder perspective [J]. Sustainability, 2015, 7 (5): 4997-5026.

[497] WILHELM M M, BLOME C, BHAKOO V, et al. Sustainability in multi-tier supply chains: understanding the double agency role of the first-tier supplier [J]. Journal of Operations Management, 2016, 41 (1): 42-60.

[498] WILMSHURST T D, FROST G R. Corporate environmental reporting: a test of legitimacy theory [J]. Accounting Auditing & Accountability, 2000, 13 (1): 10-26.

[499] WILLIAMS B K. Adaptive management of natural resources framework and issues [J]. Journal of Environmental Management, 2011, 92 (5): 1346-1353.

[500] WILLIAMS P. The competent boundary spanner [J]. Public Administration, 2002, 80 (1): 103-124.

[501] WINTER S C, MAY P J. Motivation for compliance with environmental regulations [J]. Journal of Policy Analysis and Management, 2001, 20 (4): 675-698.

[502] WOO C, CHUNG Y, CHUN D, et al. Impact of green innovation on labor productivity and its determinants: an analysis of the Korean manufacturing industry [J]. Business Strategy and the Environment, 2014, 23(8): 567-576.

[503] WU W, ULLAH R, SHAH S J. Linking corporate environmental performance to financial performance of Pakistani firms: the roles of technological capability and public awareness [J]. Sustainability, 2020, 12 (4): 1446.

[504] WU H, XU L, REN S, et al. How do energy consumption and environmental regulation affect carbon emissions in China? new evidence from a dynamic threshold panel model [J]. Resources Policy, 2020, 67: 101678.

[505] WU X, ZENG S. R&D investment, internal control and enterprise performance: an empirical study based on the listed companies in China of the

core industry of the digital economy [J]. Sustainability, 2022, 14 (24): 16700.

[506] WYNSTRA F, VAN WEELE A, WEGGEMANN M. Managing supplier involvement in product development: three critical issues [J]. European Management Journal, 2001, 19 (2): 157-167.

[507] XIA D, WANG X Q. The synergetic impact of environmental and innovation information disclosure on corporate financial performance: an empirical study based on China coal listed companies [J]. Technovation, 2021, 100: 102179.

[508] XIANG X, LIU C, YANG M, et al. Who is financing corporate green innovation? [J]. International Review of Economics & Finance, 2022, 78: 321-337.

[509] XIANG X, LIU C, YANG M, et al. Confession or justification: the effects of environmental disclosure on corporate green innovation in China [J]. Corporate Social Responsibility and Environmental Management, 2020, 27 (6): 2735-2750.

[510] XIE X, HUO J, QI G, et al. Green process innovation and financial performance in emerging economies: moderating effects of absorptive capacity and green subsidies [J]. IEEE Transactions on Engineering Management, 2015, 63 (1): 101-112.

[511] XIE X, HUO J, ZOU H. Green process innovation, green product innovation, and corporate financial performance: a content analysis method [J]. Journal of Business Research, 2019a, 101: 697-706.

[512] XIE X, ZHU Q, WANG R. Turning green subsidies into sustainability: how green process innovation improves firms' green image [J]. Business Strategy and the Environment, 2019b, 28 (7): 1416-1433.

[513] XU S, WU T, ZHANG Y. The spatial-temporal variation and convergence of green innovation efficiency in the Yangtze River Economic Belt in China [J]. Environmental Science and Pollution Research, 2020, 27: 26868-26881.

[514] XUE M, BOADU F, XIE Y. The penetration of green innovation on firm performance: effects of absorptive capacity and managerial environmental

concern [J]. Sustainability, 2019, 11 (9): 2455.

[515] YAN X, ZHANG Y. The effects of green innovation and environmental management on the environmental performance and value of a firm: an empirical study of energy - intensive listed companies in China [J]. Environmental Science and Pollution Research, 2021, 28 (27): 35870-35879.

[516] YAN X, ZHANG Y, PEI L L. The impact of risk-taking level on green technology innovation: evidence from energy-intensive listed companies in China [J]. Journal of Cleaner Production, 2021, 281: 124685.

[517] YANG D, JIANG W, ZHAO W, et al. Proactive environmental strategy, innovation capability, and stakeholder integration capability: a mediation analysis [J]. Business Strategy and the Environment, 2019, 28 (8): 1534-1547.

[518] YANG D, WANG Z, LU F. The influence of corporate governance and operating characteristics on corporate environmental investment: evidence from China [J]. Sustainability, 2019, 11 (10): 2737.

[519] YANG L, QIN H, GAN Q, et al. Internal control quality, enterprise environmental protection investment and finance performance: an empirical study of China's a - share heavy pollution industry [J]. International Journal of Environmental Research and Public Health, 2020, 17 (17): 6082.

[520] YAO Q, LIU J, SHENG S, et al. Does eco-innovation lift firm value? the contingent role of institutions in emerging markets [J]. Journal of Business & Industrial Marketing, 2019, 34 (8): 1763-1778.

[521] YE N, KUEH T B, HOU L, et al. A bibliometric analysis of corporate social responsibility in sustainable development [J]. Journal of Cleaner Production, 2020, 272: 122679.

[522] YEN Y X. Buyer-supplier collaboration in green practices: the driving effects from stakeholders [J]. Business Strategy and the Environment, 2018, 27 (8): 1666-1678.

[523] YENIYURT S, HENKE J W J R, YALCINKAYA G. A longitudinal analysis of supplier involvement in buyers' new product development: working relations, inter - dependence, co - innovation, and performance outcomes [J]. Journal of the Academy of Marketing Science, 2014, 42 (3): 291-308.

[524] YIN J, GONG L, WANG S. Large-scale assessment of global green innovation research trends from 1981 to 2016: a bibliometric study [J]. Journal of Cleaner Production, 2018, 197: 827-841.

[525] YU H, CHIU C N. Environmental quality and its impact on business performance of the bed and breakfasts (B&Bs) industry: evidence from Taiwan [J]. Journal of Cleaner Production, 2021, 295: 126234.

[526] YUAN B, XIANG Q. Environmental regulation, industrial innovation and green development of Chinese manufacturing: based on an extended CDM model [J]. Journal of Cleaner Production, 2018, 176: 895-908.

[527] ZAHRA S A, GEORGE G. Absorptive capacity: a review, reconceptualization, and extension [J]. Academy of Management Review, 2002, 27 (2): 185-203.

[528] ZAILANI S, IRANMANESH M, NIKBIN D, et al. Determinants and environmental outcome of green technology innovation adoption in the transportation industry in Malaysia [J]. Asian Journal of Technology Innovation, 2014, 22 (2): 286-301.

[529] ZHANG C, WU F, HENKE J W J R. Leveraging boundary spanning capabilities to encourage supplier investment: a comparative study [J]. Industrial Marketing Management, 2015, 49: 84-94.

[530] ZHANG C, VISWANATHAN S, HENKE J W J R. The boundary spanning capabilities of purchasing agents in buyer-supplier trust development [J]. Journal of Operations Management, 2011, 29 (4): 318-328.

[531] ZHANG D, RONG Z, JI Q. Green innovation and firm performance: evidence from listed companies in China [J]. Resources, Conservation, and Recycling, 2019, 144: 48-55.

[532] ZHANG D, VIGNE S A. How does innovation efficiency contribute to green productivity? a financial constraint perspective [J]. Journal of Cleaner Production, 2021, 280: 124000.

[533] ZHANG H, YANG F. On the drivers and performance outcomes of green practices adoption: an empirical study in China [J]. Industrial Management & Data Systems, 2016, 116 (9): 2011-2034.

[534] ZHANG J A, EDGAR F, GEARE A, et al. The interactive effects

of entrepreneurial orientation and capability-based HRM on firm performance: the mediating role of innovation ambidexterity [J]. Industrial Marketing Management, 2016, 59: 131-143.

[535] ZHANG J, KANG L, LI H, et al. The impact of environmental regulations on urban green innovation efficiency: the case of Xi'an [J]. Sustainable Cities and Society, 2020, 57: 102123.

[536] ZHANG J, LIANG G, FENG T, et al. Green innovation to respond to environmental regulation: how external knowledge adoption and green absorptive capacity matter? [J]. Business Strategy and the Environment, 2020, 29 (1): 39-53.

[537] ZHANG J, OUYANG Y, BALLESTEROS PÉREZ P, et al. Understanding the impact of environmental regulations on green technology innovation efficiency in the construction industry [J]. Sustainable Cities and Society, 2021, 65: 102647.

[538] ZHANG M, ZENG W, TSE Y K, et al. Examining the antecedents and consequences of green product innovation [J]. Industrial Marketing Management, 2021, 93: 413-427.

[539] ZHANG Q, LOH L, WU W. How do environmental, social and governance initiatives affect innovative performance for corporate sustainability? [J]. Sustainability, 2020, 12 (8): 3380.

[540] ZHANG Y, LI J, HU Y, et al. The effects of slack resource of R&D professionals on firm performance: evidence from traditional manufacturing firms in an emerging economy [J]. The International Journal of Human Resource Management, 2020, 31 (12): 1594-1616.

[541] ZHANG Y, WEI J, ZHU Y, et al. Untangling the relationship between corporate environmental performance and corporate financial performance: the double-edged moderating effects of environmental uncertainty [J]. Journal of Cleaner Production, 2020, 263: 121584.

[542] ZHAO J, LIU H, SUN W. How proactive environmental strategy facilitates environmental reputation: roles of green human resource management and discretionary slack [J]. Sustainability, 2020, 12 (3): 763.

[543] ZHOU M, GOVINDAN K, XIE X, et al. How to drive green inno-

vation in China's mining enterprises? under the perspective of environmental legitimacy and green absorptive capacity [J]. Resources Policy, 2021, 72: 102038.

[544] ZHU Q, SARKIS J. Relationships between operational practices and performance among early adopters of green supply chain management practices in Chinese manufacturing enterprises [J]. Journal of Operations Management, 2004, 22 (3): 265-289.

[545] ZHU Q, SARKIS J. The moderating effects of institutional pressures on emergent green supply chain practices and performance [J]. International Journal of Production Research, 2007, 45 (18-19): 4333-4355.

[546] ZOU H, XIE X, QI G, et al. The heterogeneous relationship between board social ties and corporate environmental responsibility in an emerging economy [J]. Business Strategy and the Environment, 2019, 28 (1): 40-52.

附录

附表 1　半导体行业环境污染项目

名称	定义
1. 有害物质和废物	几乎所有半导体产品的制造过程都会产生有害或潜在有害废物。如废去离子水（含无机酸）、废溶剂和显色剂（如异构烷烃）、废清洗液、废水处理产生的污泥、废环氧树脂材料、废氰化物溶液（电镀）和焊料
2. 废气排放	半导体产品生产过程中的废气排放主要包括以下几个方面： (1) 空气污染物，包括扩散、清洗、湿法蚀刻过程中产生的温室气体，有毒、活性和腐蚀性物质［如酸性气体、掺杂剂、清洗气体和挥发性有机化合物（VOC）］①
	(2) 全氟化碳（PFCs）和其他温室气体，包括 CF4、C2F6 和 C3F8、三氟化氮（NF3）、HFC-23（CHF3）和六氟化硫（SF6）。与 PFCs 相关的环境问题是其潜在排放物的高全球变暖效应（GWP），这与它们在大气中的寿命有关②
	(3) 酸性气体。它产生于半导体生产过程，如清洁、蚀刻和防剥离操作。主要包括盐酸和氢氟酸的潜在排放。此外，在蚀刻过程中还会产生氯化氢蒸气；晶片加工过程中使用的酸蚀刻混合物是硫酸气溶胶排放物和过氧化氢
	(4) 挥发性有机化合物（VOC）。在防干、显影和抗蚀操作中，大多数清洁和光刻工艺都可能释放出挥发性有机化合物
	(5) 氮氧化物。与其他行业一样，半导体生产中的氮氧化物排放包括燃烧过程中产生的副产品。这些副产品是在加热锅炉、紧急备用发电机和减少挥发性有机化合物排放的热氧化器中产生的
	(6) 粉尘。半导体生产、磁性设备和无源元件生产中的激光切割、修边、化学机械抛光和背面研磨操作会产生少量粉尘
3. 废水	在半导体生产过程中，清洗、抗蚀剂干燥、显影和抗蚀剂剥离等一系列操作都会产生含有吡咯基团、胺基团、氟/醚基团、异丙醇、四甲基氢氧化铵等的非氯化溶剂
4. 能源消耗	由于半导体生产过程中涉及许多热处理工序以及高度机械化的晶片处理，半导体生产产生了大量的能源消耗

资料来源：《EHS 指南》。

注释：美国国家环境保护局确定了半导体制造过程中产生的约 30 种有害空气污染物，其中 90%以上的排放物为盐酸、氢氟酸、丙二醇醚及其产生的醋酸盐、甲醇和二甲苯。2005 年 5 月，世界半导体理事会成员国同意到 2010 年将 PFC 排放量在基准值的基础上至少减少 10%。

附表 2　上市公司环境信息披露项目明细表

项目名称	项目明细
1. 环境监管和认证披露	重点污染监控单位 污染物排放标准 突发环境事件 环境违法行为 环境信访案例 是否通过 ISO14001 认证 是否通过 ISO9001 认证
2. 环境管理披露	环境保护理念 环境保护目标 环境管理体系和模式 环境教育与培训 环境保护专项行动 环境事件与应急机制 环保荣誉或奖励 环保“三同时”制度
3. 环境责任披露	废水排放 COD 排放 二氧化硫排放 二氧化碳排放 烟尘排放 工业固体废物排放
4. 环境绩效与治理披露	减少废气排放 减少废水排放 减少烟尘 固体废物处置与利用 噪声、光和辐射治理 实施清洁生产

资料来源：环境保护部发布的《上市公司环境信息披露指引（2010 年征求意见稿）》https://www.chinaacc.com/upload/html/2010/9/15/sunxia520820109159215316576.pdf。